经济管理学术文库·管理类

中国城市韧性综合评价研究

Research on Comprehensive Evaluation of
Urban Resilience of China

肖翠仙／著

经济管理出版社
ECONOMY & MANAGEMENT PUBLISHING HOUSE

图书在版编目（CIP）数据

中国城市韧性综合评价研究/肖翠仙著 . —北京：经济管理出版社，2022.6
ISBN 978-7-5096-8549-5

Ⅰ.①中… Ⅱ.①肖… Ⅲ.①城市管理—研究—中国 Ⅳ.①F299.23

中国版本图书馆 CIP 数据核字（2022）第 110801 号

组稿编辑：张巧梅
责任编辑：张巧梅
责任印制：黄章平
责任校对：张晓燕

出版发行：经济管理出版社
　　　　　（北京市海淀区北蜂窝 8 号中雅大厦 A 座 11 层　100038）
网　　　址：www. E-mp. com. cn
电　　　话：（010）51915602
印　　　刷：北京晨旭印刷厂
经　　　销：新华书店
开　　　本：720mm×1000mm/16
印　　　张：13.5
字　　　数：235 千字
版　　　次：2022 年 7 月第 1 版　　2022 年 7 月第 1 次印刷
书　　　号：ISBN 978-7-5096-8549-5
定　　　价：88.00 元

前　言

　　随着全球工业化进程的推进，人类活动对生态资源不断侵占，能源消耗节节攀升，温室气体排放不断累积，给整个地球带来沉重的负担，全球极端天气增加，自然灾害频发。另外，城市人口越来越密集，带来交通拥堵、环境污染、水资源短缺等各种城市病，以及各种传染病等突发公共卫生事件。城市面临的不确定性呈爆炸性增加，给城市规划管理带来巨大的冲击，传统的风险分析及风险管理面临诸多挑战，单一的工程防灾与应急管理已无法满足现实需求，迫切需要更新更有效的防范理念来引导城市可持续发展。而"韧性理念"强调要尊重风险灾害发展具有不确定性的规律，正好契合这一需求。韧性理论强调全社会的系统性，也更关注适应能力的长效性，这为城市应对不确定的风险、降低扰动的负面影响、实现长效的适应性发展提供了新的研究思路。本书对城市韧性进行综合评价，可以为城市决策者进行前期预判和后续决策提供帮助，进而促进整个城市的经济发展、公共安全、社会稳定和政府管理的全面提升。因此，本书研究如何对城市韧性进行综合评价具有重要意义。城市在人口和经济的不断发展下，与其他城市之间的联系日益密切，目前中国的城市不再是孤立发展的，而是置身于某个或某几个城市群中，新经济集聚使得城市群正在逐渐替代省域经济，成为工业化、城市化进程中区域空间形态的更高组织形式。其中京津冀、长三角、珠三角、成渝、长江中游五大城市群以 11.08% 的国土面积，承载着 47.04% 的人口，创造了 60.30% 的国内生产总值，成为中国最具代表性的国家级城市群。若以此作为城市韧性综合评价研究的对象，对促进新型城镇化具有良好的代表意义和重大实践意义。

　　本书首先基于前人的研究和对城市风险管理理念变化的分析，通过回答城市韧性相关争议与涉及权衡，对城市韧性内涵进行了新的界定，并阐述城市韧性相关理论，为综合评价城市韧性奠定了理论基础。其次借鉴国内外相关韧性评价理论与实践经验，以及系统动力学模型，确定城市韧性综合评价指标体系的准则层、领域层和具体指标，构建城市韧性综合评价指标体系，选取熵值法对权重赋权并对韧性水平进行综合评价。再次以中国京津冀、长三角、珠三角、成渝和长江中游五大城市群的92个城市为研究对象，测度其2007~2019年的城市韧性及其子系统的韧性水平，从城市韧性系统总体、城市韧性广度和韧性深度、空间相关性三个角度对五大城市群及其城市的城市韧性和各子系统韧性进行综合评价与分析，并运用NAR神经网络模型预测2020~2024年五大城市群92个城市的城市韧性及其平均水平。又次利用社会网络关联分析方法分析了城市韧性的网络关联情况，并探究了城市韧性子系统间的耦合协调度以及城市韧性广度和韧性深度的耦合协调情况，利用VEC模型对耦合协调度与城市韧性的关系进行量化分析，并利用核密度估计进行耦合协调度的时空趋势与极化现象分析。最后利用障碍度模型对城市韧性的障碍因子进行诊断，再结合指标相关性，找出影响城市韧性的主要因素，运用空间杜宾模型探究城市韧性的影响程度及空间效应。本书的主要研究结论如下：

第一，城市韧性正好契合当下城市风险管理需求，需要从普遍韧性角度及系统论理论出发对其内涵进行再界定。城市韧性本身是一个中立词，它只是在现阶段刚好契合城市风险管理的需求，不应被神化或妖化。城市韧性涉及面广泛，应区分普遍韧性与特定韧性，使得各自含义清晰。特定韧性是针对某一特定风险，如面临洪水时城市所具备的韧性，它更多地涉及工程韧性标准及应急措施方面。普遍韧性是针对城市系统，从可持续角度出发，范式地研究城市系统、城市子系统以及与外部联系的韧性方面。城市韧性系统由城市巨系统衍生而来，其子系统的构成应遵循城市系统构成的普识及体现韧性特征，认为其由社会韧性、经济韧性、生态韧性和基础设施韧性四个子系统构成。由此，从普遍韧性角度和系统论理论出发对城市韧性进行再界定：城市韧性应从开放系统的角度出发，在遭受各种冲击或扰动时，城市子系统间能具有良好的耦合协调性，以及城市所处的网络系统可以进行充分的协同合作来缓冲或恢复至城市的稳定状态，并能通过不断地吸取教训与学习成长来更好地适应各种干扰，进而拓宽城市的稳定能力。

第二，城市韧性综合评价指标体系没有统一的标准，需要从相关理论基础出发进行系统分析后，构建具有科学性、系统性、关键性和可操作性的评价指标体系。本书遵从城市韧性内涵及应具备的核心能力，把生态韧性、社会韧性、经济韧性和基础设施韧性子系统作为准则层，并对每个子系统从城市稳定能力和适应能力进行评判，进而选取领域层的评价指标体系。从实证分析反馈的信息来看，构建的指标评价体系具有良好的效果。

第三，在对中国五大城市群 92 个城市的城市韧性水平进行整体评价与分析后，得到如下结论：①五大城市群的城市韧性层级结构明显，城市韧性发展不均衡。五大城市群随时间呈明显的上升态势，表现出珠三角＞长三角＞京津冀＞成渝＞长江中游的空间格局，且城市群的城市韧性具有明显的结构特征。京津冀城市群是以京津作为"双核驱动"的模式，长三角城市群是"橄榄形"结构，珠三角城市群是"菱形"结构，成渝城市群是"以成都、重庆为双核+断层"的结构模式，长江中游城市群是典型的"厚底金字塔式"结构。②城市韧性水平的实证结果与理论、现实相符。经济作为城市发展的重要基础，是城市韧性最有力的保障。它为城市基础设施提供资本，也为城市生命线关键设施、城市教育和文化提供资金支撑，极大地促进了城市韧性水平的提升。实证结果与理论相符，也符合现实情况，城市韧性水平居于前 10 位的分别是深圳、上海、北京、广州、成都、重庆、苏州、武汉、杭州和南京，这些城市是经济发展的强市，均为"万亿俱乐部"成员。城市韧性水平居于后 10 位的分别是广安、乐山、眉山、黄冈、自贡、益阳、资阳、遂宁、内江和达州，这些城市经济发展较落后，没有资金的支持，其基础设施的提升、城市教育和文化发展缓慢，使得城市韧性水平较弱。③城市稳定能力与适应能力相辅相成。本书从侧面反映构建的三维韧性模型具有一定可行性。城市韧性水平的城市韧性广度与韧性深度稳步前行，两者组成的三维韧性柱体在研究期间历经"瘦弱—较弱—厚实—坚实"的韧性演变，且两者变化趋势非常相似，具有良好的互促互进效果。④城市韧性水平在空间上呈现集聚特征，主要表现为低—高集聚与低—低集聚。"上苏嘉"与"深莞惠"具有显著的高值集聚特征，属热点地区，而九江、内江、乐山和自贡具有显著的低值集聚特征，属冷点地区，是需要努力提升韧性水平的区域。⑤城市韧性水平将从低韧性水平阶段上升到中等韧性水平阶段。从量化的角度对城市韧性进行预测，发现其韧性水平在未来 5 年将上一个台阶，由原来的低韧性等级提升到中等韧性等级。这与中国社会、经济与生态的良好发展态势相吻合。

第四，通过从系统内外的关联方面对城市韧性系统作进一步深入剖析，得到如下结论：①城市韧性网络关联紧密，关联形式与城市群分类一致。2007～2019年城市韧性的网络关联度上升非常迅速，呈现明显的局部关联特征，且网络关联形式与现有城市群分类一致。除成渝城市群外，其他四个城市群间韧性关联非常紧密。②四个子系统间的耦合协调度随时间推移不断提高，其分级模式与城市韧性水平大体一致，呈现出珠三角>长三角>京津冀>长江中游>成渝的空间格局，北上广深的耦合协调度处于领先地位，接着是重庆、天津和各省的省会城市，以及苏州、宁波、东莞和佛山，其余城市的耦合协调度处于基本协调及中度失调阶段。③城市韧性广度与韧性深度耦合协调度高。城市韧性广度与韧性深度相得益彰、互相促进，既有韧性广度让城市稳如泰山，也有中国智慧使城市具有旺盛的学习与创新能力，不断拓宽城市韧性深度，为城市安全保驾护航。④城市韧性子系统间耦合协调度、城市韧性广度与韧性深度的耦合协调发展会对城市韧性水平产生一定的影响，其中城市韧性子系统间耦合协调度影响更大。⑤五大城市群92个城市在城市韧性子系统间的耦合协调发展上不均衡，各城市群间存在差距，城市群内部各城市间也存在差距，尤其是成渝城市群内重庆和成都与其他城市间发展的差异巨大，极化现象严重。

第五，利用障碍度模型对城市韧性进行诊断和采用空间计量对影响因素进行分析，得出如下结论：①城市韧性发展的主要障碍因子分别为城市出口总额、本年城市市政公用设施建设固定资产投资完成额、专利授权数、经济密度、实际利用外资和社会消费品零售总额。②城市韧性水平的主要影响因素有对外依存度、城镇人均消费支出、国际互联网用户数、科技支出占财政支出比重、财政支出占GDP比重和城市韧性子系统间的耦合协调度。其中，城镇人均消费支出、财政支出占GDP比重和城市韧性子系统间的耦合协调度对城市韧性水平具有本地促进作用，国际互联网用户数对本地效应不显著，其他变量对本地效应均为负；由于虹吸效应的存在，使得对外依存度、城镇人均消费支出、科技支出占财政支出比重和耦合协调度对邻近或经济相近城市的城市韧性水平均具有一定程度的负向溢出效应。

基于上述结论，本书提出相应的政策建议。一是通过高层规划及顶层设计减小城市韧性水平发展的不均衡，实现"共同韧性"的终极目标。二是加强城市的学习与创新能力，提升城市韧性深度，促进城市韧性广度，创建坚实的城市韧性柱体，为城市安全保驾护航。三是学习"上苏嘉"和"深莞惠"的高值聚集形式，以"都市韧性圈"带动区域城市韧性的发展。四是加强与其他城市的关联，共创良好的协同发展氛围，不仅可促进社会经济的发展，还可在灾害发生时，极大地提高两地联手抗灾抗疫的能力，挽救更多的生命财产，为城市的快速恢复注入强心剂。五是提升子系统间耦合协调度，促进城市韧性快速发展。

目　录

1 绪论

1.1 研究背景

随着全球工业化进程的推进，人类活动对生态资源不断侵占，能源消耗节节攀升，温室气体排放不断累积，给整个地球带来沉重的负担，全球极端天气增加，自然灾害频发。另外，城市人口越来越密集，带来交通拥堵、环境污染、水资源短缺等各种城市病，以及各种传染病等突发公共卫生事件。城市面临的不确定性呈爆炸性增加，给城市规划管理带来巨大的冲击，传统的风险分析及风险治理面临着诸多挑战，单一的工程防灾与应急管理已无法满足现实需求，迫切需要更新更有效的防范理念来引导城市可持续发展。而"韧性理念"尊重风险灾害发展具有不确定性的规律，强调城市的系统性和适应能力的长效性，正好契合这一需求，为城市应对不确定的风险、降低扰动的负面影响、实现长效的适应性发展提供了新的研究思路。在实践中，"韧性"受到国内、国际的高度重视，2020年，中共十九届五中全会首次正式提出建设"韧性城市"；《中华人民共和国国民经济和社会发展第十四个五年规划和 2035 年远景目标纲要》第二十九章提出"建设宜居、创新、智慧、绿色、人文、韧性城市"；2020 年，联合国减少灾害风险办公室（United Nations Office for Disaster Risk Reduction，UNDRR）领导的创建韧性城市（Making Cities Resilient，MCR）2030 直接把"韧性"提升到全球框架协议高度，成为实现其他四大全球框架协议①的直接推动力。

1.1.1 不确定性风险加剧

1.1.1.1 自然灾害频发

21 世纪的前 20 年，全球灾害数量骤增，重大自然灾害高达 7348 起，是 1980~1999 年的 1.745 倍；灾害影响范围广泛，涵盖了 42 亿人口，接近全球总人口的 60%；灾害程度强，夺走了 123 万人的生命，相当于平均每年近 6 万人在灾害中遇难，造成约 2.97 万亿美元的经济损失②。我国国土辽阔，是世界上自然灾害发生最为频繁的国家之一，21 世纪以来，各种各样的自然灾害对我国的社会、经济以及城市居民的生活造成了非常重大的经济损失（张明斗和冯晓青，2018）。2000~2020 年我国受灾范围广且深，如图 1-1 所示。

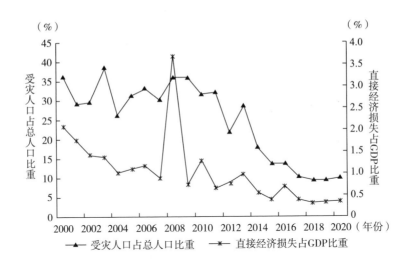

图 1-1 2000~2020 年中国遭受自然灾害情况

受灾人口占全国总人口的比重在 2000~2013 年每年均高达 21% 以上，2014~2020 年虽有下降，但也在 10% 左右；直接经济损失占 GDP 比重高，最好的 2018

---

① 五大全球框架协议为：《可持续发展目标 11》（SDG11）（"建设包容、安全、有抵御灾害能力和可持续的城市和人类住区"）、《仙台防灾减灾风险框架》、《巴黎协定》、《新城市议程》、MCR2030。

② 资料来源：2020 年 12 月联合国减少灾害风险办公室（United Nations Office for Disaster Risk Reduction，UNDRR）发布的报告《灾害的代价 2000-2019》。

年也占到 0.29%。21 世纪以来，我国自然灾害最为严重的是 2008 年，直接经济损失占 GDP 比重达到 3.68%。2008 年 1~2 月，南方遭受有史以来的特大冰雪灾害，波及 21 个省及自治区，直接经济损失 1516.5 亿元。2008 年 5 月 12 日，四川汶川发生里氏 8.0 级地震，超过 10 万平方千米地区受到严重破坏，遇难 69229 人，失踪 17923 人，受伤 374643 人，直接经济损失 8523.09 亿元。全球气温上升，除雪灾、地震频发外，强降雨、台风也是我国主要的自然灾害，2019 年 6 月，强降雨导致 577.8 万人受灾，直接经济损失 231.8 亿元；2019 年 8 月，超强台风"利奇马"造成 1402.4 万人受灾，直接经济损失 515.3 亿元[①]。

1.1.1.2 突发公共卫生事件连续出现

超大规模的城市聚集极易引发各种聚集性问题，其中最令人印象深刻的就是疫情，一旦城市中有人患上传染病，由于人口的高度集中、交通工具的快速便捷、人口流动的频繁和商贸活动的跨地区、跨国家开展，就使得传染病飞快传播。突发的公共卫生事件在 21 世纪接踵而至，2002 年中国的非典（SARS）疫情，据亚洲开发银行统计，经济损失高达 299 亿美元；2009 年美国甲流（H1N1）感染 6100 万人口，相当于美国人口的 20%；2012 年和 2015 年中东呼吸综合征（MERS）涉及全球 24 个国家和地区；2020 年初开始暴发的新型冠状病毒（COVID-19）肺炎疫情持续 1 年多还没有结束，截至 2021 年 7 月 14 日，全球累计确诊 1.885 亿人，即每 40 人中就有 1 人感染，死亡人数高达 406.017 万[②]，而这些数据还在持续上升。美国疾病控制和预防中心于 2021 年 7 月 21 日发布的报告显示，美国人均预期寿命在 2020 年为 77 岁零 4 个月，比 2019 年缩短 1.5 岁，是第二次世界大战以来降幅的最高纪录，其中受影响最为严重的是少数族裔，非洲裔美国人和拉美裔美国人人均预期寿命缩短约 3 岁。2020 年超过 330 万美国人死亡，人数远超美国历史上任何一年。

1.1.1.3 城市病日益凸显

城市病是指在城市化进程的纵深发展中，由于人口急剧膨胀，社会经济快速发展，超过了城市设施、地区资源和周围环境的负荷能力（方创琳和宋吉涛等，2010），从而影响城市系统整体性运行所导致的对社会、经济和生态的负面效应，如住房紧张、交通拥挤、供水不足、环境污染、资源短缺等问题（张明斗和冯晓

---

① 资料来源：中华人民共和国应急管理部发布的全国自然灾害情况、《中国民政统计年鉴》。
② 资料来源：百度疫情实时大数据报告［EB/OL］. https：// voice. baidu. com/ act/ newpneumonia/ne-wpneumonia/？ from＝osari_ pc_ 3#tab4.

青，2018；方创琳，2014）。1978 年的中国常住人口城市化率仅为 17.9%，改革开放后，以每年提高 1.1 个百分点的速度增长，在 2020 年达到 63.89%，超 7 亿人口从农村进入城市。在城镇化进程的快速发展中，人口规模的扩张虽然大大提高了公共基础设施的利用效率以及经济产出的效率，但是公共服务资源需求的上升远大于供给，同时人口的集聚又引出新的人居环境问题，严重影响了生态和居民健康安全。"城市病"越来越严重，消耗在通勤、物资运输等方面的人力、物力给生产、生活带来诸多不便，居民生活体验感呈指数式下滑、生活质量下降、经济发展成本上升，严重阻碍城市可持续发展。

上述这些触目惊心的数据说明，人类遭受自然灾害的风险越来越大，遭受各种传染病等突发公共卫生事件的频率越来越高，除此之外，还要面对各种城市病。

1.1.2 传统风险分析面临诸多挑战

风险分析一般包括以下三方面的内容：风险评估、风险管理以及风险交流，其分析过程建立在量化危险易损性的基础上，故而存在一些局限性：第一，传统风险分析只是特定于某些具体威胁上，不包括对意外威胁或综合威胁的一般能力的评估。第二，风险分析测算需要风险事故的损失是量化值，但在气候变化和全球化的时代，描述潜在降水或风暴后果的数据并不总是能够被充分量化。第三，风险分析计算没有时间尺度，也没有灵活的灾后恢复周期和灾害风险后果随时间推移而变化的计算方法。因此，尽管风险分析能够计算出一个风险值，但它也可能导致一种错误的确定感，其在多大程度上能反映现实情况越来越受到质疑。

风险管理实践同样受到这些缺陷的影响。首先，对于集成的复杂系统来说，风险管理的过程非常昂贵。目前人类已经投资实施了许多降低风险的项目，但是人类、技术、基本公用事业与经济市场的联系十分密切，所以试图进一步降低局部风险后果的成本就越来越高。此外，基于风险预防的基础设施改建在短期内可以完成，但风险管理措施则越来越多地需要依靠组织和行为上的改变，这些改变需要很长时间才能完成，而且常常面临重重阻力。其次，除了一些已知冲击的性质正在发生变化（如海平面上升导致的沿海风暴潮）外，还有一些新的冲击出现，比如供暖天数增加以及可能出现（由于恶意破坏或维护不及时导致）的技术故障。这些都有可能加剧传统威胁。最后，风险管理的重点是基于资本投资来减少和缓解威胁。

故而，传统风险分析面临着诸多挑战，迫切需要新的理念来应对各种灾害。

1.1.3　城市群是新型城镇化的主体形态

相对于单个城市，城市群空间更加宽阔，资源配置范围更加广泛、余地更加充足，进而能取得更强的竞争优势。伴随着城市化的快速发展，城市之间的竞争模式发生了变化，不再是单个城市之间的竞争，而是越来越表现出以核心大城市为中心的城市群与城市群之间的竞争，范围越来越广泛。由此，以大城市为核心的城市群已经成为一种具有全球性意义的城市—区域发展模式和空间组合模式。城市群成为国家参与全球竞争与国际分工的全新地域单元，并决定了 21 世纪世界政治经济的新格局（方创琳，2014）。2006 年中国政府明确提出"要把城市群作为推进城镇化的主体形态"，之后，中央一直在推进城市群的发展。2016 年国家发展改革委办公厅印发了《关于加快城市群规划编制工作的通知》（发改办规划〔2016〕2526 号），"十三五"收官之际，中国城市群空间布局完成，城市群 2.0 时代已经到来，"十四五规划和 2035 年远景目标"指明要"发展壮大城市群"，以城市群、都市圈为依托促进大中小城市和小城镇协调联动、特色化发展，使更多人民群众享有更高品质的城市生活。因此，把城市置身于城市群，不仅可以凭借自身的能力，而且可以借助城市群的力量来面对不确定性风险。

1.1.4　韧性正成为全球城市发展的新理念和新趋势

气候环境变化和城市空间巨系统运行的空前复杂超出了人类现有的认知范畴，自然灾害和疫情的突发往往打得人类措手不及。但充满血和泪的历史教训却不断拓宽着人类的智慧，也转变着应对灾害的理念。从 19 世纪 90 年代的工程性"防灾思维"，到 20 世纪初的"减灾思维"，再到 21 世纪的"韧性（Resilience）理念"，彰显着人类社会对于风险、灾害的应对思维不断向适应性方向转变。自此，从"工程韧性"衍生出"生态韧性"，再发展到如今的"演化韧性"，为城市可持续发展开拓了思路。"城市韧性"研究应运而生，成为新兴的学术流行语及研究热点，且在全球疫情和各种极端天气、气象灾害频现下推向高潮。

2002 年，在联合国可持续发展全球峰会上，倡导地区可持续发展国际理事会（ICLEI）提出"韧性"概念，将其引入到城市建设与防灾减灾领域。随后，"韧性"成为城市规划学、城市地理学等相关学科的研究热点，并在英美等发达国家与地区有了广泛的研究与应用（见表 1-1）。例如：2008 年，美国芝加哥、荷兰鹿特丹开展气候计划；2011 年，英国发布《风险管理和韧性提升》报告；2012 年，联合国国际减灾战略组织（UNISDR）发起"让城市更具韧性"行动，确定了"城市更具韧性的十大准则"；2013 年，美国洛克菲勒基金会启动"全球 100 韧性城市"项目；2020 年，中国提出建设"韧性城市"；2020 年初，COVID-19 的全球传播给全世界带来沉痛的打击，告诫人类不能采取孤立的防灾减灾方式，不能将风险孤立分割，或仅仅由某个公共服务提供者或响应者负责，由此，2020 年 10 月 28 日，由联合国减少灾害风险办公室（UNDRR）领导的创建韧性城市（Making Cities Resilient，MCR）2030 直接把"韧性"提高到最高层次，确定 MCR2030 最终目标是：确保城市在 2030 年前实现包容、安全性、韧性和可持续性；为实现《可持续发展目标 11》（SDG11）（"建设包容、安全、有抵御灾害能力和可持续的城市和人类住区"）和《仙台防灾减灾风险框架》《巴黎协定》《新城市议程》等其他全球框架协议提供直接推动力①。当前，韧性理念已深入到城市风险治理的方方面面，并成为全球发展的共识（蔡建明等，2012）。

表 1-1　以提升"韧性"为目标的全球代表性城市可持续发展规划

时间	城市	规划	目标	主要气候风险	主要措施
2008 年 9 月	美国 芝加哥	《芝加哥气候行动计划》	建设成为"人居环境和谐的大城市典范"	高温、暴雨、大雾、洪水	管理洪涝风险、增加绿化覆盖率、建设绿色建筑与绿色屋顶
2008 年 12 月	荷兰 鹿特丹	《鹿特丹气候计划》	到 2025 年建成世界最安全的港口城市	洪水、海平面上升	管理洪涝风险，提高船舶可达性，绿色建筑，城市水系统保护，提高宜居性
2009 年 10 月	厄瓜多尔基多	《基多气候变化战略》	—	泥石流、洪水、干旱、温室效应	管理气候风险、保护生物多样性，保障饮用水安全、保障基础设施和电力等的供应
2010 年 11 月	南非 德班	《气候适应规划：通往韧性城市之路》	2020 年建设成为非洲最具关怀、最宜居城市	洪水、温室效应、海岸侵蚀	水资源保护、风险管理、关怀居民健康

---

① 联合国减少灾害风险办公室（UNDRR），https：//mcr2030. undrr. org/sites/default/files/2021 - 04/MCR2030%20in%20Chinese%20ver. 2%20%2820210302%29. pdf.

续表

时间	城市	规划	目标	主要气候风险	主要措施
2011年10月	英国伦敦	《管理风险和增强韧性》	—	洪水、干旱、高温	管理洪涝灾害、增加绿化覆盖率，到2015年更新100万户家庭的水与能源设施
2013年6月	美国纽约	《一个更强大、更具韧性的纽约》	修复Sandy飓风影响	飓风、洪水	改造住宅、完善医疗服务、道路系统、市政工程等基础设施，改进沿海防洪设施等
2014年12月	日本东京	《创造未来——东京都长期战略报告》	人身安全保障、首都机能维持、公共设施受灾最小化、迅速地复旧复兴	地震、海啸、洪涝、火山	完善主要公路、机场线等交通要道的道路设施建设；践行低碳可持续的发展理念，规制生产企业减少能耗，鼓励新能源开发和使用；提高建筑抗震抗灾的等级；完善治安监控与安保志愿队伍建设
2017年	中国北京	《北京城市总体规划（2016—2035年）》	提高城市治理水平，让城市更宜居	干旱、洪涝、雾霾	环境治理、公共安全、基础设施、管理体制
2018年1月	中国上海	《上海市城市总体规划（2017—2035年）》	更可持续的韧性生态之城	海平面上升、台风、洪涝	应对全球气候变化，全面提升生态品质，显著改善环境质量，完善城市安全保障
2019年3月	中国广州	《广州市国土空间总体规划（2018—2035年）》（草案）	安全韧性城市	地质地震、水资源保障、能源安全、海绵城市	

资料来源：根据文献、发展规划资料自行整理。

1.2 理论价值与现实意义

随着经济的发展，城市化程度越来越高，人类对水域、林地、草地等自然资源的过度索取，造成生态系统失衡，引起气候变化，使得自然灾害频发。城市作为人类生存的空间，承载着人类可持续发展的重任，自其形成以来便持续地遭受着来自于外界和自身的各种冲击和扰动。现阶段，城市面临的不确定性风险和未知风险更加复杂。但是，在防范、应对和处理这些冲击和扰动方面，不同的城市系统所做出的应对却相差甚远。有的城市在经历危机之后一蹶不振；相反，有的城市则能够逐渐克服灾害带来的不利冲击，甚至以此为契机得到更长远的发展。所以，导致不同结果的本质原因便是城市韧性的差异：韧性强的城市对不确定扰动的适应调整能力强；而韧性弱的城市反应能力滞后、适应性不足。故而，在面对空前高涨的冲击与扰动下，研究城市该如何积极进行自我调适与转型，减少发生的不确定性与脆弱性，缩短灾后恢复或调整时期，是当前国际社会普遍关注的问题。因此，建立城市韧性研究的框架体系，对城市韧性进行综合评价并研究其影响因素，以及探讨增强城市韧性的方法，对城市的可持续发展都具有十分重要的理论价值和现实意义。

1.2.1 理论价值

国际上已经初步形成了从理论研究、评价模型、实证分析到韧性建设指导的城市韧性研究体系雏形，受体制和文化上的差异影响，我国城市与国外城市在韧性上存在显著差异，且借鉴国外城市韧性理论与经验的作用也有限。故而，我国对城市韧性的研究虽有初步的涉猎，但基本的理论范式、评估体系以及实证分析都在探索之中。本书基于中国城市实际发展，进行城市韧性理论探索和综合评价，在学术上具有一定的前沿性。

第一，借鉴韧性研究的理论基础，依据城市风险治理理念的转变，从普遍韧性和开放系统角度对城市韧性进行再界定，有利于丰富城市韧性和城市可持续发展理论。

第二，把城市作为一个开放的复杂巨系统，从城市可持续发展的角度出发，借鉴国内外经验及系统动力学模型，构建中国城市韧性综合评价指标体系，深化了城市韧性评价体系，拓宽了视角、延展了思路，有利于城市韧性指标体系评价标准的发展。

第三，从城市系统与外部的关联、系统内部的三维角度进行剖析，以及从子系统间的相互作用多层次对城市韧性进行系统性的剖析，还包括从三维的角度用韧性广度及韧性深度对城市韧性进行分析，同时关注了城市韧性的网络关联，以及子系统间的耦合协调程度，这种多层次多角度的分析为今后相关学者丰富和完善该领域的研究内容提供参考。

1.2.2 现实意义

国际经验显示，对城市韧性评估方法的研究有助于促进城市韧性理论研究的进一步深化，也是指导城市韧性实践顶层设计最重要的环节之一。所以，对城市韧性进行评估可以了解城市目前的韧性状况，从而为城市决策者进行前期预判和后续决策提供依据，进而促进整个城市的经济发展、公共安全、社会稳定和政府管理的全面提升。

第一，城市层面：从短期来看，可以帮助决策者直观地判断城市韧性所处的水平，全面了解面对各种冲击和扰动时城市安全的优势与短板，为后期决策提供参考依据；从中期来看，是决策者管理城市的重要工具，通过分析不同政策或者措施后或者投资某一领域后韧性发生的变化，帮助决策者进行中期规划，以便更好地分配资源（Cutter 等，2008；Council N. R.，2015）；从长期来看，有利于帮助决策者更加科学地制定城市韧性战略和韧性行动计划，帮助城市从各个阶段与层面提升韧性，增强推进韧性建设的可操作性，减少灾害对城市系统的冲击，降低灾害造成的损失。

第二，国家层面：城市安全是国家新型城镇化建设的基础，城市韧性是国家新型城镇化健康发展的保障。同时，城市韧性评估虽然只是针对每一个城市的韧性评估，但可以使国家在宏观层面上整体把控城市安全的空间布局，并进行宏观战略安排与调控，避免重复建设及资源浪费，从而使得城市安全资源合理配置与成本收益最大化。

第三，全球层面：城市韧性为实现《可持续发展目标 11》（SDG11）（"建设包容、安全、有抵御灾害能力和可持续的城市和人类住区"）和《仙台防灾减灾风险框架》《巴黎协定》《新城市议程》等其他全球框架协议提供直接推动力，而城市韧性评估作为城市韧性的核心要素，对全球框架协议的实现具有举足轻重的作用。

1.3 研究内容和方法

1.3.1 研究内容

本书共包括 8 章内容：

第 1 章，绪论。主要阐述研究背景、研究意义、研究内容和方法、研究思路及可能的创新与不足之处。

第 2 章，文献综述。根据全书脉络，从城市韧性概念研究、城市韧性评价研究、耦合协调研究、城市韧性影响因素研究四个方面对前人的研究进行综述。

第 3 章，理论基础及研究区域概况。首先，基于前人对城市韧性定义的补充、对城市风险管理的理念变化分析、阐述城市韧性的相关争议及涉及的权衡，对城市韧性内涵进行了新的界定；其次，阐述城市韧性研究的理论基础，包括可持续发展理论、生态安全格局理论、风险理论、混沌理论、韧性理论、系统耦合协调理论，为城市韧性综合评价奠定理论基础；最后，阐述研究区域概况，即中国五大城市群（京津冀、长三角、珠三角、成渝和长江中游）的发展现状。

第 4 章，城市韧性综合评价模型构建。首先，在确定评价框架及层级架构后，借鉴国内外经验对准则层指标进行遴选，基于系统动力学模型对领域层和具体指标进行遴选，构建出城市韧性评价指标体系；其次，选取权重计算方法，对城市韧性进行评价和等级划分。

第 5 章，中国五大城市群城市韧性综合评价与分析。根据 2007~2019 年的城市韧性及其子系统的综合韧性水平，分别从城市韧性系统总体、城市韧性广度和韧性深度、空间相关性三个角度对五大城市群及其城市的城市韧性和各子系统韧性进行综合评价与分析，并运用 NAR 神经网络模型预测 2020~2024 年五大城市群 92 个城市的城市韧性及其平均水平。

第 6 章，五大城市群城市韧性网络关联及耦合协调分析。主要包括：利用社会网络分析方法分析城市韧性的网络关联情况；探究城市韧性子系统间的耦合协调度以及城市韧性广度和韧性深度的耦合协调情况，利用 VEC 模型对耦合协调度与城市韧性的关系进行量化分析，利用核密度估计进行耦合协调度的时空趋势与极化现象分析。

第 7 章，五大城市群城市韧性障碍因子诊断与影响因素分析。借由障碍度模型，诊断出指标层与各子系统的障碍因子，找出深层的理论缘由，并在此基础上选取城市群韧性的影响因素，利用空间计量模型进行实证分析。

第 8 章，结论与政策建议。阐述本书的主要研究结论，提出相关政策建议，并对后续研究进行展望。

1.3.2 研究方法

本书的研究方法主要包括：

第一，文献归纳法。一是在全面搜集和回顾城市韧性的相关文献资料基础之上，运用归纳、比较分析、历史逻辑等方法，对一定时期内城市韧性、生态韧性、基础设施韧性、经济韧性、社会韧性以及城市网络韧性的研究成果和进展进行系统、全面的叙述和评论；二是归纳总结国际、国内已有研究成果和实践经验，据此选取城市韧性的评价指标；三是梳理相关政策、文献、资料，为建立城市韧性综合评价系统提供理论依据和实践基础。

第二，综合评价。综合评价中最重要的步骤即指标筛选和赋权。其中，指标筛选是构建评价指标体系的基础。首先根据城市韧性的理论机理和借鉴国内外经验，确定了"生态韧性、社会韧性、经济韧性以及基础设施韧性"4 个城市韧性的子系统作为准则层，且每个子系统都从系统的稳定能力和适应能力角度考虑；其次基于系统动力学模型，选取领域层指标，从而选取指标层具体指标，确定评价指标体系；最后分别应用主成分分析法和熵值法对准则层和指标层指标赋权，并综合计算城市韧性水平及进行城市韧性水平的等级划分。

第三，空间相关性方法。为深入剖析韧性水平，运用空间相关性对城市韧性水平的时空演化特征进行分析。包括运用全局莫兰指数分析五大城市群 92 个城市的整体集聚状态，用莫兰散点图和 LISA 集聚图、Getis-Ord 局部统计 Gi^* 和热点分析图分析五大城市群 92 个城市局部的集聚特征。

第四，三维韧性模型方法。基于城市韧性与生态足迹在评估方面的相似性，借鉴三维生态足迹模型，尝试性地提出了三维韧性模型，并运用此模型对五大城市群 92 个城市的城市韧性进行深入分析。

第五，社会网络分析方法。随着经济的发展，城市不再像以前那样孤立存在，而是与其他城市间的流动越来越频繁，COVID-19 发生后城市间的互帮互助起到良好的作用，充分说明城市韧性具有很强的网络关联性，运用社会网络分析方法,对五大城市群 92 个城市的城市韧性进行网络关联分析。

第六,耦合协调度方法。对城市群韧性各子系统进行耦合协调度测算,并利用核密度估计深入探讨各子系统的时空趋势与极化现象。

第七,其他计量方法。如在选取具体指标"产业结构高级化"时,运用格兰杰因果关系判断其是否是经济增长的动因;在探讨子系统间的耦合协调度与城市韧性水平间的关系时,采用 VEC 误差修正模型;在分析城市韧性影响因素时运用空间杜宾模型等。

1.4 研究思路

首先,基于前人的研究和对城市风险管理理念变化的分析,通过回答城市韧性相关争议与涉及权衡,对城市韧性内涵进行了新的界定,并阐述城市韧性相关理论,为城市韧性综合评价奠定理论基础。其次,借鉴国内外理论与实践韧性评价经验,以及系统动力学模型,确定城市韧性综合评价指标体系的准则层、领域层和具体指标,构建城市韧性综合评价指标体系,选取熵值法对权重赋权,然后对韧性水平进行综合评价。再次,以中国京津冀、长三角、珠三角、成渝和长江中游五大城市群的 92 个城市为研究对象,测度其 2007~2019 年的城市韧性及其子系统的韧性水平,从城市韧性系统总体、城市韧性广度和韧性深度、空间相关性三个角度对五大城市群及其城市的城市韧性和各子系统韧性进行综合评价与分析,并运用 NAR 神经网络模型预测 2020~2024 年五大城市群 92 个城市的城市韧性及其平均水平。又次,利用社会网络方法分析了城市韧性的网络关联情况,并探究了城市韧性子系统间的耦合协调度以及城市韧性广度和韧性深度的耦合协调情况,利用 VEC 模型对耦合协调度与城市韧性的关系进行量化分析,利用核密度估计进行耦合协调度的时空趋势与极化现象分析。最后,利用障碍度模型对城市韧性的障碍因子进行诊断,再结合指标相关性,找出影响城市韧性的主要因素,运用空间杜宾模型探究城市韧性的影响程度及空间效应。具体技术路线如图 1-2 所示。

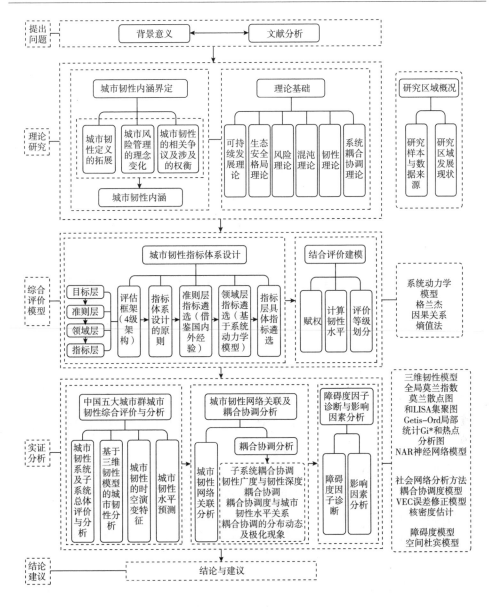

图1-2 本书技术路线

1.5　可能的创新与不足

1.5.1　可能的创新点

第一，观点方面，在前人的研究及现实发展的需求基础上，从普遍韧性角度和系统论理论出发，对城市韧性进行了再界定，并以此为基础，结合相关理论、借鉴国内外经验及应用系统动力学模型构建了具有普遍韧性特质的城市韧性评价指标体系。界定具有普遍韧性特质的城市韧性应从开放系统的角度出发，当遭受各种冲击或扰动时，城市子系统间能具有良好的耦合协调性，以及城市所处的网络系统可以进行充分的协同合作来缓冲或恢复至城市的稳定状态，并能通过不断地吸取教训与学习成长来更好地应对各种干扰，进而提高城市的稳定能力。故而城市韧性评价指标体系可以以韧性子系统，即生态韧性、社会韧性、经济韧性和基础设施韧性作为准则层，并对每一韧性子系统都从稳定能力和适应能力两方面来选取相应领域层及具体指标。

第二，研究方法方面，基于城市韧性与生态足迹的相似性，借鉴三维生态足迹模型，尝试性地提出了三维韧性模型。通过把突发事件下韧性应具备的特征与城市复杂系统理论结合起来，以稳定能力为基础，强调经验/学习、创新对韧性的重要性，并引入韧性深度和韧性广度，构建了三维韧性模型。此模型将城市韧性由城市稳定能力（内圆）和城市适应能力（圆环）相加而得的封闭圆拓展为一个圆柱体，并由城市稳定能力（底面）与城市适应能力（柱高）相乘而得。三维韧性模型是一个时空模型，它既强调学习与创新的时间积累度，又关注城市空间范围对冲击的容忍程度。

第三，研究视角方面，分别从城市韧性系统本身、城市韧性广度和韧性深度、城市韧性的网络关联以及城市韧性子系统间的耦合协调度、城市韧性广度和韧性深度耦合协调度方面，多角度多层次对城市韧性进行深入剖析，以便更加全面、具体地了解城市韧性。传统城市韧性评估往往建立在"封闭系统"的假设基础上，因此在评价时并不考虑城市在遭受冲击或扰动时城市间的协同合作，但"一方有难，八方支援"是中华民族的传统美德，这一特质的优势在 COVID-19 暴发后体现得淋漓尽致，为中国战胜 COVID-19 立下汗马功劳，这充分说明，在遇到特大灾害时，城市间的帮扶显得尤为重要。故而，在评价城市韧性时，不能简单地只评价城市内部系统，而是需要把城市置于"开放系统"中，即对城市韧性的综合评价需要从城市韧性网络关联和城市韧性系统内部多方面进行。

1.5.2 不足之处

城市韧性对于城市可持续发展、城市安全、城市规划具有重要的理论与实践价值，但同时也给研究带来一系列挑战，受笔者学术能力和数据不可得的影响，本书还有诸多不足之处，以期后续研究中能有所突破。

第一，城市韧性是一个新兴的概念，目前虽然有着一些理论上的共识，但还是存在诸多争议，有许多问题处在探索阶段。城市韧性理论并未取得完全的一致认识，在面对城市的不确定性时，不应简单地进行风险管理、应急处理，而是要通盘考虑城市的整体"免疫能力"和可持续性，它更像"中医"，要对整个城市系统进行"调理"，而不像哪痛医哪的"西医"具有立竿见影的"疗效"，因此，城市韧性研究也如"中医"一样易进难精，限于笔者的研究能力，对城市韧性的深入性及外延性的研究还存在不足。

第二，城市韧性综合评价指标体系有待完善。城市韧性除了具有生态韧性、社会韧性、经济韧性和基础设施韧性外，还与历史文化、制度有着很大关联，但由于这两者多采用定性分析，而定性的数据收集存在诸多量化困难，故而在指标体系中未加入这两类。后续研究中希望能找到好的方法对文化因素与制度体系进行量化，从而使指标体系更加充实和完善。

第三，三维韧性模型中关于城市适应能力与城市稳定能力的界定还没有完全厘清，需要更系统深入的理论分析，这也是本书后续研究的方向。

2 文献综述

本章依全书脉络，对城市韧性概念、城市韧性评价、耦合协调度、城市韧性影响因素四方面进行文献整理与评述。

2.1 城市韧性概念研究

2.1.1 韧性概念及其演化

韧性（resilience）一词来源于拉丁语"resilio"，本意为"回复到原始状态"，19世纪中叶广泛应用于机械学，描述在外力作用下，物体形变后恢复至原状态的能力。中国学者把"resilient"一词多译作弹性（如蔡建明等，2012；李彤玥等）或韧性（如郑艳，2013；邵亦文等，2015），现在因易与经济学中的弹性"elasticity"一词混淆，故把其多译为"韧性"。

从韧性的本质特征出发，多个学科赋予其更多的含义，韧性从工学的机械学、物理学逐渐扩大应用至生态学、社会学、经济学等社会科学类，其概念演变经由工程韧性发展到生态韧性，进而发展到演化韧性（李连刚等，2019）。

工程韧性（engineering resilience）概念主要用于机械学、物理学学科，假定系统只具有简单单一的均衡稳态，表示当系统恢复到初始状态的能力时，系统的结构和功能则没有发生变化（见图2-1（a））（Gunderson，2000）。工程韧性强调系统对冲击的抵抗性和恢复到均衡状态的速度（Eraydin，2016），在冲击中受到的影响越小、抵抗性越高、恢复时间越短的系统，其韧性就越高。

1973年，加拿大生态学家Holling首次将韧性思想应用于生态学学科，描述了"生态系统受到扰动后恢复到稳定状态的能力"。此后，生态学领域的韧性研究从"工程韧性"演变到"生态韧性"。生态韧性（ecological resilience）概念主要应用于生态学学科，认为系统具有多重均衡状态，表示当系统受到干扰后可以有多个状态，冲击扰动超过其最大承受阈值时，即超过"回弹门槛"（elasticity threshold），系统会从一个均衡状态进入另一个均衡稳定状态，其状态可能提升、持平或退步（Nelson 等，2007），若系统韧性很低，无法适应冲击带来的变化，受冲击影响严重，就步入衰退轨迹（见图 2-1（b）和（c））；若系统韧性强，受到冲击后虽有短暂的回调期，但之后能上升到一个新的高度（见图 2-1（d）和（e））。生态韧性强调系统在改变其结构和功能进入另一个均衡状态前所能够吸收最大冲击的能力（Nelson 等，2007），吸收冲击越大，其韧性越高（Martin，2012）。

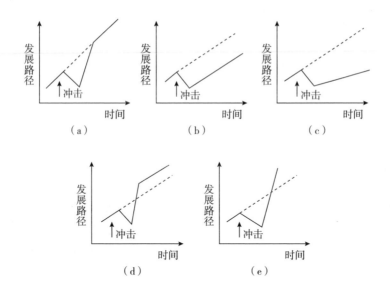

图 2-1　系统面对冲击的响应形式

资料来源：Martin R. Regional economic resilience, hysteresis and recessionary shocks［J］. Journal of Economic Geography, 2012, 12（1）：1-32.

自 20 世纪 90 年代以来，学者对韧性的研究逐渐从自然生态学向心理学、经济学、社会学、经济地理学等多维领域蔓延（Holling 和 Gunderson，2002；Folke，2006；Walker 等，2006；Resilience Alliance，2007），韧性研究已发展到

"演化韧性"。演化韧性（evolutionary resilience）又称为适应韧性（adaptive resilience），其基于复杂性系统理论，认为系统是非均衡的演化过程（Pendall 等，2010），并表示系统是一个持续变化的动态过程而不是恢复到稳定均衡状态（Martin，2012；Hudson，2009），其通过不断调整自身结构与发展状态来适应频繁发生的冲击扰动，最终实现系统可持续发展的能力。演化韧性强调系统的适应学习能力。

根据上述韧性概念的理论发展，总结韧性概念演变过程及各阶段特征，如表2-1所示。

表 2-1　韧性概念演变过程及各阶段特征

韧性阶段	平衡状态	本质目标	理论支撑	系统特征	韧性内涵
工程韧性	单一稳态	恢复初始稳态，强调恢复速度	工程理论	有序的、线性的	指系统受到扰动偏离既定稳态后，恢复到初始状态的速度
生态韧性	多个稳态	塑造新的稳态，强调缓冲能力	生态学理论	复杂的、非线性的	指系统改变自身结构和功能之前所能够吸收的扰动的量
演化韧性	不再追求稳态	强调持续适应能力，以及学习反思能力与创新力	系统论、适应性循环、生态流效应	混沌的	韧性与持续调整的能力息息相关，是动态的系统属性

资料来源：根据文献（Folke，2006）整理。

2.1.2　城市韧性概念

韧性思想与城市所具有的复杂系统属性正好完美契合，产生了城市韧性这一概念。从表2-1可看出，工程韧性、生态韧性和演化韧性的发展体现了学术界对系统运行机制认知的飞跃，为城市韧性的发展打下了坚实的基础。城市作为最复杂的社会生态系统，它的结构和功能不断地随时间变化，不可能持久地处于单一的均衡状态，一旦受到的冲击达到一定程度，即使达到稳定状态后，仍然不太可能完全恢复到受到干扰和冲击前的状态，而且工程韧性思想更加注重系统的后向恢复（recovery back），目标是恢复至初始稳态，故而，运用工程韧性对城市韧性进行阐述存在一定的局限性。生态韧性的定义虽然从全面性上看要好，但是它仍然围绕着均衡论来展开，没有摆脱这个观点，这种解释对不断演化发展的城市系统仍不合适。城市系统演化依赖于各主体的学习、创新和调整行为，这些行为是持续发展进行的，且考虑到城市系统的复杂性及非均衡持续变化特征，越来越多的学者选择从动态演化的视角去看待城市韧性。但不同的学者或机构对城市韧性研究的学科领域不同，对城市韧性的概念理解也存在差异，如表 2-2 所示。

表 2-2　不同研究领域对城市韧性的概念

研究领域	城市韧性概念	代表学者或机构
城市规划学	增加城市应对自然和人为危机的韧性，确保城市能够抵御灾难性事件并迅速恢复的能力	UN-Habitat（1996）
	系统和区域通过合理准备、缓冲和应对不确定性扰动，实现公共安全、社会秩序和经济建设等正常运行的能力	邵亦文等（2015）
社会学	韧性城市是可持续的物质系统和人类社会相叠加的产物，而人类社会的建设是物质系统规划发挥作用的关键和基础	Godschalk（2003）
生态学	城市系统消化、吸收外来干扰并能保持原来结构、维持关键功能的能力	Alberti 等（2003）和 Resilience Alliance（2007）
经济学	经济在遭受外力冲击后能够回到冲击前的增长水平	Hill 等（2008）
管理学	个人、社区或机构动态响应的能力，能有效地应对条件的变化，继续在可接受的水平上发挥作用	Brown 等（2012）
灾害学	由基础设施韧性、制度韧性、经济韧性和社会韧性四部分组成，其中基础设施韧性很关键，同时也涵盖生命线工程的畅通和城市社区的应急反应能力	Jha 等（2013）
地理学	城市系统及其所有组成部分的社会—生态和社会—技术网络在时间和空间尺度上受到干扰时保持或快速恢复所需功能、适应变化以及快速转换限制当前或未来适应能力的系统能力	Meerow 等（2016）
	城市中的个人、社区、机构、企业和系统在面临压力和冲击时存续、适应、发展的能力，甚至在条件需要时进行转型	Rockefeller Foundation（2018）

从表 2-2 中可以看出，虽然不同领域对城市韧性的概念有一定区别，但都强调城市韧性应具有的核心能力应大致相同，只是在侧重点上存在不同。这些能力主要包括抵抗能力、自我恢复能力和创新/学习能力，表 2-3 列出了各能力的释义。

表 2-3 城市韧性具有的核心能力

能力	释义
抵抗能力	是指城市承受干扰的能力，类似于缓冲能力，视为城市在不改变其功能和结构的情况下可以承受的最大破坏程度（Foster，2007；Wilbanks，2008；Dabson 等，2012）
自我恢复能力	是指一种"应对能力"，描述了城市可以在一定时间后恢复到破坏前状态的能力，若恢复到原始状态的速度越快，则韧性越强。它是城市韧性的重要指标（Wilbanks，2008）
创新/学习能力	是指城市适应新情况的能力，指城市不仅可以将自身恢复到原始状态，还可以达到更高的状态，即韧性水平高的城市具有自我学习的能力（Hill 等，2008）

2.2 城市韧性评价研究

在韧性理论研究摸索时期，韧性与脆弱性间的联系、差异尤其是边界界定还比较模糊，韧性经常从脆弱性的反面来进行评估（钟琪，2010；方创琳，2015），即城市脆弱性小的其韧性强，脆弱性大的其韧性弱。随着研究的不断深入，韧性概念及理论的不断丰富，从韧性概念出发的韧性评估研究成为主流，研究成果日益丰富。城市韧性评价方面的研究主要从城市韧性的识别、评价方法及综合评价指标体系三个方面进行。

2.2.1 城市韧性识别的研究

要对城市韧性进行评估，首先需要对城市韧性进行识别。城市韧性识别相关研究多从以下四种方式出发：一是从技术、组织、经济及社会韧性等方面加以识别（Bruneau，2007），反映韧性的多维本质；二是从网络与学习方面对城市韧性进行识别（Shaw 等，2013）；三是从人类行为、文化与政策等方面考虑（Godschalk，2003；Irodan 等，2015；Wardekker 等，2015）；四是利用城市韧性的框架来进行识别，即依据韧性的 4-R/TOSE 框架进行识别（Tierney 等，2008）。此外，许多学者将城市韧性与城市可持续性、适应、转型等关键概念联系起来（Vogel 等，2007；Eakin 等，2009）。

对城市韧性进行识别后，各学者一般根据识别内容对城市韧性进行评估，主要考查能力、过程和目标三个方面。

2.2.2 城市韧性评价方法的研究

城市韧性评价方法主要包括定量和定性两种。定性评价又称为描述性评价，常与定量评价配套使用，即评价城市是否具有某种特征或能力，一般通过高、中、低描述韧性大小。评价方式上，主要包括自上而下和自下而上两种，自上而下即城市外部学术团体或组织对城市进行评价，自下而上即城市内部自组织评价。

定量评价是韧性评价的主要方法，即通过赋值的方式量化指标，经过数理叠加，最终通过数值表示韧性大小。研究者主要尝试了阈值法、综合指标法、投入产出法、函数法、比值法等评价方法。以 Bruneau（2006）为代表的学者从工程韧性角度进行分析，认为基础设施的功能会随着时间的推移而发生改变，并借助这一趋势曲线计算出韧性水平的高低，依此构建出了系统的韧性功能评价模型。这种方法主要是借助计算机模拟估算出城市系统部分关键指标从压力状态恢复到稳定状态的时间，具有方便预警和进行风险预测的优点，缺点是假设条件多及严重依赖于计算机模拟，且各个状态的阈值界定并无统一标准，而统一阈值又忽略了城市个体的差异性。同时，Cutter（2008）认为这一功能变化曲线评价模型仅考虑了基础设施一个维度，缺少社会、经济等存在于城市并对基础设施会产生影响的多种要素，因此提出从社会、经济、组织制度、基础设施、生态五大方面构建韧性评价指标体系，强调韧性评价体系中应该包含灾害风险的可能性、社区资产存量、基础设施质量、社会服务和人口质量等因素。他认为必须要注重这些资源在冲击到来之前的预先储备，才能更好地应对冲击，而对于韧性水平的衡量，则应该用预先储备量与脆弱性的比值作为韧性能力。张岩等（2012）应用 PCA-DEA 模型从投入产出的角度进行城市韧性评价，并根据投入或产出的冗余、不足判识影响韧性的主要因素。刘江艳（2014）选择多目标加权函数对武汉市的韧性指数进行综合评价。李彤玥和顾朝林（2014）通过城市系统承受能力提升的百分率与威胁增强的百分率的比值来计算城市韧性。

2.2.3 城市韧性综合评价指标体系的研究

近年来，众多学者更偏向于利用评价指标体系来进行综合评价，由于研究的视角不同，评价指标也随之不同。其中主要的视角包括城市系统、气候变化与灾害风险管理、能源系统、地理学等，其代表组织或学者及指标体系具体如表2-4所示。

表 2-4　代表性的城市韧性综合评价指标体系

视角	代表组织或学者	指标体系
城市系统视角	洛克菲勒基金会（2014）	城市健康与福祉（人）、经济与社会（组织）、基础设施与环境（地方）、领导力与战略（知识）
	Foster（2012）	区域经济能力、社会与人口情况、社区连通性
	Sharifi 和 Yamagata（2014）	基础建设、安全性、环境、经济、机构、人口社会
	孙阳等（2017）、张鹏等（2018）、李博等（2018）、白立敏和修春亮等（2019）	生态环境、经济、工程/基础设施、社会
气候变化与灾害风险视角	美国国际开发总署（2007）	治理、社会经济、沿海资源管理、土地利用和结构性规划、风险知识、警报和疏散、应急响应、灾难恢复
	世界银行（2009）	城市规模、城市灾害治理结构、城市应对气候变化风险管理、财政资源、建成环境、灾害的政治影响、灾害的经济影响、自然灾害的威胁、灾害响应系统、气候变化影响
	洛克菲勒基金会（2011）	冗余性、灵活性、重组能力、学习能力
	大阪大学（2014）	储备物质、风险响应、风险情境、地方治理、风险比较
	联合国减灾办公室（2014）	风险因素、知识拓展、政治承诺、风险措施
	曾冰（2020）	鲁棒性、风险脆弱性、内在稳定性、高流动性、结构平整性、创新性、可转型性
地理学视角	修春亮等（2018）、王文瑞等（2021）	规模—密度—形态

　　城市系统视角上，研究者们将城市视为一个复杂的巨系统，基于系统论来对城市韧性进行研究和评价。具有代表性的组织是洛克菲勒基金会（2014），代表性学者有 Foster（2012）、Sharifi 和 Yamagata（2014）以及孙阳等（2017）、张鹏等（2018）、李博等（2018）、白立敏和修春亮等（2019）。

　　气候变化与灾害风险视角上，研究者们重在关注气候变化可能给城市带来的风险。2007 年，美国国际开发总署针对印度洋海啸发布了《沿海韧性指南》，强调从此次海啸中吸取经验教训，提高社区韧性以应对城市面临的各种自然灾害（USIOTWSP，2007）。2009 年，世界银行出版了《气候变化韧性城市：东亚城市降低气候变化脆弱性及增强灾害风险管理入门读本》，以帮助东亚城市在面临气候改变时提升城市弹性、促进城市和区域的可持续发展，提出通过三个步骤 10 个方面对城市进行综合打分（The World Brank，2009）。同年，洛克菲勒基金会针对亚洲四国的 10 个城市构建了亚洲气候变化弹性研究网络，意在协助这些城市建立灵活的、动态的管理机制以应对气候变化给城市带来的不确定性挑战（Surjan、Sharma 和 Shaw，2011）。此后，日本大阪大学基于风险概念提出了城市韧性评估的定性分析框架，尝试运用于日本及其他国家的城市治理之中（Tokai、Nakazawa、Nakakubo 和 Yamaguchi，2014）。联合国减灾办公室针对全球日益不确定的风险和灾难呼吁构建城市灾害弹性，以降低灾害给城市带来的风险和损失（UNISDR，2014）。曾冰（2020）尝试性从抵抗力、恢复力、进化力三个维度出发，从鲁棒性、风险脆弱性、内在稳定性、高流动性、结构平整性、创新性与可转型性七个层面构建相应的综合指标体系。

地理学视角上，修春亮等（2018）和王文瑞等（2021）依据地理学和景观生态思想方法，构建了基于"规模—密度—形态"的三维城市韧性研究框架，分别测算了大连各县市和兰州市的城市韧性。

2.3 耦合协调研究

城市系统是由各子系统相互作用、相互影响而形成的复杂巨系统，不同学科背景的学者对子系统间的交互作用提出了许多耦合分析框架（陈静生等，2001），主要包括远程耦合、人类与自然耦合系统、可持续生计框架、人口发展环境研究框架、社会—生态系统等（Liu 等，2007；Sherbinin 等，2008；Dietz，2007；Hummel 等，2013；Ostrom，2009）。涉及韧性方面，主要包括：社会生态系统的韧性方法、跨尺度系统自适应嵌套模型、人与自然跨边界耦合和元耦合框架等（Folke，2006；Gunderson，2001；Dietz，2003；Liu，2009）。中国学者蒋天颖等（2014）、方创琳和周成虎等（2016）、王成和唐宁（2018）、丛晓男（2019）认为耦合度一是反映出系统内部序参量之间由无序走向有序的协同作用，二是反映出子系统中双方相互作用程度的强弱；而且对"耦合协调度"可以进行计算，其值可以度量系统之间与系统内部各要素之间和谐一致的程度。黄金川和方创琳（2003）、刘耀彬等（2005）分析了城市化与生态环境的交互耦合机制。王伟和孙雷（2016）研究了区域创新系统与资源型城市转型之间的相互耦合协调作用机制。姜磊等（2017）提出了可推广到 n 个系统的耦合度公式，并分析了 31 个省区市的资源、环境与经济三系统的耦合与协调情况。李刚和徐波（2018）对

"恢复"和"学习"层面的城市韧性进行了耦合协调分析。王秀明等（2019）分析了广东省快速城镇化与生态环境系统间的耦合协调趋势。任祁荣和于恩逸（2021）研究了甘肃省经济发展与自然生态质量变化之间的耦合协调程度及演变过程。

2.4　城市韧性影响因素研究

在城市韧性影响因素方面，张惠（2016）进行综合实证调研和量化分析，识别出城市社区灾害韧性的影响因素有社区内的经济资本、社会资本、物理环境、人口特征和制度因素。张婷婷（2018）认为城镇化率和常住人口与户籍人口比值是江苏省城市经济韧性的主要影响因素。张鹏等（2018）对山东省 17 个城市的影响因素进行分析，发现空间互动状态下市场力对经济韧性和社会韧性、人口密度对社会韧性以及行政力对工程韧性均具有显著的直接效应和空间溢出效应，但行政力对经济韧性存在下行压力；城市韧性与开放力和创新力之间的响应机制有待完善。朱金鹤和孙红雪（2020）对京津冀、长三角和珠三角三大城市群内 55 个城市的城市韧性影响因素进行分析，认为财政风险与金融效率对三大城市群城市韧性的本地效应整体影响为负，市场、技术、开放性因素及金融规模对三大城市群城市韧性的本地效应整体影响为正，各因素对三大城市群城市韧性空间溢出特征差异化明显。

2.5　文献述评

通过对国内外文献的梳理可见，现有文献对韧性、城市韧性的概念认同度高，但对其能力的把握与侧重各有不同，由此，对城市韧性的识别也存在一定区别，进而使得对城市韧性的评估存在分歧。所以，对城市韧性的内涵界定可以借鉴前人的研究，但具体界定还有待深入；相应地，对城市韧性的识别还有待系统深入地探讨，城市韧性指标体系的设计还有待进一步丰富。

从评价指标体系来看，之前中国的城市韧性评估多基于某一城市子系统或某两个系统等视角来进行分析与评价，城市韧性定量分析指标体系也多是基于某一研究视角或维度，并未对现有的经济、社会、生态等多维度的综合韧性进行定量分析，但是城市所包含的多个子系统之间相互作用，单纯研究某一维度并不能发现城市韧性发展过程中的问题所在。近几年较多学者赞同多维度的评价指标体系，并以生态—社会—经济—基础设施的综合性的分析与评估为主，但对具体指标的选取还是缺乏普适性的评估指标体系。目前，城市韧性评价指标的赋权以层次分析法、因子分析法、熵值法等为主，但并没有形成一定的范式。

中国正处于城市群的崛起时代，城市群在社会、经济和生态系统中的地位越来越重要，把城市放于自身所处的城市群进行城市韧性的综合评价，并从时空角度对所处城市群及外部城市群的城市韧性进行对比分析，有利于更加明确城市韧性的优势与劣势，这也是未来城市韧性评估尺度的趋势，目前虽有少量文章从长三角、珠三角、京津冀或哈长城市群来研究城市群的城市韧性，但把中国目前国家重量级的京津冀、长三角、珠三角、成渝和长江中游五大城市群放在一起进行研究的文章较少。

故而，本书以五大城市群的城市作为研究对象，在城市韧性理论指导下建立城市韧性评估指标体系，进而从城市群间和各城市群内、城市韧性系统、城市韧性与外部的网络关联以及子系统间的耦合协调度进行具体的剖析，然后以此找出影响城市韧性水平的障碍因子及关键影响因素，最后提出相应的对策建议。

3 理论基础及研究区域概况

要对城市韧性进行综合评价，首先要弄清楚的就是"城市韧性是什么""城市韧性具有哪些理论基础"，只有深入透彻地解答了这两个问题，才能全面准确地去评估城市韧性。因此，本章先对城市韧性内涵进行界定，再阐述相关的理论基础，进而介绍本书的研究区域概况。

3.1 城市韧性内涵界定

要清楚界定城市韧性内涵，需要了解与城市韧性定义相关的补充知识，如城市韧性的原则框架、韧性城市的组成和目标等，还需要掌握城市风险管理的理念变化，以及对城市韧性存在的争议及涉及的权衡。

3.1.1 城市韧性定义的拓展

目前对城市韧性的定义没有统一的认定，认同度高的是城市韧性的三种能力、四个维度（TOSE）和五个特性。

城市韧性的三种核心能力包括城市在面临压力和冲击时应具有的抵抗能力、自我恢复能力和创新与学习能力（见图3-1）。为了更进一步地界定城市韧性的内涵，部分学者从韧性原则框架与韧性城市的组成和目标等方面对城市韧性的定义作了补充。

城市韧性的四个维度（TOSE）分别为技术（Technical）、组织（Organizational）、社会（Social）、经济（Economic），其中，技术是指通过技术方面的提高能减轻基础设施系统由灾害造成的损伤；组织主要包括政府应急管理部门、防

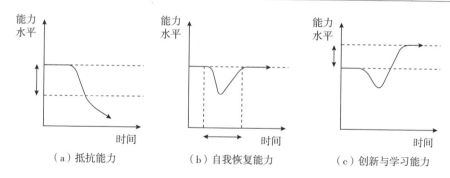

図 3-1 韧性的三种能力

疫办、消防局、警察局等机构或部门在灾后能快速响应，缩短恢复时间；社会主要是指短期内减少灾害人员伤亡，长期内可以提供教育、文化等需求；经济是指降低灾害造成的经济损失。

城市韧性的五个特性分别指鲁棒性、可恢复性、冗余性、智慧性和适应性。鲁棒性，即城市抵抗灾害的能力；可恢复性，即灾后城市快速恢复的能力；冗余性，表示城市应有防范意识，关键基础设施应具有一定的备用模块，一旦灾害来临，备用模块可进行有效、及时的补充；智慧性，主要是指最大化救灾资源效益；适应性，是指城市应能够从过去的灾害中吸取教训，并能通过学习、创新来提升对灾害的适应能力。

为了更进一步地界定城市韧性的内涵，除了上述的能力、维度与特性外，部分学者从韧性原则框架与韧性城市的组成和目标方面对城市韧性的定义作了补充。

3.1.1.1 城市韧性原则框架

部分学者用城市韧性的特征、属性、行为、行动等作为韧性原则（Wardekker 等，2020）来界定城市韧性的定义。这些韧性原则包括规划、吸收、恢复和适应（见图 3-2），分别从主动、被动、恢复、适应性四方面突出城市韧性建设的不同途径，既为不同的优先事项和方法留出了空间，同时还解决了人类能动性问题，而这些往往在韧性研究中被忽视（Davoudi 等，2013）。

图 3-2 城市韧性原则框架的主要释义为：规划，即计划/准备，在干扰发生之前或早期预警信号出现时发现干扰，并评估后果以及提前计划和行动的能力。包括预期与远见、准备和计划以及内部稳定性（Tyler 和 Moench，2012；Boyd 等，2015）。吸收，即吸收干扰，指动态应对发生的干扰的能力，维持城市所需的

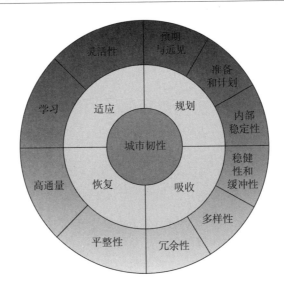

图 3-2 城市韧性原则框架图

资料来源：Wardekker A，Wilk B，Brown V，et al. A diagnostic tool for supporting policymaking on urban resilience［J］.Cities，2020（101）：102691.

功能。包括稳健性和缓冲性、多样性和冗余性（Wardekker 等，2010；Wardekker，2018）。恢复，即从干扰中恢复，指从发生的干扰中快速恢复的能力，恢复到城市所需的功能。包括平整性和高通量（Folke，2006；Wardekker，2018）。适应，即适应性和变化，指快速修改和改造系统的能力，与干扰共同进化并在未来保持所需功能的能力。包括学习和灵活性（Wardekker 等，2010；Moench 等，2017）。上述规划、吸收、恢复和适应原则已被应用于针对各种问题、系统设计和评估韧性的政策选项和计划中（Tyler 和 Moench，2012；Wardekker 等，2010；Wardekker 等，2016；Sharifi 和 Yamagata，2016；de Bruijn 等，2017；Heeks 和 Ospina，2019）。每个原则都涵盖从通用到一般，再到具体的操作标准，且通常有自己的特定重点（如：系统、治理、社区；被动或主动；短期或长期）。

3.1.1.2 韧性城市的组成和目标

有学者从韧性城市的组成和目标方面来说明城市应该具备的韧性，如陈湘生、崔宏志等（2020）认为韧性城市不仅需要有防灾能力，还需要有智慧运维的能力，因此在韧性基础设施的基础上应建立韧性交通网络、能源网络等内容，从而才能达到城市可持续发展能力的全面提升（见图 3-3）。

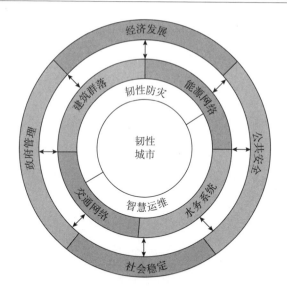

图3-3　韧性城市内涵、组成及目标

资料来源：陈湘生，崔宏志，苏栋等．建设超大韧性城市（群）之思考［J］．劳动保护，2020（3）：24-27.

3.1.2　城市风险管理的理念变化

不同的城市发展阶段面临的风险具有不同的特征，城市风险管理理念也随之发生变化。

3.1.2.1　现阶段城市面临的风险及其特征

现代城市系统是自然、社会、经济因素相互作用的复合系统（许学强等，1997）。各种微观和宏观的、内部和外部的、时间和空间的因素相互关联、相互作用，构成了城市系统的整体性（谢文惠和邓卫，1996）。城市系统越来越复杂，面临的问题也越来越多，越来越复合，气候变化、环境危机、贸易保护主义、极端天气、突发公共卫生事件、全球经济动荡等都影响了以人为中心的新型城镇化（仇保兴，2018），使得城市风险特征发生变化。目前，影响城市的风险主要来自气候的变化、技术的飞跃以及社会、经济、政治、文化的不断进步。

第一，气候变化的影响。全球气候变化已经给全球社会、经济和环境的可持续发展带来严峻挑战。由此带来的各种自然灾害加剧，使城市面临的不确定性风险极速上升。图3-4显示，由于污染和不卫生状况等引起气候的变化，使得暴雨、飓风增加，产生热压、酸雨等极端气候，进而产生山体滑坡、内涝、海岸洪水、盐潮等自然灾害，或者极端天气中降雨过少而形成干旱。

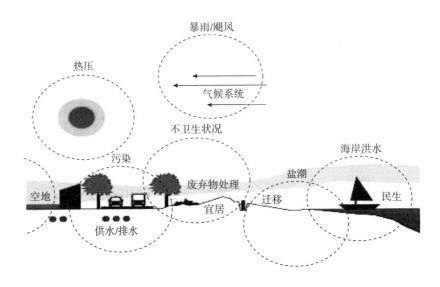

图 3-4　气候变化的影响

资料来源：奥雅纳．营造韧性城市的思考与核心建议——建筑界 ［EB/OL］．［2020－10－05］．https：//www.jianzhuj.cn/news/16467.html.

　　第二，技术飞跃的影响。科学技术的突飞猛进极大地推动了社会的进步和文明的发展，但同时也带来各种负面问题，如虽然化肥和农药增加了农作物的产量、新型药物的合成挽救了成百上千万人的生命，但化学品生产、使用过程中对环境造成污染，一旦发生化学品泄漏，将严重威胁人的生命安全，极大破坏生态环境，甚至影响社会的稳定。又如人工智能、物联网等新技术给人们的生活带来极大的便利，但也隐藏着各种风险，一旦某一点发生危险，其受害面将是一大片，犹如危机互联。

　　第三，社会、经济、政治、文化的不断进步也蕴藏着各种不确定性风险，如贫富差距增大引发社会冲突，金融衍生品的过度引发经济危机，各种价值观念的冲突和利益分配不均引起政治冲突、种族主义等。

　　当上述这些影响不断累积，且进一步加大时，就转为实实在在的各种灾害与危机了，具体的灾害与危机种类如表 3-1 所示。

表 3-1 灾害与危机种类表

自然灾害	技术危害	社会、经济、政治、文化危机
· 传染病 · 流行病 · 昆虫感染 · 干旱 · 极端温度 · 野火 · 地震 · 块体移动 · 火山 · 洪灾 · 暴风雨	· 化学品泄漏 · 坍塌 · 爆炸 · 火灾 · 天然气泄漏 · 石油泄漏 · 中毒 · 辐射 · 运输事故 · 系统故障（如水、能源、ICT、卫生、教育等）	· 住房危机 · 能源危机 · 食物危机 · 用水危机 · 恐怖主义 · 大屠杀、战争 · 社会冲突 · 经济危机 · 业务中断 · 失业率过高 · 政治冲突 · 贪污腐败

除单一风险外，现代城市面临的各种不确定性风险正体现出一种鲜明的复合型特征，不仅在成因与演化机制上更复杂，其所造成的后果和不利影响也远比单一风险更严重、更深远。诱发复合型灾害面临的各类风险也更加层出不穷、灾害更多且难以预测。

3.1.2.2 城市风险管理的三重变迁

城市风险管理随着风险的复合性变化而相应发生变化，大致经历防御性理念、脆弱性理念与韧性理念三个阶段。

（1）防御性理念。防御性理念自城市起源就已产生，或者说某些城市的起源就源于防御。在部落时代，城市是建成一个封闭圈来抵御外来危险和增加防卫的（刘易斯，2005）。"防御性"主要针对自然灾害和人为入侵这两种类型的传统风险。自然灾害是城市长期以来面临的主要自然风险，是地球表层孕灾环境、致灾因子和承灾体综合作用的结果（史培军，2010）。在第一次工业革命前或者确切地说在 1840 年前，城市面临的自然灾害更多地来自于单纯的自然系统，以单一风险为主。此外，人为入侵也是城市风险管理的核心。自然灾害和人为入侵对城市安全的威胁主要来自于外部，城市的风险管理就在于"防御"，即运用防御性的设施有效地阻挡外部性因素破坏或靠近城市，重在"空间阻隔"（高恩新，2016）。在应对自然灾害方面，要着重考虑选址的安全与便利性，城市多选在河流岸边，建筑群落则造在高地平台，既靠近水源又能避免洼地洪水的威胁，此外，还应修建水闸、水井、排水设施等防范干旱、洪涝等自然灾害。另外，河流形成的天然护城河也可以保护城池应对外部的人为入侵。为应对军事威胁，早期城市甚至建造多重城墙进行防御确保皇城无忧（郑东君和周兰兰，2011）。

防御性理念采用"空间阻隔"把城市与外部危险源进行空间隔离，确保城市处于安全状态，其重点是盯着"外来"，而忽视了城市内部的因素，防御只是对外来灾害的被动接受，却没有从城市内部来寻求答案。第二次工业革命使得人类生产力进一步提高，城市人口大幅增加，人类在灾害认识上也进一步加深，防御性理念局限性日益凸显，迫切需要从城市内部来加强风险防范，脆弱性理念成为城市风险管理的新视角。

（2）脆弱性理念。脆弱性最早用来表示人体受到各种损伤的概率，后在生态学中得到应用，进而运用在经济地理学和城市社会学、管理学等领域。英国学者 Okeefe 等（1976）率先提出脆弱性，认为自然因素并不能导致人类面临的自然灾害，而人类社会因子多，关系自身不利的社会经济条件导致的脆弱性，使得人类在自然事件面前具有易受伤害的特征。这一认识将城市风险管理引入到城市内部安全领域中，即从城市系统作为"灾害承载体"的角度出发，针对城市面临的生态、社会、经济等因素方面的风险来源进行有效管理。

IPCC（2007）认为脆弱性是指一个系统在发展进化过程中，面临外部自然灾害或内部资源等引起的冲击或扰动时，其子系统和组成部分遭受损害的可能程度。因此，工程法成为城市降低脆弱性、增强应对外部威胁能力的通用原则。它强调可以通过控制性手段不断提高安全标准，使建筑、基础设施等安全等级上升，达到抵御风险的目的，进而保证城市安全的"确定性"。

城市脆弱性理论不应只局限于脆弱性形成即城市承灾体的物理结构存在的易损性，还应包括城市管理体系、城市应急能力等所具有的缺陷性。目前，对城市脆弱性影响因素的研究中，已经形成的共识包括自然因素、社会因素和经济因素，其中，自然因素通过累积效应持续恒定地作用于城市，而社会经济发展中信息交换大、变量因子多、关系错综复杂（Belliveau 等，2006），这种复杂性正是其结构脆弱性形成的内在机制。其中的社会和经济因素时刻处在可变与不确定之中，与工程法的"确定性"风险管理存在冲突。而且脆弱性理念假定城市自身是存在缺陷的，采用的是一种僵硬的防御策略应对风险，忽视了城市系统本应具有的组织与协调能力，尤其忽视了作为城市核心的人是具有学习与创新能力的，而这正是使城市具有适应能力的关键（Ahern，2011）。由此，萌生了"韧性"的思想。

脆弱性与韧性相互关联，两者都是关于城市系统在灾害冲击下的对城市自身结构与防范以及抗风险能力方面的研究，但侧重点又存在不同，其中脆弱性更侧重于描述城市自身结构的不稳定程度、易损性与自身能力的有限性，而韧性更加注重强调的是系统的自我重组以及不断适应的能力（见图3-5）。Manyena（2006）认为脆弱性和韧性的加和构成了全部的城市属性；Turner（2003）认为韧性是脆弱性的一部分；Cutter（2008）则认为两者互相组成，彼此互为要素，此种看法后来被多数学者所沿用。

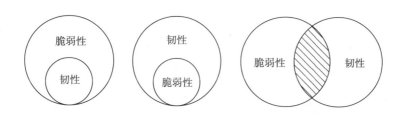

图 3-5　韧性与脆弱性的关系

资料来源：李亚，翟国方．我国城市灾害韧性评估及其提升策略研究［J］．规划师，2017，33（8）：5-11.

（3）韧性理念。第一，城市韧性治理是不确定性风险新趋势下的产物。根据前述分析，现代城市面临越来越多的不确定性，且日益呈现鲜明的复合性特征，防御性与脆弱性理念（统称为传统城市风险管理）已不能满足城市风险管理的需求，而城市韧性治理理念旨在倡导城市系统内不同公共治理主体以提升自身及其所在系统对于复合性灾害风险冲击的适应能力，从而全面提升整个城市的"免疫力"，通盘考虑各风险的防范、治理及未来的趋势与应对情况，故而正成为城市风险管理的新理念。表3-2列出了传统城市风险管理与韧性治理的区别。

表 3-2　传统城市风险管理与韧性治理的区别

特点	传统城市风险管理	韧性治理
关注重点	重点聚焦极端事件（Shock），更针对灾害应对	主张风险不仅包括不频发的重大冲击，更事关日常压力（Stress）
管理范围	习惯于用历史的大数据预测将来，主要管理已知确定性的风险	能够管理"已知"和"未知"，"常态"和"非常态"，而韧性是降低风险和应对"未知"的新方法

特点	传统城市风险管理	韧性治理
基础路径	注重以"失效—安全"为基础的本质安全	注重"安全—失效",因为相较于"失效—安全"系统,有更多途径导致"安全—失效"
实施对象	主要针对建筑、基础设施等工程,通过提高安全标准对其进行风险管理	把城市作为一个系统进行韧性战略设计,降低风险使其始终在设定的可接受风险值之下
核心要求	对风险本身进行评估,再采取措施	除了对风险进行评估外,更强调自我调节、自我适应和自我学习的能力,以快速应对多变的风险和未知的非常态
风险的设计/工程导向	以输出为导向、设计考虑承受某些特定灾害、关注特定物业的财产损失、关注保护失效(以预设模式)或通过降低暴露程度和脆弱性来减轻灾害后果	以效果为导向、设计考虑不同情况下保证功能运行、关注功能丧失和社会影响、管理关注于承受灾害的能力或者灾后快速恢复、适应新需求及潜在革新能力

第二,突发事件前、中、后的城市韧性治理特征。Stephen Flynn 认为韧性有四个特征:一是稳健性,即在灾难面前保持运行或保持稳定的能力。在某些情况下,它转化为设计结构或系统足够强大以承受可预见的冲击。在其他情况下,稳健性需要设计替代或冗余系统,以便在某些重要事件中断或停止工作时能够承受。稳健性还需要投资和维护关键基础设施的元素,以便它们能够承受低概率但后果严重的事件。二是应变力,即在灾难发生时巧妙地管理灾难的能力。它包括确定选项,优先考虑应该采取哪些措施来控制损害并开始减轻损害,并将决策传达给实施这些决策的人员。应变力主要取决于人,而不是技术。三是迅速恢复,即在灾难发生后尽快恢复正常的能力。精心起草的应急计划、称职的应急行动以及将合适的人员和资源运送到合适地点的方法至关重要。四是适应性/经验教训,即从灾难中吸取新教训的方法。它涉及修订计划、修改程序以及引入新的工具和技术,以在下一次危机之前提高稳健性、机智和恢复能力。美国国家基础设施咨询委员会(National Infrastructure Advisory Council, NIAC)研究组将这四个特征按突发事件的前、中、后进行归因,认为事发前应采取稳健性、危机发生时应采取应变力、事件发生后应立即采取措施使系统恢复正常,而适应性/经验教训应贯穿整个事件(见图3-6)。

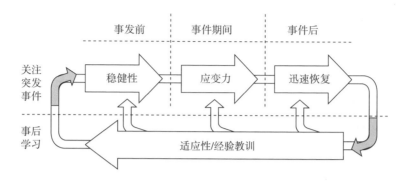

图 3-6 NIAC 韧性结构的顺序

资料来源：National Infrastructure Advisory Council（US）. Critical infrastructure resilience：Final report and recommendations［M］. National Infrastructure Advisory Council，2009.

第三，城市韧性内部子系统机理分析。从系统论的角度来看，城市内部系统是由自然资源、社会、经济、文化、制度等子系统组成的复杂巨系统，如果某个子系统出现问题就会伤及城市的发展。相应地，城市韧性可以是由城市生态韧性、社会韧性、经济韧性和基础设施韧性共同作用形成的合力，城市韧性的大小及其协同发展状况必然会受到城市生态子系统、社会子系统、经济子系统和基础设施子系统的影响。

联合国人居署认为城市韧性是城市可持续发展的质量标准和一系列策略干预和投资的基础，其可以从功能（如市政创收）、组织结构（如治理、领导）、物理（如基础设施）、空间（如城市规划与设计）的角度来理解"城市体系"（见图 3-7），并可以通过提高城市居民的灾害恢复能力，进行城市灾害风险预评估以及合理规划来减少损失。

范维澄（2020）认为城市由人、物、运行系统三要素构成。城市本身是一个开放复杂的巨系统，一旦某个子系统发生了突变，就会导致城市整个复杂系统的紊乱，也就是会发生灾害事故。但是，城市的问题又不仅仅如此，除自身影响外，它还可能受到外界的影响，外界的影响中最主要的是自然灾害。自然灾害和城市三要素相互作用，导致城市出现比较大的问题。为保障人、物、城市运行系统的安全，需要"智慧"的技术、管理和文化。由此，清华大学提出了城市安全韧性三角形模型（见图 3-8），认为只有把事件、承载载体和安全韧性管理都统筹起来，制定规划并实施，才能全面提升城市韧性。

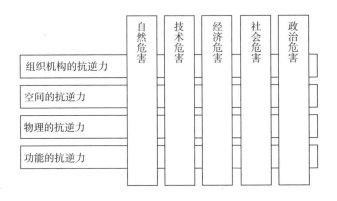

图 3-7 城市系统模型方法

资料来源：Habitat. Issue Papers-Habitat Ⅲ［EB/OL］.［2021-07-28］. https：//habitat3. org/documents-and-archive/preparatory-documents/issue-papers/.

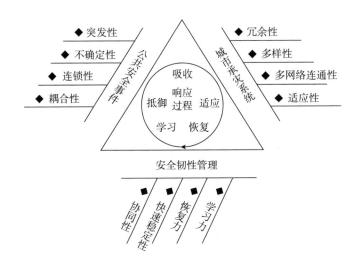

图 3-8 城市安全韧性三角形模型

资料来源：范维澄. 安全韧性城市发展趋势［J］. 劳动保护，2020（3）：20-23.

3.1.3 城市韧性的相关争议及涉及的权衡

3.1.3.1 相关争议

近年来，城市韧性研究引起广泛关注，虽然它与可持续性、适应性和脆弱性有区别，但因涉及学科众多和自身特有的复杂性，使得这一术语呈现出多面性本质。一方面是城市韧性成为热点，另一方面是对其又很困惑，故而各学科对其内涵界定不一，甚至学科内也存在不同的见解，梳理文献，城市韧性概念主要存在基本立场、涉及维度、响应对象三方面的争议：

第一，基本立场的争议。Leichenko 等（2011）认为韧性是积极的，一个城市具有韧性，则城市系统的积极特性将有助于城市实现可持续发展。Brown 等（2011）也认为韧性是具有正向作用的，城市韧性具有良好的促进作用，提出城市韧性不仅是保障系统功能正常的能力，而且还是促进系统更新和繁荣的能力。与此相反，Scheffer 等（2001）认为韧性具有消极的一面，韧性会导致城市在某些方面具有黏性，如能源化石消耗让城市一直处于一种不理想的发展状态中。随着对韧性的研究，韧性是积极的说法正成为主流，且逐渐被赋予了各种各样规范性的伦理（Pizzo，2015）。

第二，涉及维度的争议。没有物质和人就不可能有城市，因此城市一定包括物质系统和人类系统，且这两类系统之间具有相互联系相互依赖的关系，共同组合成城市复杂系统。由此，部分学者认为城市韧性包括两个维度，即物质系统和社会系统，其中物质系统包含自然生态环境、各种基础设施和人工要素等，社会系统包括文化、制度等更广泛的要素。因此，城市韧性不仅重视能够快速响应灾害的物质结构，还关注社会群体适应变化的行为方式。在全球环境变化的背景下，部分学者认为城市韧性包括社会和生态两个维度，强调人地和谐发展。也有学者基于传统防灾减灾的思路，关注城市韧性的社会技术维度。

第三，响应对象的争议。城市韧性的对象到底应该是普遍的还是特定的也是目前众多争议中的一个环节。城市韧性到底是应从普遍韧性来认识，不针对任何一种冲击或压力类型，还是从一个系统来通盘考虑应对不可预测扰动的固有能力即适应能力，注重整个系统的整体性和长效性；或者还是应该从特定韧性来认识，主要关注系统如何对特定已知的某种冲击或压力类型做出响应以及通过改变系统的哪些属性可以提升其韧性潜力，这意味着高度的"专业化"，通常需要短期内见效。目前，针对普遍韧性的研究与特定韧性的研究均不少，双方都有自己的理由与研究基础，形成势均力敌的场面。

3.1.3.2 涉及的权衡

除了具有争议性，城市韧性理论还走在实践后面，许多关系的权衡也处于摸索阶段，如城市韧性应该由谁主导？在众多不确定性风险中，如何确定实施优先事项？而针对特定韧性方面，应主要包括针对什么有韧性（What），以及普遍韧性又应如何权衡子韧性系统的均衡？同时，对城市韧性有众多的受益者，但同时又不能深刻体会受益，那么，是应重点关注哪一部分人的利益，还是从整体城市居民收益出发，关注谁的利益（Who）是需要权衡的重点。另外，是要侧重长期结果还是短期结果（When），考虑多大的空间范围（Where），为何要实施韧性（Why）等这些与城市韧性的过程与结果密切相关的重要问题。

3.1.4　城市韧性内涵

在界定城市韧性内涵之前，需要先回答城市韧性的相关争议与权衡，这些争议与权衡因看问题的角度与研究的侧重点不同，不可能形成一个统一的标准。笔者在前人研究的基础上，基于系统论对城市韧性内涵进行相关的研究界定。

第一，关于基本立场。城市韧性本身是一个中立词，不应该对其夸大或诋毁，它只是在现阶段刚好契合城市风险管理的需求，故而应采用城市韧性治理理念对城市进行风险防范与管理。随着城市发展、技术进步及面临风险特征的变化，可能需要更先进的风险管理理念去保护城市的安全。故而，"适合才是最好的"，城市韧性的基本立场就是对城市风险的管理，不要神化或妖化它。

第二，关于维度。城市韧性的本源来自城市，城市系统最普遍的共识是由社会、经济和生态系统构成的，那么由此衍生的城市韧性系统也应由社会韧性、经济韧性、生态韧性子系统构成。在对前面脆弱性理念进行分析时，工程法贯穿整个风险防范过程，足以可见基础设施的重要性。的确，当灾害发生时，基础设施的安全等级起着关键作用，因此基础设施在城市韧性系统中应提高到与社会、经济、生态同等的地位，所以城市韧性的子系统包括社会韧性、经济韧性、生态韧性和基础设施韧性四个子系统。至于有些学者提到的组织、文化等系统，它其实在普识中是属于社会范畴的。

第三，关于响应对象。城市韧性到底应该是普遍韧性还是特定韧性？的确不好定义。这与很多学科中的某个概念解释一样，其范式的解决方案是区分广义和狭义。从广义角度出发，城市韧性具有普遍意识上的韧性，即整个城市作为一个系统，面临着各种冲击和扰动时具备的抵抗、恢复和适应能力；从狭义角度出发，城市韧性也具有特定的韧性，如面对洪灾时城市的韧性、面对突发公共卫生事件时城市的韧性等。城市韧性涉及面广而泛，研究普遍韧性与特定韧性可都归于城市韧性的范畴，使得韧性的研究泛而杂，给大众一种错觉，就是什么都可以提一下韧性。究其原因，是把普遍韧性与特定韧性混为一谈了。为了区别，本书定义特定韧性是针对某一特定风险，如面临洪水时城市所具备的韧性，它更多地涉及工程韧性标准及应急措施方面。而普遍韧性是针对城市系统，从可持续角度出发，研究的是城市系统、城市子系统以及与外部联系的韧性方面。依此定义，本书主要研究城市普遍韧性。

弄清楚上述争议后，就很容易回答涉及的权衡问题了，城市普遍韧性不专门从特定风险如气候变化、自然灾害或恐怖袭击进行研究，而是从提高自身"免疫力"着手，强调城市系统对灾害的抵抗与适应力。那么受益的对象就是城市居民，且研究的尺度是长期的，空间范畴主要是城市自身，但也部分涉及与城市紧密相连的其他城市。

由此，从系统论的角度出发，把城市系统分解成各子系统，分别了解子系统的运行及子系统间的耦合情况，再结合城市面临的风险，衍生出城市韧性系统及各子系统应具备的防范、应对和适应各种灾害的能力。这些核心能力包括抵抗能力、自我恢复能力和创新/学习能力，分别指城市在遭受各种干扰或冲击时，不改变其功能和结构的情况下可以承受的最大破坏程度，或者能以多快的速度恢复至原始状态，或者在吸取教训、自我学习过程中达到更高的状态。其中，抵抗能力和自我恢复能力表明了城市在受到冲击时的稳定性，本质上可以看成是城市的一种稳定能力，即城市系统的自我维持和自我调节能力，而城市的自我学习、自我创新则是城市适应能力的表现。

充分了解和把握城市韧性各子系统的韧性情况，对于城市应对不确定性风险和危机，提高城市的适应性和韧性能力具有重要意义。城市各子系统间既相互促进又相互制约（见图3-9），如城市经济系统的发展为城市基础设施建设和城市社会发展提供了必要的经济支持；城市基础设施系统的发展为城市社会发展提供了必备的基础设施和物质条件；但是，城市经济的快速发展可能以损害城市生态系统为代价，也许还会加剧城市社会系统中的贫富差距。如何让城市各个子系统协调发展是当下城市管理与发展中的一个难题，也是提高城市韧性的关键因素。

基于上述分析，从普遍韧性角度对城市韧性进行再界定，认为城市韧性应从开放系统的角度出发，在遭受各种冲击或扰动时，城市子系统间能具有良好的耦合协调性，以及城市所处的网络系统可以进行充分的协同合作来缓冲或恢复至城市的稳定状态，并能通过不断地吸取教训与学习成长，更好地适应各种干扰，进而提高城市的稳定能力。

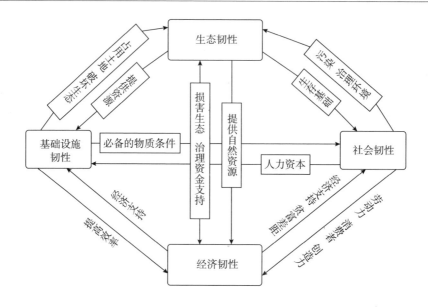

图3-9　城市韧性子系统间的促进与制约关系

3.2　城市韧性研究的理论基础

3.2.1　可持续发展理论

持续发展（Sustainable Development）是一个涵盖范围非常广的概念，涉及社会、人口、经济、环境、资源、科技等多个领域，同时又要注重持续性，既需要满足当代人的需求，又要考虑注重不损害后代人利益，使得系统有着持续永久发展下去的能力，其内涵包括可持续性、发展性、共同性三个特征。可持续性指人口—资源环境—经济社会复合系统发展的永续性，资源能够满足人类社会的长久发展；发展性是可持续发展的核心，需要从很多方面来衡量；共同性是指尽管每个研究区的地理环境、人口经济、社会发展、生态环境以及实现可持续发展的具体模式不同，但可持续发展的目标都是相同的。

联合国减少灾害风险办公室（UNDRR）领导的创建韧性城市 2030（MCR2030），可直接促进实现《可持续发展目标 11》（SDG11）。

3.2.2 生态安全格局理论

20世纪70年代，Brown首次将人类与生态环境的关系纳入城市安全领域，生态安全的相关研究随之兴起。2009年，俞孔坚首次提出的生态安全格局理论方法，是促进生态系统稳定、持续发展的重要理论之一；也是应对城市快速扩张而引发的环境污染、生态系统破坏严重与资源消耗过快等问题的重要方法之一。

生态安全格局是能够保障生态安全的关键生态要素及其在空间上形成的格局关系，是城市实现可持续发展的重要支撑，包括：生态系统结构、功能在外界的扰动、压力胁迫和冲击下的稳定程度，即刚性；当生态环境受到破坏后，通过人为的与非人为的手段得到重建，恢复其稳定状态的能力，即平衡性；生态系统与人类的开发建设活动协同发展的能力，即发展性；生态系统本身的自我调节能力，即自组织性。生态安全理论中降低生态风险的目标，以及运用生态控制论方法调整自身结构、促进积极的信息反馈过程与韧性城市的目标与特性相似，对韧性内涵的丰富具有借鉴意义。

3.2.3 风险理论

风险理论是城市风险治理的核心概念和理论基础。风险评估一般包括以下三要素：一是致灾危险度，给社会经济系统带来危险的自然灾害；二是风险暴露度，受到灾害潜在影响的人口和物质财富等；三是适应能力，系统应对风险的综合能力等。

基于风险的评估框架的优势在于能够采用成本—效益分析等技术量化风险损失，但是这一方法依赖于灾害历史统计数据，且难以估算非货币化的间接风险（如生态系统服务、健康和生命损失等）、系统性风险和长期风险。由于风险既有客观性，也有主观性，对于城市系统而言，风险治理具有多维度和复杂性；对于社会及个体而言，风险难以被"管理"，只能增进"理解或认知"。应对全球化和气候变化背景下的城市风险，需要思维方式和理论范式的转型。韧性理论就是一种认识和应对风险的新理念。

3.2.4 混沌理论

20世纪60年代，爱德华·洛伦兹提出的混沌理论指出，看似无序的和混乱的事件，也有其内在规律，并将"混沌"定义为在确定系统中貌似随机的运动。

随后，混沌理论被 Dendrinos 等学者应用于城市学中，认为城市是混沌吸引要素，城市系统具有以下特征：①不确定性：城市是由自然、社会、经济和人类活动构成的复杂空间与组织体系，显然具有不确定性。②无序中蕴含有序：混沌理论揭示了一个复杂系统看似无序实则暗含秩序，城市风险治理过程中要善于接纳"无序"，探索适应性的发展理念。③多样性：城市复杂系统其内部要素是多样性的，若把这一系统要素进行同质化，那么系统反而会变得脆弱甚至走向崩溃。因此，混沌理论所揭示的城市特性与韧性城市的发展思路相一致，对混沌理论进行分析有助于我们更加清晰地理解复杂城市系统的内在规律。

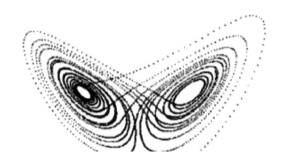

图 3-10　混沌理论中的蝴蝶效应模型

资料来源：蝴蝶效应［EB/OL］．［2020-10-11］．https：//baike. baidu. com/item/% E8%9D% B4% E8%9D%B6%E6%95%88%E5%BA%94/13502? fr=aladdin.

3.2.5　韧性理论

相比传统的风险分析范式，韧性范式更能体现社会—生态复合系统的多稳态、自适应及动态变化特征，它强调通过积极主动的长效性适应发展，将风险转化为机会，推动变革、创新和转型。随着韧性理论在城市领域的深入研究，主要形成了四种著名的城市韧性理论，分别为"杯球"模型（Tilman 和 Downing，1994）、适应性循环模型（Holling 等，2002）、抗沌模型（Holling，2002）和稳定性景观模型（Walker 等，2006），这些理论对研究城市韧性具有重要的指导意义。

3.2.5.1　"杯球"模型

"杯球"模型（见图 3-11）中杯子代表城市系统的稳定域（稳定状态），小球代表城市系统所处的状态，箭头表示城市系统受到的外界干扰或影响。

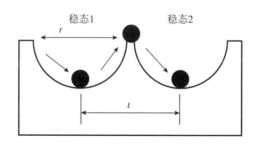

图 3-11 "杯球"模型

3.2.5.2 适应性循环模型

有关韧性的经典理论当属适应性循环理论，该理论由 Holling 和 Gunderson 提出，作为一种全新的系统认知理念，其描述和分析了社会—生态系统的动态演化过程：系统并不一直处于稳定状态，而是处于不断的动态演变过程中，系统发展依次经历了四个阶段，分别是开发阶段（exploitation phase）、保存阶段（conservation phase）、释放阶段（release phase）和重组阶段（reorganization phase）。

3.2.5.3 抗沌模型

在适应性循环模型中，当一个城市系统与其他城市系统在时间和空间上存在相互交叉影响时，就形成了抗沌模型（Holling，2002）。抗沌是描述复杂适应性系统演化性质的术语，反映了跨尺度循环过程的联结模式，体现了适应性循环的嵌套性，故又被称为多尺度嵌套适应性循环模型（蔡建明等，2012），主要由反抗和记忆链接着系统不同尺度之间的适应性循环。

多尺度嵌套适应性循环理论是一套更为完整全面的具有普适性的基础理论，是韧性的重要理论基础。该模型认为，城市系统在不同层次或不同阶段之间存在着某种关联。城市系统在低层次中运行速度较快，并进行着创新与检验，在高层次中运行速度相对较慢，主要对以往优秀经验加以记忆和保护。一方面，系统反抗（Revolt）表示在城市系统中一个较低层次的关键因素的改变可能会导致较高层次发生改变，特别是在城市系统处于较高层次僵化和脆弱情形下的保护期。另一方面，系统记忆（Remember）表示当城市系统的某一层次发生不确定性风险时，处于保护期的高层次会对其产生很大的影响。

3.2.6 系统耦合协调理论

系统耦合协调理论是可持续发展研究应用中的重要理论，它由"耦合""协调"两个相互独立的理论构成。耦合指的就是两个系统之间相互依赖、彼此依存的过程。"协调"是两个或者两个以上要素之间的关系。耦合与协调两个理论的结合便形成耦合协调理论，用来衡量两个或两个以上系统或是系统内部各组成要素间在整个发展过程中的相互配合、相互促进、良好发展的程度，这是一个不断调整优化，使得系统整体从不良无序向良好有序的动态平衡发展的趋势。

3.3　研究区域概况

3.3.1　研究样本与数据来源

3.3.1.1　研究样本

随着人口和经济的不断发展，城市与城市之间的联系日益密切，目前中国城市不再是孤立发展的，而是置身于某个或某几个城市群中。而且，新经济集聚使得城市群正在逐渐替代省域经济，成为工业化、城市化进程中区域空间形态的更高组织形式。国家《"十三五"规划纲要》明确了我国共有 19 个城市群，这些城市群聚集了全国78%的人口，贡献了超过80%的国内生产总值，城镇人口比重接近80%。其中，国家重点建设的国家级城市群——京津冀城市群、长江三角洲城市群、粤港澳大湾区、成渝城市群、长江中游城市群五大城市群更是以11.08%的国土面积，承载着47.04%的人口，创造了60.30%的国内生产总值，如表3-3所示。

表3-3　五大城市群面积及人口、经济占比情况

国家级城市群	国土面积 （万平方公里）	2019 年总人口 （万人）	2019 年 GDP （亿元）
京津冀城市群	21.62	11308.00	84580.08
长江三角洲城市群	21.20	22714.00	237252.60

续表

国家级城市群	国土面积 （万平方公里）	2019 年总人口 （万人）	2019 年 GDP （亿元）
粤港澳大湾区	5.54	7264.79	114207.20
成渝城市群	24.00	11500.00	65060.45
长江中游城市群	34.50	13064.92	93833.89
合计	106.86	65851.71	594833.31
全国	963.40	140005.00	986515.20
占全国比重（%）	11.08	47.04	60.30

资料来源：根据 2020 年《中国统计年鉴》及《中国城市统计年鉴》整理得到。

从人口和经济方面来看，五大国家级城市群是中国未来发展的重中之重，故本书以五大城市群作为研究对象。其中，由于粤港澳大湾区中的香港、澳门为特别行政区，其经济发展和产业结构、部分数据的统计口径同中国其他省（市）区存在较大的差异，因此未将香港和澳门地区纳入研究范围，在后续的分析中，仍以粤港澳大湾区的"前身"珠江三角洲城市群作为研究对象。

同时，由于个别城市和地区数据缺失等客观因素的存在，研究样本中所包含的城市与国家城市群政策规划中的城市相比，存在微小差异。主要有以下两点：第一，根据《长江中游城市群发展规划》，天门、仙桃和潜江属于长江中游城市群，其虽是湖北省直辖的县级行政单位，享有与地级行政区相同的政治、经济和社会管理权限，但缺失数据太多，且本书研究对象以地级市为主，故这 3 个城市不纳入研究范围。第二，当城市群规划中只包含某个城市的部分地区时，受统计数据以行政区划为单位的限制，收集数据时都是以整个城市作为单位，如成渝城市群的重庆、雅安和长江中游城市群的吉安，在城市群规划中只包括城市的部分地区，本书均以整个城市作为研究对象。

由此，综合评价对象选取中国五大城市群 92 个城市的城市韧性，分别为京津冀城市群（13 个城市）、长三角城市群（26 个城市）、珠三角城市群（9 个城市）、成渝城市群（16 个城市）、长江中游城市群（28 个城市）。具体如表 3-4 所示。

表 3-4　研究样本城市

城市群	城市名单	城市数量
京津冀城市群	北京、天津、石家庄、唐山、保定、秦皇岛、廊坊、沧州、承德、张家口、邯郸、沧州、邢台	13
长江三角洲城市群	上海、南京、无锡、常州、苏州、南通、盐城、扬州、镇江、泰州、杭州、宁波、嘉兴、湖州、绍兴、金华、舟山、台州、合肥、芜湖、马鞍山、铜陵、安庆、滁州、池州、宣城	26
珠江三角洲城市群	广州、深圳、佛山、东莞、中山、珠海、江门、肇庆、惠州	9
成渝城市群	重庆、成都、自贡、泸州、德阳、遂宁、内江、乐山、南充、眉山、宜宾、广安、资阳、绵阳、达州、雅安	16
长江中游城市群	武汉、黄石、宜昌、襄阳、鄂州、黄冈、孝感、咸宁、荆州、荆门、长沙、株洲、湘潭、岳阳、益阳、常德、衡阳、娄底、南昌、九江、景德镇、鹰潭、新余、宜春、萍乡、上饶、抚州、吉安	28

资料来源：根据各城市群发展规划文件自行整理。

3.3.1.2　数据来源与处理

本书研究期间为 2007~2019 年，研究城市为中国五大城市群 92 个城市，数据主要来源于 2008~2020 年各省市统计年鉴、城乡建设统计年鉴、各城市的国民经济与社会发展统计公报、EPS 数据库，若无统计年鉴的城市则采用城市年鉴，部分数据采用各省市人民政府和统计局的官网等进行补充完善，对于少数缺失数据通过线性插值法补全。

3.3.2　研究区域发展现状[①]

新中国成立以来，城镇化伴随着中国经济社会的发展变化不断加快进程（见图 3-12）。1949 年时，我国城镇化率仅为 10.64%；1965~1978 年，我国总人口增加了 23721 万人，城镇化率却一直维持在 17%；之后步入飞速增长阶段，在 2011 年超过 50%；而后平稳慢速增长，于 2020 年达到 63.89%。城镇化的发展壮大同时推动着城市群的形成与成长。

---

① 如无特别说明，数据来源为《2020 年中国统计年鉴》《2020 年中国城市统计年鉴》《2019 年中国生态环境统计年报》和《2019 年中国水资源公报》。

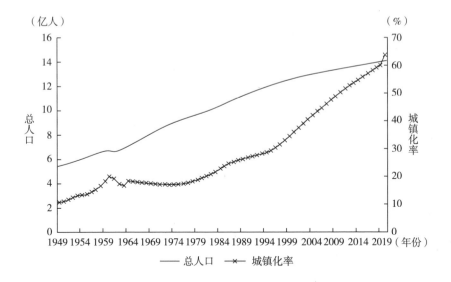

图 3-12 中国人口与城镇化率变化趋势

资料来源：国家统计局．国家数据［EB/OL］．［2021-03-07］．https：//data. stats. gov. cn/ easyquery. htm？cn=C01.

改革开放前，我国城市建设历经"把消费城市变成生产城市（1949～1952 年）"和"要适应生产力布局需要，适当限制大城市，发展内地中小城市 （1952～1978 年）"两个阶段。改革开放后，中国对城市建设主要体现在：弥补 城市历史"欠账"，建设经济特区，发展小城镇。目前，城市群发展正作为建设 中的重点。

2014 年 3 月 16 日，中共中央、国务院印发了《国家新型城镇化规划 （2014-2020 年）》（以下简称《规划》），提出"以陆桥通道、沿长江通道为两 条横轴，以沿海、京哈京广、包昆通道为三条纵轴，以轴线上城市群和节点城市 为依托、其他城镇化地区为重要组成部分，大中小城市和小城镇协调发展的'两 横三纵'城镇化战略格局"。在"'十四五'规划和 2035 年远景目标纲要"中更 是明确提出："发展壮大城市群和都市圈，分类引导大中小城市发展方向和建设 重点，形成疏密有致、分工协作、功能完善的城镇化空间格局。""统筹兼顾经 济、生活、生态、安全等多元需要，转变超大特大城市开发建设方式，加强超大 特大城市治理中的风险防控，促进高质量、可持续发展。"同时，《规划》中也 明确对城镇化空间进行了布局。

在这些布局中，尤以京津冀、长三角、粤港澳大湾区、成渝和长江中游城市群为突出。《中华人民共和国国民经济和社会发展第十四个五年规划和2035年远景目标纲要》中指出要提升五大城市群，"以促进城市群发展为抓手，全面形成'两横三纵'城镇化战略格局。优化提升京津冀、长三角、珠三角、成渝、长江中游等城市群……建立健全城市群一体化协调发展机制和成本共担、利益共享机制，统筹推进基础设施协调布局、产业分工协作、公共服务共享、生态共建环境共治。优化城市群内部空间结构，构筑生态和安全屏障，形成多中心、多层级、多节点的网络型城市群"。国家对这五个城市群具有明确的战略定位，如表3-5所示。

表3-5 五大城市群定位

国家级城市群	批复时间	相关规划资料	定位
京津冀城市群	2015年4月	《京津冀协同发展规划纲要》	以首都为核心的世界级城市群、区域整体协同发展改革引领区、全国创新驱动经济增长新引擎、生态修复环境改善示范区
长江三角洲城市群	2016年5月	《长江三角洲城市群发展规划》	最具经济活力的资源配置中心，具有全球影响力的科技创新高地，全球重要的现代服务业和先进制造业中心，亚太地区重要国际门户，全国新一轮改革开放排头兵，美丽中国建设示范区
粤港澳大湾区	2019年2月	《粤港澳大湾区发展规划纲要》	建设成为更具活力的经济区、宜居宜业宜游的优质生活圈和内地与港澳深度合作的示范区，打造国际一流湾区和世界级城市群
成渝城市群	2016年4月	《成渝城市群发展规划》	全国重要的现代产业基地，西部创新驱动先导区，内陆开放型经济战略高地，统筹城乡发展示范区，美丽中国的先行区
长江中游城市群	2015年3月	《长江中游城市群发展规划》	中国经济新增长极，中西部新型城镇化先行区，内陆开放合作示范区，"两型"社会建设引领区

3.3.2.1 京津冀城市群发展现状

京津冀城市群位于东北亚环渤海心脏地带，是中国北方规模最大、发育最好、现代化程度最高的人口和产业密集区，也是中国主要的高新技术和重工业基地。地理范围包括北京市、天津市两个中央直辖市以及河北省全域的11个地级市，即石家庄、唐山、保定、秦皇岛、廊坊、沧州、承德、张家口、邯郸、沧州、邢台，核心区域为北京、天津、唐山和保定。

京津冀城市群区位优势明显，在中国经济发展及融入经济全球化中占据重要地位。国内层面，京津冀城市群以北京、天津为首，是中国北方的政治中心、金融中心和高精尖人才聚集地；国际层面，地处太平洋西岸东北亚、亚太经济圈的核心地带，属于欧亚大陆桥东部起点之一，在协调国际分工、参与全球竞争中具有举足轻重的作用。

（1）生态环境发展状况。京津冀城市群所处地域地势平坦、资源丰富，具有优越的自然禀赋，属暖温带季风气候带，气候温暖、光照充足、雨量充沛。地域内地貌结构多样，以山地、丘陵、平原为主，拥有广阔的耕地、大面积盐田，是中国重要的粮食产区和盐类产地。滨海地区土地更为广阔、物种多样，具有丰富的海产资源。

京津冀城市群能源资源储量丰富且分布广泛，煤炭资源主要分布于冀中、冀北地区，还拥有华北油田和冀东油田。丰富的能源储量和种类为京津冀城市群建设大型建材、化工等综合工业基地提供了良好的物质基础，具有发展煤化工、盐化工、油化工的有利条件。但同时，由于这些化工属于高能耗、高排放和高污染行业，对生态环境造成较大承载压力。横向来看，京津冀三地中河北省的工业废水、SO_2 和烟粉尘排放总量最大，远高于京津两地。京津冀 2019 年工业废水、SO_2、烟粉尘排放占比情况如图 3-13（a）、（b）、（c）所示。纵向来看，各地区工业废水、SO_2 和烟粉尘排放量都在逐年降低，且下降的幅度较大，其中工业废水排放量 13 年间下降幅度最大的是河北省，为 68.02%；工业 SO_2 排放量下降幅度最大的是北京，达到 98.63%，其次是河北的 82.66%；工业烟粉尘排放量下降幅度最大的是北京，为 83.69%，其次是天津，为 59.83%，具体如图 3-13（d）所示。虽然各地区生态环境有所改善，但 2019 年生态状况公报显示：全国地级及以上城市 PM2.5 平均浓度为 36 微克/立方米，距离国家二级标准还差 1 微克/立方米，而京津冀及周边地区、汾渭平原 PM2.5 平均浓度都为国家二级标准的 1.6 倍左右，区域空气重污染时有发生。由此看来，京津冀的生态环境不容乐观。另外，京津冀城市的生态绿化环境均有改善，如人均公园绿地面积和建成区绿化覆盖率都在逐年增加，但增加幅度都不大，整体对实现城市绿色发展的支撑作用并没有凸显出来。近来，京津冀在城市生活污水处理率、生活垃圾无害化处理率方面有明显改善，基本都达到 90% 以上，但有些城市对工业固体废物综合利用率还有待改善，如承德的 2019 年利用率不到 30%，张家口和保定的利用率均不到 60%。因此，城市系统在面对内外环境冲击的不确定性越来越大时，生态系统受影响程度不断加深。近年来，京津冀地区频繁遭遇严重的雾霾天气，不仅范围广，而且持续时间长。严重的空气污染极大损害了公民的健康，制约着京津冀地区经济社会的健康发展。

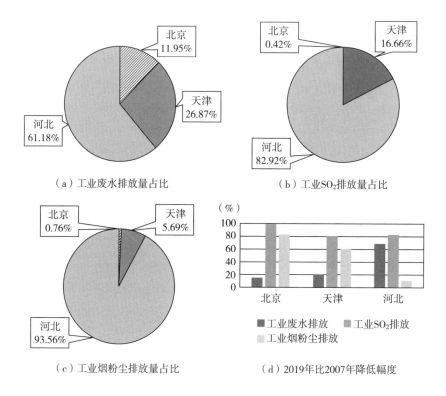

图 3-13　京津冀 2019 年工业废水、SO_2 及烟粉尘排放占比及降幅

京津冀城市群水资源匮乏且人均水资源拥有量极低，水资源总量仅占全国的 0.5%（2019 年），人均水资源量仅有 129 立方米（2019 年），远低于国际公认的"极度缺水"标准（<500 立方米），属于极度缺水地区，对京津冀的城市韧性是一大考验。

海洋生态平衡遭到破坏。与京津冀地区最相关的海湾是渤海湾，2004 年监测时发现其水体生物始终处于严重富营养化状态，水体污染严重影响了海洋生物结构的平衡；大量的填海造陆工程破坏了海洋生态平衡；空气污染的加剧和气候的不断变化，导致京津冀地区物种逐年减少，生物多样性遭到破坏。

湿地面积减少且污染严重。湿地被称为"城市之肺",对于调节气候和环境至关重要。2019 年,北京约有湿地 340 平方千米,占辖区面积的 1.93%,天津约有 1720 平方千米,占辖区面积的 14.95%,河北约有 1.08 万平方千米,占辖区面积的 5.82%,其中,在北京的湿地中,天然湿地面积仅占总湿地面积的 1/6,绝大多数为人工湿地。与新中国成立初期相比,京津冀湿地总面积缩减了一半以上,仅占全国的 1.9%。湿地面积减少和污染大大降低了生态作用。

(2) 社会发展状况。京津冀城市人口高度集聚且发展不均,基础设施建设也比较滞后。首先,京津冀地区人口规模巨大且分布集中。2019 年,区域常住人口为 1.13 亿人,占全国的 8.08%,京、津两地的城镇化率分别为 86.60%、83.48%,而河北却未达到全国平均水准,仅为 57.62%。从人口密度与人口增速上来看,2019 年京、津、冀三地的人口密度分别为 1312 人/平方公里、1328 人/平方公里和 407 人/平方公里,即京津两地均为河北人口密度的 3 倍以上。再来看人口增量,2019 年北京常住人口减少 0.6 万人,而津冀两地的人口分别增加了 2.23 万人和 36 万人,说明北京在疏解北京非首都功能的调控人口上起到一定成效,而河北还有较大的容纳空间。

从教育、医疗和文化服务来看,2019 年,京津冀三地每万人普通高等院校在校学生数分别为 272 人、345 人和 194 人。从 2017 年本科毕业生本地就业率[①]来看,京津冀三地的本地就业率分别为 57.16%、37.62% 和 63.34%,分别居于 28 省市排名中的第 18 名、第 27 名和第 12 名,相较之下,京、津两地人才储备基数大,但近年受高房价和户籍限制,留京、留津本地毕业生相对减少,而河北高学历人才基数相对少,但本地就业率排名较靠前,表明在一系列的调控下,京津冀巨大的人才差距正在朝好的方向转变。从每千人拥有的卫生机构床位数和医师数来看,天津和河北比较接近,而北京资源明显丰富,均约是天津和河北的 2 倍。在图书资源上,北京每百人拥有的公共图书馆藏量为 327 册/人,天津为 134 册/人,而河北仅为 40 册/人。

社会保障方面,京津冀三地地方财政在社会保障和就业方面的支出 13 年间均增长 5 倍以上,社会保险覆盖率不断扩散。2019 年,京津冀三地的城镇居民可支配收入分别为 73848.5 元、46118.9 元和 35737.7 元,北京分别是天津和河北

---

① 2017 届本科毕业生本地就业率高校排名 [EB/OL]. [2021-06-01]. https://www.xker.com/a/2005.html. 本书后续涉及此指标,来源相同。

的 1.6 倍和 2.1 倍。

京津冀区域人口分布与发展的不均衡，一方面是京津空间布局"过密"，另一方面是河北空间布局"过疏"，在社会服务和社会保障上也存在较大的差距，这种不均衡无论是对城市的资源生态环境还是对社会环境均造成一定压力，从而制约京津冀区域协调发展、韧性发展的整体进程。

（3）经济发展状况。从经济实力上看，2019 年京津冀三地的 GDP 分别为 35445.1 亿元、14055.5 亿元和 34978.6 亿元，GDP 增长率分别为 6.1%、4.8% 和 6.8%，人均 GDP 分别为 164563 元、90058 元和 46073 元，北京分别是天津和河北的 1.83 倍和 3.57 倍，可见三者的差别非常大，京津冀三地经济发展极不协调。

社会消费品零售总额在一定程度上能反映地区经济的活力，京津冀三地 2019 年分别为 15063.7 亿元、4218.2 亿元和 12985.5 亿元，分别是 2007 年的 3.93 倍、2.56 倍和 3.26 倍，表明北京和河北经济活力强，天津稍弱。

从产业结构来看，2019 年京津冀三地的产业结构比分别为 0.32：15.99：83.69、1.32：35.2：63.48 和 10：38.7：51.3，显示京津两地产业结构中第三产业比重最高，是典型的"三二一"模式，其次是天津，第三产业的比重超过了 60%，而河北作为传统的农业大省，第三产业的发展仍有待提高。

从外向性来看，2019 年北京出口额分别是天津和河北的 1.71 倍和 2.18 倍，各自出口额均比 2007 年增长 2 倍。在科学和教育的投入上，2019 年京津冀三地的财政科学与教育支出占 GDP 比重分别为 4.43%、4.10% 和 4.09%，分别比 2007 年增加 1.03 个百分点、0.92 个百分点和 2.09 个百分点；专利授权数分别为 131716 件、57799 件和 57809 件，分别是 2007 年的 8.81 倍、10.35 倍和 7.36 倍。

从经济实力、产业结构、活力、外向性及科技方面来看，京津冀三地经济综合实力都平稳上升，尤其在科技创新上更是明显。但城市群内的差距还是非常显著，面对城市不确定性扰动时，其抵抗力、恢复力和成长能力差异明显，城市经济韧性水平不可避免存在较大差距。

（4）基础设施发展状况。经济发展和人口集聚与城市基础设施息息相关，人口集聚带来经济的规模效益与创新的发展，经济发展又推动基础设施的进步，而人口集聚又给基础设施带来一定压力。当城市的基础设施建设滞后于城市人口的增加时，会直接影响居民的生活水平，也会加重城市社会发展的压力。当城市遭受扰动时，基础设施的预警能力、疏散和安置能力显得非常重要。

从广播、电视节目的综合人口覆盖率来看，京津两地的覆盖率均达到100%，河北的覆盖率也在99%以上，加上各地年末移动电话用户数都非常高，故而三地预警能力都强。

从人均城市道路面积来看，北京2019年只有7.68平方米，天津与河北略高，均达到10平方米以上；建成区供水管道密度和排水管道密度天津最高，均超过17千米/平方千米，北京只有约9千米/平方千米；每万人拥有公共交通车辆北京好于天津，天津又比河北强。

由上文可知，京津冀城市群在面对各种自然灾害或人为灾难时，预警能力强，但疏散和安置能力不高，且各有短板，如北京遭受雷暴天气，城市易内涝，河北在应急管理中的公共交通能力有待提高。

3.3.2.2 长三角城市群发展现状

长三角城市群是长江三角洲城市群的简称，位于长江的下游地区，濒临黄海与东海，地处江海交汇之地，沿江沿海港口众多，是长江入海之前形成的冲积平原。根据国务院批准的《长江三角洲城市群发展规划》，长三角城市群包括：上海，江苏省的南京、无锡、常州、苏州、南通、盐城、扬州、镇江、泰州，浙江省的杭州、宁波、嘉兴、湖州、绍兴、金华、舟山、台州，安徽省的合肥、芜湖、马鞍山、铜陵、安庆、滁州、池州、宣城26个城市。长三角城市群是中国"十三五"规划的19个城市群中竞争力最强的城市群之一，同时是"一带一路"和"长江经济带"的重要地带，也是中国城镇化发展的领先地区之一。

（1）生态环境发展状况。长三角地区属典型的湿润季风气候，光照条件较好，水热条件适中，自然资源禀赋优越，具有森林、河流、湖泊、河口、海岸、湿地及近海海域等丰富多样的自然生态系统，在生态空间格局、生态系统服务功能方面具有独特优势。近年来，长三角城市群人口快速聚集、经济迅猛增长，区域资源消耗加速、环境污染现象突出，资源环境瓶颈日益凸显。

长三角城市群土地生态问题严重。第一，湿地生态系统被严重破坏。长三角目前正以每年2万平方百米的速度减少，潮间带湿地已累计丧失57%，生态系统全面衰退。东海沿岸湿地生态服务功能已下降50%。第二，土壤污染问题不容忽视。目前，长三角地区土壤污染除了"常见"的农药污染外，最严重的是"持久性有机污染物"和"有毒重金属污染"。现在已发现多达16种的多环芳烃，长三角某地区送检的一个样本里居然发现了100多种多氯联苯有害物质。采集的稻米、蔬菜、鱼、鸡、鸭等食品样本中，也出现了二噁英类物质。第三，外来物种入侵问题严重。水葫芦 1901 年被引入中国，迅速在长三角地区蔓延。仅上海市一年就要从水体中打捞出 80 万吨水葫芦。第四，地面沉降现象严重。长三角地面沉降大于 200 毫米的范围近 1 万平方千米。苏州、无锡、常州、杭州、嘉兴和湖州已经形成最大的沉降中心。长三角沿沪宁铁路带，已经形成 40～50 米深、8000 平方千米的大漏斗形无水区，太湖流域自 20 世纪 60 年代以来，地面下陷 2.2 米。

此外，长三角城市群污染物排放量占全国的 1/5，当前最突出的是河湖水系的污染、酸雨问题。降水酸度在 4.6～5.2，浙江省沿江城市酸雨发生频率最高达 98%，降水酸度最低达 4.4。就城市来看，上海市较低，江苏沿江八市均为酸雨控制区。

（2）社会发展状况。长三角城市群人口高度集聚，人口密度大，2019 年 26 市中超过 1000 人/平方千米的有 6 个，分别是上海 3830 人/平方千米、南京 1290 人/平方千米、无锡 1424 人/平方千米、常州 1083 人/平方千米、苏州 1242 人/平方千米和杭州 1137 人/平方千米。长三角城市群城镇化率高，2019 年 26 市中只有安徽的 5 个城市未达到 60%，其余 21 市均在 63% 以上，排在前 6 的分别是上海、南京、杭州、无锡、苏州和合肥，都超过了 76%。整体来看，人口方面，上海最强、江苏和浙江随后，而安徽差距明显。

从教育、医疗和文化服务来看，2019 年，每万人普通高等院校在校学生数排名前 3 的分别是南京、合肥和杭州，分别为 1033 人、655 人和 500 人。从 2017 年本科毕业生本地就业率来看，上海、江苏、浙江和安徽的本地就业率分别为 75.18%、74.75%、83.34% 和 57.43%，分别居于 28 省市排名的第 7 名、第 8 名、第 2 名和第 17 名，从排名来看，上海、江苏和安徽吸引人才的能力很强，杭州表现得尤为抢眼，而安徽本地就业率还是稍差。从每千人拥有的卫生机构床位数和医师数来看，长三角 26 市都比较接近，其中杭州最高，分别为 8 张和 5 人。在图书资源上，上海资源最丰富，每百人拥有的公共图书馆藏量为 332 册，其次是杭州 247 册，苏州排第三，为 233 册。

社会保障方面，地方财政在社会保障和就业方面支出的 13 年间，上海增长了 2.6 倍；江苏 9 市中苏州增长最少，为 3.76 倍，镇江和泰州增长最多，分别为 11.95 倍和 11.65 倍；浙江 8 市中宁波增长最少，为 6.12 倍，台州增长最多，为 14.46 倍；安徽 8 市增长较接近，都在 4 倍左右。26 市的社会保险覆盖率不断扩散。2019 年，长三角的城镇居民可支配收入总体较高，除江苏的盐城和安徽的铜陵、安庆、滁州、池州、宣城外，其他 20 市都超过 45000 元，上海、苏州和杭州均超过 65000 元。

长三角社会发展呈现明显的梯队，上海、江苏比浙江稍强，而安徽不管是在人口上，还是在社会服务和社会保障上，都与其他两省一市存在一定的差距。

（3）经济发展状况。从经济实力上看，2019 年长三角城市群中 GDP 超过万亿元的有上海、南京、无锡、苏州、杭州、宁波，占到 26 市的 23.08%，而安徽一个 GDP 超过万亿元的城市都没有，经济发展也呈现明显的梯队。

从社会消费品零售总额看，2019 年上海达到 15847.5530 亿元，远高于其他城市，是第二名苏州的 2.03 倍，高出 8034.1569 亿元。表明上海经济活力遥遥领先其他城市，最低的是安徽的铜陵，仅为 340.9099 亿元。

从产业结构来看，长三角产业结构逐渐优化，分布逐渐合理。2019 年上海市、江苏省、浙江省和安徽省的产业结构比分别为 0.3∶27∶72.7、4.3∶44.4∶51.3、3.4∶42.6∶54 和 7.9∶41.3∶50.8，三省一市的产业结构中都是第三产业比重最高，且都超过了 50%。

从外向性来看，2019 年上海市、江苏省、浙江省和安徽省的出口额分别是 13724.9 亿元、27211.8 亿元、23076.3 亿元和 2785.4 亿元，明显看出安徽省在出口上与其他二省一市差距明显。

从科学和教育的投入上看，2019 年上海市、江苏省、浙江省和安徽省的财政科学与教育支出占 GDP 比重分别为 3.65%、2.38%、3.22% 和 3.41%，分别比 2007 年增加 0.62 个百分点、1.76 个百分点、1.24 个百分点和 1.31 个百分点；专利授权数分别为 100587 件、314395 件、285342 件和 82524 件，分别是 2007 年的 4.11 倍、9.90 倍、6.78 倍和 24.18 倍。

从经济实力、产业结构、活力、外向性及科技方面来看，长三角城市群经济综合实力平稳上升，尤其在科技创新上更是明显，其中，虽然安徽专利授权数较低，但是发展速度却远超上海、江苏和浙江。长三角城市群内城市的差距非常显著，面对城市不确定性扰动时，其抵抗力、恢复力和成长能力差异明显，城市经济韧性水平不可避免存在较大差距。

（4）基础设施发展状况。从广播、电视节目的综合人口覆盖率来看，各城市的覆盖率均达到 99% 以上，加上各地年末移动电话用户数都非常高，故长三角城市群城市的预警能力都强。

人均城市道路面积除上海、杭州和宁波外，其他城市都较高，处于 20～30 平方米；建成区供水管道密度和排水管道密度中舟山最高，分别为 34.71 千米/平方千米和 15.68 千米/平方千米。

3.3.2.3 珠三角城市群发展现状

珠三角城市群是珠江三角洲城市群的简称，位于中国南部沿海地区、珠江流域下游，与东南亚地区隔海相望，区位条件优越。珠三角城市群现已升级为粤港澳大湾区，在原有广东省的广州、深圳、珠海、佛山、惠州、东莞、中山、江门和肇庆 9 市基础上，增加了香港和澳门。受香港、澳门经济结构及诸多数据统计口径和方法所限，本书样本仅选择原珠三角 9 市。

珠三角是中国著名的侨乡，也是具有全球影响力的先进制造业基地和现代服务业基地、南方地区对外开放的门户、国家参与经济全球化的主体区域、国家科技创新与技术研发基地。

（1）生态环境状况。珠三角区域内平原广阔，易于开发建设；河网密集、水资源充沛；暖湿多雨、气候宜人。2019 年《广东省环境状况公报》显示，珠三角 9 市空气质量优良天数比例在 77.0%～95.3%，平均为 83.4%，比 2018 年下降了 6.0 个百分点。珠三角区域内森林生态状况总体良好，森林覆盖率为 50.35%，已建各类森林公园 220 处、湿地公园 3 处。森林生态系统优越的地区主要为肇庆鼎湖山、惠州莲花山山脉、江门古兜山等。近岸海域水环境质量达标率为 85%，重要海洋生态灾害监控率为 50%，重要生态系统保护率为 80%。

然而，工业化和城镇化的快速发展，导致新增建设用地占用了大量耕地、林地和水域等生态用地，森林、农田、海洋、湿地等生态系统服务功能价值降低。土地开发利用不合理致使自然生态空间破碎化，生物多样性降低。因此，需要划定城市增长边界，引导城市空间合理扩展，以控制城市建设用地无序蔓延，提高土地的集约节约利用率。此外，跨市水域、城市内部河涌水质较差及农村生活污染仍然较为突出，还需加强区域间水污染联合治理及城市内部河道综合治理，强化农村生活垃圾集中处理，提高居民生活质量。

（2）社会发展状况。珠三角城市群常住人口 2019 年比 2007 年增加 1668.39 万人，增长了 34.91%，近几年常住人口增长率均超过 2%，具体如图 3-14 所示。珠三角城市群城镇化率高，2019 年 9 市中只有肇庆未达到 60%，其余 8 市均在 66% 以上，深圳、佛山、东莞、珠海均超过了 90%。

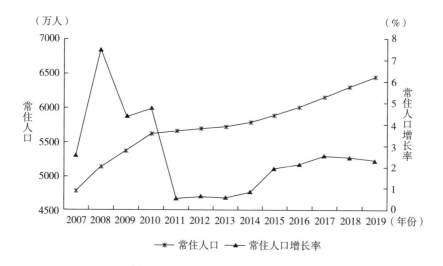

图 3-14 珠三角城市群 2007~2019 年常住人口及其增长率

从教育、医疗和文化服务来看，2019年，每万人普通高等院校在校学生数广州和珠海均超过1045人，其次是东莞、肇庆，都超过300人，最低的是惠州市，为126人。从2017年本科毕业生本地就业率来看，广东的本地就业率为92.16%，居于28省市排名的第1名，即全国中广东吸引人才的能力最强。从每千人拥有的卫生机构床位数和医师数来看，珠三角9市都比较接近，其中江门最高、深圳最低，分别为5.24张和3.82人。在图书资源上，深圳资源最丰富，每百人拥有的公共图书馆藏量为924.86册，其次是东莞，为495.65册，广州排第三，为380.39册。

社会保障方面，地方财政在社会保障和就业方面的支出的13年间，珠海和惠州都增长了8.54倍，广州和佛山增长最少，但也增长了3.1倍。珠三角城市群的社会保险覆盖率不断扩散。2019年，珠三角的城镇居民可支配收入总体较高，除江门、肇庆和惠州外，其他6市都超过52000元，广州和深圳均超过62500元。

珠三角社会发展呈现明显的梯队，广州、深圳、珠海明显更强，而江门、肇庆和惠州不管是在人口上，还是在社会服务和社会保障上，与其他6市还是存在一定差距。

（3）经济发展状况。从经济实力上看，2019年珠三角城市群中GDP超过万亿元的有广州、深圳和佛山，占到9市的33.33%。社会消费品零售总额上，

2019 年广州和深圳排在前 2 名，分别达到 6920.2087 亿元和 7355.6209 亿元，排名最后的是中山，为 919.9658 亿元。表明广州和深圳经济活力强，领先其他城市。

从产业结构来看，珠三角第三产业占 GDP 比重相对较低，2019 年只有广州、深圳超过了 60%。但制造业向高级化发展趋势较为明显。深圳是珠三角高科技产业最为集中的地区，是中国 IT 产业的重要研发和生产基地。2019 年，先进制造业和高科技制造业增加值占规模以上工业增加值比重分别为 72.6%、61.50%，分别占整个珠三角城市群的 38.49% 和 57.46%。

从外向性来看，珠三角总体较强，2019 年深圳和东莞的出口额居于前列，分别是 2421.2399 亿美元和 1250.8471 亿美元，江门排名最末，但也有 164.6865 亿美元。

从科学和教育的投入上看，2019 年珠三角 9 市的财政科学与教育支出占 GDP 比重均超过 2.22%，深圳最高，为 4.7%。专利授权数排名前四的分别是深圳、广州、东莞和佛山，分别为 166609 件、104813 件、60421 件和 58747 件，最少的是肇庆，为 4524 件。

从经济实力、产业结构、活力、外向性及科技方面来看，珠三角城市群经济综合实力都平稳上升，其外向性和科技创新都很强。但是珠三角城市群内城市的差距也较明显，面对城市不确定性扰动时，其抵抗力、恢复力和成长能力差异明显，城市经济韧性水平不可避免存在较大差距。

（4）基础设施发展状况。从广播、电视节目的综合人口覆盖率来看，各城市的覆盖率均达到 100%，加上各地年末移动电话用户数都非常高，故珠三角城市群城市的预警能力都强。

人均城市道路面积，深圳、广州和东莞稍少，其他城市都较多，处于 20~30 平方米；建成区供水管道密度和排水管道密度中珠海最高，分别为 34.20 千米/平方千米和 31.09 千米/平方千米。每万人拥有公共交通车辆，2019 年深圳最高，达到 28 辆，广州和珠海其次，都超过 10 辆。

3.3.2.4 成渝城市群发展现状

成渝城市群处于长江经济带和丝绸之路经济带接合部，是"两横三纵"城市化战略格局中的重点开发地区，是西部大开发的重要平台和经济战略高地，是长江经济带的战略支撑，是国家推进新型城镇化的重要示范区。其核心城市重庆、成都 2019 年城区常住人口规模均超过 700 万，是中国在西南地区重要的中心城市和现代化、信息化的重要基础，交通网络化的重要枢纽。这两座城市不但对于支撑中国大西南地区的经济建设起到重要作用，而且，对中国实施"一带一路"倡议，发展与东南亚、南亚地区的国际合作具有重大的国际影响力。

（1）生态环境状况。川渝地区以山地（50.32%）、高原（28.5%）为主，丘陵（8.64%）、平原（2.54%）较少，复杂多变的地势特征为川渝地区发展立体农业、开展多种经营创造了良好的条件。四川的川西南地区多为海拔3000米左右的南北走向山地，川西北地区多为海拔4000～5000米的丘状高原和高平原，盆地周围是海拔1000～2000米的山地；重庆地势由南北向长江河谷逐级降低，西北部和中部以丘陵、低山为主，东南部靠近大巴山和武陵山两座大山脉。

成渝地区气温适宜，降水充足，水热资源匹配良好，适合人类居住和农林牧业的综合发展。四川属于亚热带季风气候，除部分高寒山区外，大部分地区四季分明、区域差异显著。重庆属于亚热带湿润季风气候区，具有夏热冬暖、光热同季、无霜期长、雨量充沛、湿润多阴等特点。成渝地区是中国水资源最为丰富的地区之一，河流众多，水资源丰富，四川省被称为"千水之省"，重庆境内拥有长江、嘉陵江、乌江、涪江等水系，多年平均流量达到3131×108立方米。

但是，四川省尤其是四川西部，位于四川龙门山地震带上，所以地震频发，而且强度大。龙门山地处巴颜喀拉地块东边界，东南方向是相对比较坚硬的四川盆地。板块推挤导致巴颜喀拉地块运动受阻形成断层。故而四川地震多，气象灾害直接经济损失大，2019年成渝城市群经济损失达289.89亿元。

（2）社会发展状况。重庆和四川是人口大省（市），常住人口2019年超1亿人。同时，四川也是农业大省，故成渝城市群城镇化率整体偏低，2019年只有重庆和成都超过了64%，分别为66.8%和74.41%，自贡、泸州、德阳、绵阳、遂宁、内江、乐山和宜宾均超过50%，其余6市均低于50%。

从教育、医疗和文化服务来看，2019年，每万人普通高等院校在校学生数，成都最多，为530人，其次是雅安和德阳，最少的是资阳市，仅有32126人。从2017年本科毕业生本地就业率来看，四川、重庆的本地就业率分别为66.96%和62.34%，居于28省市排名的第10名和第15名，总体吸引人才的能力较强。从每千人拥有的卫生机构床位数和医师数来看，成渝城市群16市都比较接近，横向其他城市来看，资源较强，成都最高，分别为8.98张和3.75人。在图书资源上，成都资源最丰富，每百人拥有的公共图书馆藏量为148.11册，但相较其他省会城市较低。

社会保障方面，地方财政在社会保障和就业方面的支出的 13 年间，重庆和四川分别增长了 6.33 倍和 4.21 倍。同时，成渝城市群的社会保险覆盖率不断扩散。2019 年，成渝的城镇居民可支配收入总体一般，除成都超过 45000 元外，其他 15 市都在 30000~40000 元。

整体来看，成渝城市群在城镇化、社会服务和社会保障上，与长三角城市群、珠三角城市群还存在一定差距。

（3）经济发展状况。从经济实力上看，2019 年成渝城市群中 GDP 超过万亿元的有重庆和成都，但明显出现断层，排名第三的绵阳仅有 2856.2 亿元，不到成都的 1/5。社会消费品零售总额上，2019 年同样是重庆和成都遥遥领先其他城市，排名第一的重庆有 11631.6743 亿元，而排名最后的雅安仅有 267.5982 亿元，差距达到 42.5 倍。这说明成渝城市群经济断层现象明显。

从产业结构来看，成渝城市群第三产业占 GDP 比重相对较低，2019 年只有成都超过了 60%。

从外向性来看，成渝城市群中也只有重庆与成都远远领先其他城市。2019 年重庆和成都的出口额分别是 537.9892 亿美元和 479.5450 亿美元，德阳排名第三，仅为 15.9349 亿美元。

从科学和教育的投入上看，除德阳外，2019 年成渝 16 市的财政科学与教育支出占 GDP 比重均超过 2.42%，广安最高，为 5.16%。2019 年专利授权数排名前四的是成都、重庆、德阳和绵阳，分别为 50775 件、43872 件、6382 件和 3782 件，最少的是资阳，仅有 566 件。

从经济实力、产业结构、活力、外向性及科技方面来看，成渝城市群经济综合实力平稳上升。但是成渝城市群内城市的差距非常明显，重庆和成都远超其他 14 市，资源非常集中，两家独大，区域内发展不平衡，且断层明显。在面对城市不确定性扰动时，其抵抗力、恢复力和成长能力差异明显，城市经济韧性水平不可避免存在较大差距。

（4）基础设施发展状况。从广播、电视节目的综合人口覆盖率来看，各城市的覆盖率均达到 99% 以上，加上各地年末移动电话用户数都非常高，故成渝城市群城市的预警能力都强。

人均城市道路面积，雅安和广安最高，分别为 29.09 平方米和 28.82 平方米；建成区供水管道密度和排水管道密度中绵阳最高，分别为 26.94 千米/平方千米和 17.42 千米/平方千米。每万人拥有公共交通车辆，2019 年成都最高，达到 13 辆，其他城市均小于 7 辆。

3.3.2.5 长江中游城市群发展现状

长江中游城市群是以武汉、长沙、南昌、合肥四大城市为中心的超特大城市群组合，涵盖武汉城市圈、环长株潭城市群和环鄱阳湖城市群，占地面积约为34.5 万平方公里，为世界之最，是长三角的 3 倍、珠三角的 5 倍。

长江中游城市群承东启西、连南接北，是长江经济带的重要组成部分，也是促进中部地区崛起、全方位深化改革开放和推进新型城镇化的重点区域，在我国区域发展格局中占有重要地位。

（1）生态环境状况。长江中游城市群中湖北位于中国中部地区，东、西、北三面环山，中间低平，地势略呈向南敞开的不完整盆地。在全省总面积中，山地占 56%，丘陵占 24%，平原湖区占 20%，属于长江水系。湖北省地处亚热带，全省除高山地区属高山气候外，大部分地区属亚热带湿润季风性气候。湖南地处云贵高原向江南丘陵和南岭山脉向江汉平原过渡的地带，呈三面环山、朝北开口的马蹄形地貌，由平原、盆地、丘陵地、山地、河湖构成，地跨长江、珠江两大水系，属亚热带季风气候。江西位于中国东南部、长江中下游南岸，属于华东地区，东、西、南三面环山地，中部丘陵和河谷平原交错分布，北部则为鄱阳湖平原。气候属亚热带温暖湿润季风性气候，江西省境内地形南高北低，有利于水源汇聚，水网稠密，降水充沛，但各河水量季节变化较大，对航运略有影响。

长江中游地区矿产资源丰富，湖南是著名的"有色金属之乡"和"非金属矿之乡"，江西是我国矿产资源配套程度较高的省份之一。

长江中游地区水资源丰富，拥有鄱阳湖、洞庭湖、汉江、清江等江河湖泊。保护好长江中游城市群内的水生态环境，将直接影响整个长江流域的水生态安全。长江中游地区生态环境优良，但受气候与地理条件影响，易发生干旱，也易产生洪涝灾害。

（2）社会发展状况。以武汉、长沙、南昌为中心的武汉城市圈、环长株潭城市群、环鄱阳湖城市群发展迅速，形成了一批各具特色的中小城市和小城镇，城乡区域发展趋于协调，2019 年常住人口城镇化率除黄冈外，都超过了 50%。

从教育、医疗和文化服务来看，2019 年，每万人普通高等院校在校学生数，南昌最多，为 1126 人，其次为武汉和长沙，最差的是抚州市，仅有 44 人。从2017 年本科毕业生本地就业率来看，湖北、湖南和江西的本地就业率分别为47.89%、46.58% 和 42.09%，居于 28 省市排名的第 21 名、第 22 名、第 23 名，总体吸引人才的能力较弱。从每千人拥有的卫生机构床位数和医师数来看，长江中游城市群 28 市都比较接近，横向其他城市来看，资源较强，长沙最高，分别为 9.68 张和 3.85 人。在图书资源上，武汉资源最丰富，每百人拥有的公共图书馆藏量为 158.41 册，但相较其他省会城市较低。

社会保障方面，地方财政在社会保障和就业方面的支出的 13 年间，湖北、湖南和四川都增长了 4 倍以上。同时，长江中游城市群的社会保险覆盖率不断扩散。2019 年，长江中游城市群的城镇居民可支配收入总体一般，除武汉和长沙超过 50000 元外，其他城市都在 50000 元以下。

整体来看，长江中游城市群城镇化发展较好，但在社会服务和社会保障上，非省会城市与 3 个省会城市都存在一定差距。

（3）经济发展状况。从经济实力上看，2019 年长江中游城市群中 GDP 超过万亿元的有武汉和长沙，但明显出现断层，排名第三的南昌为 5596.18 亿元，分别为武汉和长沙的 1/3 和 1/2 左右。从社会消费品零售总额上看，2019 年同样是 3 省会城市遥遥领先其他城市，排名第一的武汉有 7774.4918 亿元，而排名最后的是鹰潭，为 244.3080 亿元，差距达到 30.8 倍。这说明长江中游城市群省会城市拥有绝大多数资源。

从产业结构来看，成渝城市群第三产业占 GDP 比重相对较低，2019 年只有武汉超过了 60%。

从外向性来看，成渝城市群也是 3 省会城市远远领先其他城市。2019 年武汉、长沙和南昌的出口额分别是 197.0600 亿美元、202.1557 亿美元和 93.6117 亿美元，吉安排名第四，仅为 50.9015 亿美元，约为南昌的 1/2。

从科学和教育的投入上看，2019 年，除鄂州外，长江中游城市群其他 27 市的财政科学与教育支出占 GDP 比重均超过 2.17%，抚州最高，为 5.95%。2019 年专利授权数排名前三的分别是武汉、长沙和南昌，分别为 39258 件、22504 件和 13057 件，最少的是鄂州，仅有 744 件。

从经济实力、产业结构、活力、外向性及科技方面来看，长江中游城市群经济综合实力平稳上升。但是城市群内城市的差距非常明显，3 省会城市武汉、长沙和南昌远超其他 25 市，资源非常集中，各省会城市独大，区域内发展不平衡，断层明显。

（4）基础设施发展状况。从广播、电视节目的综合人口覆盖率来看，各城市的覆盖率均达到 99% 以上，加上各地年末移动电话用户数都非常高，故成渝城市群城市的预警能力都强。

人均城市道路面积,咸宁和景德镇最高,分别为 31.08 平方米和 30.02 平方米;建成区供水管道密度和排水管道密度中武汉最高,分别为 24.67 千米/平方千米和 13.35 千米/平方千米。每万人拥有公共交通车辆,2019 年长沙、武汉和南昌位列前三,分别为 14 辆、11 辆和 9 辆,其他城市均小于 8 辆。

3.4　本章小结

本章首先在了解城市韧性定义的相关补充知识,分析城市风险管理的理念变化及城市韧性存有的争议及涉及的权衡基础上,对城市韧性内涵进行了再界定。其次介绍了城市韧性综合评价相关的理论。最后通过国家相关政策面积、人口与 GDP 占全国比重确定五大城市群为研究样本,并对五大城市群的生态、社会、经济和基础设施进行概况阐述。

4 城市韧性综合评价模型构建

本章以综合评价的视角，从城市韧性机理出发，首先确定综合评价的指标体系框架；其次进行指标体系设计，包括借鉴国内外经验确定评价指标体系的准则层、运用系统动力学模型及相关研究确定指标体系的领域层与具体指标；最后确定指标赋权方法、综合评价的计算公式及进行评价等级的划分。

4.1 评价框架构建思路

从本质上来说，对城市韧性进行综合评价可以为城市发展提供导向，为相关政府决策提供依据，从而促进城市在遭受扰动时的稳定和适应能力。若要达到这些目的，需要总体上把握综合评价的框架。

从逻辑上看，城市韧性综合评价体系构建需要厘清"城市韧性是什么""为什么要评估"和"怎样进行评估"等问题。对于前两个问题已经在前文中阐述过，因此，本章主要研究"怎样进行评估"的问题，其中，首当其冲的是要明确是用单一指标还是用指标体系来进行评估，这样后续评估才好进行下去。

4.1.1 选择评价的框架

目前常用的城市层面的评估韧性的框架一般有单一指标法和指标体系综合评价两种，单一指标法是用一个指标对总体进行评估，综合评价是对一个复杂系统的多个指标进行总体评价的方法，它们的优点和局限性如表4-1所示。

表 4-1 单一指标与指标体系综合评价的优点与局限性

	优点	局限性
单一指标	直接明了，逻辑较为清晰，易于理解，能够较为准确地反映城市韧性的某些方面；评估是以单一指标为基础，从而可以与所设置的评价标准进行韧性水平的比较	单一性使得它往往难以涵盖城市韧性的所有信息，只能反映其某一或某些特征，而无法反映城市韧性的整体特征，与城市韧性的复杂特征不符
指标体系综合评价	从多个层次、多个方面进行综合评价，较为全面地反映问题的诸多方面，从而得出更加科学合理的结论	比较烦琐，对各指标间的内在关系不易把握

城市韧性是一个复杂的开放系统，若用单一指标对其进行评估，虽然简单明了，但无法反映城市韧性的整体特征，为了更全面地刻画城市韧性，本书选用指标体系综合评价法进行评估。具体步骤如图 4-1 所示。

图 4-1 综合评价步骤

4.1.2 评价指标体系层级架构

城市韧性评价指标体系构建本身就是一种系统性的科研活动，需要对影响指标体系构建的多重要素进行综合分析和考量，其内容复杂而多样，可从不同视角建立评价指标体系框架。

一般的城市韧性评价指标体系的层级架构可采用目标分解法和系统分解法。

第一，目标分解法，是将总体目标在纵向、横向或时序上分解到各层次、各部门以至具体的人，并形成目标体系的过程。目标分解是明确目标责任的前提，是使总体目标得以实现的基础。其中典型的代表为"压力—状态—响应"（Pressure-State-Response，PSR）模型，PSR 模型最初由加拿大统计学家 Friend 和 Rapport 于 1979 年提出，后于 1993 年经由经济合作与发展组织（OECD）① 发展，应用在生态环境方面的评价，此后 PSR 得以广泛应用，陈丹羽（2019）用 PSR

---

① OECD. OECD factbook 2006-economic, environmental and social statistics ［R］. OECD, 2006.

模型对城市韧性进行评估。

第二，系统分解法，是当面对一个复杂而又庞大的系统时，无法通过一张图表就把系统所有元素之间的关系描述清楚，这时就要将系统按一定的原则分解成若干个子系统，分解后的每个子系统，相对于总系统而言，其功能和结构的复杂程度都大大降低了，对于较复杂的子系统，还可以对其进一步分解，直至达到要求为止。其中典型的代表是：1997 年，联合国环境规划署（United Nations Environment Programme，UNEP）和美国一个非政府组织"对环境负责的经济体联盟（CERES）"构建了经济、社会与环境三系统模型（Global Reporting Initiative，GRI，2000）。2001 年，联合国可持续发展委员会又构建了一个通用的可持续发展指标分析框架，用以评价各国政府实现可持续发展目标的进程，这个框架由社会、经济、生态和基础设施四大系统组成（Commission on Sustainable Development，2001）。此后，很多学者构建城市韧性的评价指标体系框架也以此框架为基础（白立敏等，2019；朱金鹤等，2020；张明斗等，2018；陈惟刚等，2020）。

城市韧性子系统众多，如果单纯选取目标分解法或系统分解法都会存在一定局限性，如仅采用目标分解法时，众多子系统间的关系不易把握；如仅采用系统分解法，又会使得指标体系的目标性不明确，产生此指标体系是否也可评价城市可持续性发展或高质量发展等的错觉。故而，结合城市韧性的系统性，本书选取系统分解法为主、目标分解法为辅的综合评价指标体系层级架构。

城市韧性综合评价指标体系的选取应该在不失去各子系统的关键信息的情况下实现其城市安全的目标，同时，理想的评估指标体系框架应为城市规划者和管理者建立可量化的标准，以应用于日常城市管理的监测和评估（Lee，2014），并易于学术界、政府机构、专业人士和其他利益相关者之间的理解和沟通。结合城市韧性的系统特性和前文分析，本书评价指标体系选取城市韧性的子系统进行分层，同时这些子系统都应具有城市韧性须具备的稳定能力和适应能力目标，即指标体系评估框架选取 4 个层级结构，即按照"目标层→准则层→领域层→指标层"的架构来建立指标体系，如图 4-2 所示。

目标层，即评估的最终目标，为城市韧性水平。

准则层，一级指标，即评估的维度，借鉴国内外经验及根据城市系统组成的子系统来建立，结合第 3 章城市韧性需要具备的稳定能力和适应能力，在每个子系统下均设定稳定能力和适应能力，即把系统分解法与目标分解法相结合，使指标体系既能体现城市韧性的系统性也具有评估城市韧性的特质。

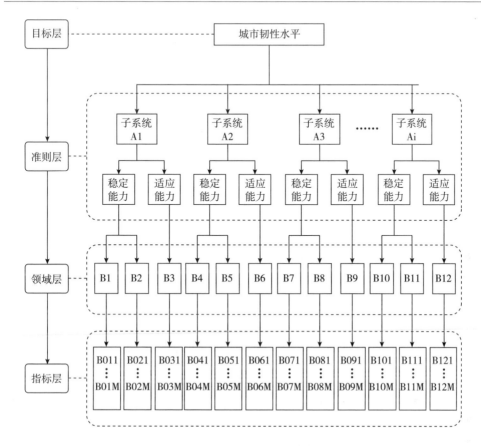

图 4-2 韧性评估指标体系框架图

领域层，二级指标，结合韧性理论与各子系统的特征，并利用系统动力学模型，选取出最能反映出准则层韧性的指标。

指标层，三级指标，即具体的指标，是对二级指标的具体化，不仅要能够充分反映二级指标的主要特征，而且要基于典型性、独立性和可比性原则，兼顾评价可操作性等因素，最终形成备选指标库。

4.2 综合评价指标体系设计

指标体系的设计首先要明确应遵循的原则；其次依据原则对准则层和领域层进行选取；最后选取具体指标。

4.2.1 指标体系设计的原则

科学的评价指标设计与遴选不可盲目进行，需要遵循特定原则。

4.2.1.1 系统性原则

城市韧性评价指标体系是多要素、多维度和多层次的复杂系统，应呈现为一个有机的整体。城市韧性评价指标构建的系统性原则不仅仅是要求指标要能够较为全面地反映城市韧性所要达到的目标和要求，不能够在重要方面有所遗漏，还要求构建时根据城市韧性评价的内在逻辑性以及指标之间的层级结构性来综合进行系统性的考量，既要考虑现实情况，同时也要关注未来趋势发展。此外，在具体指标的选取中，还必须充分考虑选取的具体指标之间是否具有内在关联性，指标与指标之间既要相互关联、相互依存，也要防止和避免各指标之间相互重叠。

4.2.1.2 科学性原则

构建城市韧性评价指标应建立在科学分析的基础上，能够客观地反映城市韧性的最本质特征和复杂性及城市韧性发展水平，每个指标必须概念清晰、内涵明确，并有利于对城市韧性发展状态进行动态评价和分析研究，以此保证评价结果的真实性与客观性。

4.2.1.3 关键性原则

城市韧性评价指标的选取一定要具有关键性和独立性，最能表现韧性水平。指标数量不宜过多，要突出关键、删繁就简和明确易懂。

4.2.1.4 稳定性与动态性相结合

城市韧性的评价指标选择既要考虑相对稳定性，又要把握不同时期、不同领域、不同层次的动态变化，以便准确地描述、刻画与度量城市韧性的完备状态、运行状态和质量状态，综合反映城市韧性的特点和发展趋势，且能够为城市风险治理的进一步发展提供参考依据。

4.2.1.5 简明性和可操作性

指标概念明确，易测易得。评价指标的选择要考虑现有的人力、物力和技术水平，在现实生活中可以测量到或通过科学方法聚合生成。指标也要具有可比性、可取性，且易于被理解和接受。

4.2.2　准则层指标遴选

4.2.2.1　国内外经验

自然灾害和事故灾难，是人类共同的敌人，所以应对各种自然灾害和事故灾难，是人类共同的使命。而要应对自然灾害和事故灾难，单靠任何一个国家的努力是不够的。国际组织和发达国家在安全领域的理念已上升到韧性（resilience）概念：2015 年 3 月国际标准化组织（International Organizationfor Standardization，ISO）将 TC292 技术委员会的名称由"安全技术委员会"拓展为"安全与韧性技术委员会"，2015 年联合国第三届世界减灾大会将"韧性"作为重要主题，2016年联合国第三次住房和城市可持续发展大会将"包容、安全、韧性、可持续"列入城市发展核心目标，2019 年第六届全球减灾平台大会将"韧性红利"作为大会主题，纽约、东京、伦敦、新加坡等城市也提出构建"韧性城市"。基于联合国人居署在韧性与减少风险项目中对全球的城市韧性行动作出的一个实践中的行动网络图（见图 4-3），本书选取有代表性的城市或组织对城市韧性的评价准则层进行描述，如表 4-2 所示，因部分城市韧性规划的实践已在表 1-1 中列出，在此不再赘述。

除了众多组织和机构对城市韧性的重视外，城市韧性也吸引着不少学者的目光，表 4-3 选取了部分国内外学者在城市韧性综合评价时的评价维度。学者们从不同角度对城市韧性进行综合评价，既从各组织机构、城市的实践行动中吸取经验教训，也进一步发展城市韧性理论，为实践行动提供更好的理论支撑，促进了城市韧性向前发展。

理论与实践的良性互促对城市韧性理论发展有着至关重要的作用，它可以把各种不同角度不同意见在不断的发展完善中逐渐整合成一致的核心。表 4-2 和表 4-3 表明，在各国韧性城市发展的实践活动与众多学者对城市韧性综合评价的评价维度中，研究的角度不同，评价的维度表面上看差异巨大，但落实到具体指标中时，还是围绕着生态、社会、经济和基础设施指标展开。即城市的发展离不开人，由人组成的社会需要经济作为基础，人的衣、食、住、行又离不开基础设施，对美好生活的向往需要人与自然和谐共处，共享良好的生态系统。

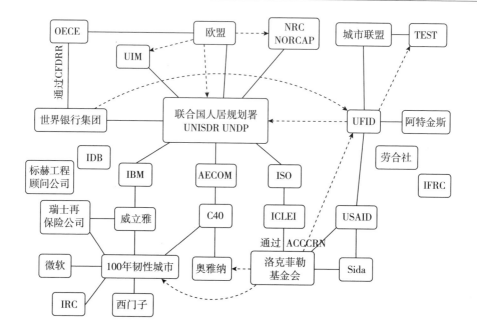

图4-3 全球城市韧性行动网络

资料来源：Editions | shelterprojects.org［EB/OL］.［2021-10-07］. http://shelterprojects.org/editions. html#2017-2018.

表4-2 国外代表性组织或机构对城市韧性评价的准则层及目标

组织或机构	准则层	目标/领域层
洛克菲勒基金会 （Rockefeller Foundation，RF）	健康与福祉	最大程度减少人类的脆弱性、生计和就业、人类生命和健康保障
	经济与社会	集体认同与交互支持、社会稳定和安全、金融资源和应急资源可获得
	基础设施与环境	物理暴露性减少、提供关键服务、可靠的机动性和通信
	领导力与战略	高效领导与管理、获授权的利益相关者、一体化的发展规划
地震和特大城市倡议 （Earthquake and Megacities Initiative，EMI）	城市灾害风险	捕捉导致总风险的直接物理损害和恶化的社会条件
	定性抗灾指标	机构、应急管理、培训/能力、基础设施韧性、灾害及脆弱性和风险评估、宣传/公共教育、资源管理、服务韧性、立法、城市发展和减缓
世界银行 （World Bank）	基础设施、社会、经济、机构	

表4-3 学者对城市韧性评价的准则层及目标

学者	准则层	目标/领域层
Cutter、Ash 和 Emrich（2016）	社会韧性	交通便捷性、沟通能力、语言能力、特殊需求、健康覆盖率
	经济韧性	住房资本、就业、收入公平性、单一部门就业依赖、雇佣公平性、业务规模、健康服务状况
	制度韧性	缓解风险程度、洪水覆盖、市政服务、社区缓解计划、政治分裂、以前的灾难经历、与社会连接、风险缓解
	基础设施韧性	房屋类型、庇护能力、医疗能力、疏散能力、房屋年龄、庇护需求、恢复性
	社区韧性	地方黏合度、政治参与、社会资本—宗教、公民参与、倡导、革新
郭祖源（2018）	韧性成本	能源、水资源、土地、资本、人力、科技、教育
	韧性能力	经济（经济结构、经济增长）、社会（人类发展、社会环境）、工程（交通、市政、通信）、生态（生态资源、生态保障）
	韧性效率	韧性指数
李刚、徐波（2018）	"恢复"城市韧性	基础设施、经济韧性、社区韧性、组织韧性
	"学习"城市韧性	基础设施、经济韧性、社区韧性、组织韧性
张明斗等（2018）；白立敏等（2019）；朱金鹤等（2020）；陈惟刚等（2020）	生态韧性 经济韧性 社会韧性 基础设施/工程韧性 灾害准备韧性	
陈丹羽（2019）	压力	自然灾害风险性、人为灾害风险性
	状态	资源环境、社会、经济
	响应	预警能力、恢复能力、学习适应能力
彭琳、杨应迪等（2019）	人文韧性 经济韧性 生命线系统韧性 生态环境韧性	
陈韶清、夏安桃（2020）	经济韧性	经济实力、经济活力、经济多样性、经济外向性
	基础设施韧性	疏散能力、基本供排能力、对外联系能力
	社会韧性	人口适应能力、社会保障能力、风险应对能力
	生态韧性	压力、治理力、服务力

4.2.2.2 国内外经验的借鉴

"韧性城市"是一个相对的概念，是相对城市自身纵向对比与城市之间横向对比而言的，因此是否达到"韧性城市"标准，不仅要参照统一的标准，更要结合城市自身发展的特征。综观国外的实践经验与理论，众多组织与学者对城市韧性评价的维度非常全面，但部分评价指标数据的可得性不高，且有些定性的指标难以统一标准。而中国是一个历史悠久的文明古国，在不断的灾难面前，中国人民早已形成自己的特质文化，面对各种灾难具有其他国家无法比拟的坚韧与再生力，这与西方主流文化具有较大差异。另外，中国走在特色社会主义建设道路上，在政治、经济体制上与西方主流发达国家有着本质不同，在面对灾难时，政府的选择与处理也迥然不同，就如 2019 年暴发至今还未结束的新型冠状病毒（COVID-19）肺炎疫情，在政府的态度与措施上中外存在非常大的差别。故而，中国城市韧性指标评价体系不能一味照搬国外的，在借鉴国外评价维度基础上，需要结合自身发展特色进行选取。

理论上，城市群韧性评价维度应能够全面覆盖城市群韧性的主要内容，符合评价结构对于指标体系构建的要求，也要满足指标体系的评价维度相互关联和相对独立的构建原则。城市是一个复杂开放的巨系统，以系统论为基础，参考世界银行和众多中国学者对城市韧性评价维度的选择，本书选取生态韧性、社会韧性、经济韧性与基础设施韧性作为城市韧性综合评价的评价维度，这与前文对城市韧性内涵界定的城市韧性子系统正好一致。具体分析如下：

一是全面涵盖城市韧性的主要内容。全面性原则要求城市韧性评价指标维度要能够对城市韧性内涵与外延作出比较完整的反映和覆盖。如前所述，城市韧性内涵可以划分为生态韧性、社会韧性、经济韧性和基础设施韧性四个层次，生态韧性良好是保证人们健康生活的法宝，也是保证社会、经济运行的资源宝库；社会韧性良好是保障人类生产、消费、娱乐、政治、教育等活动的关键；经济韧性的良好不断为人类提供各种产品和服务，是人类高质量生活的保障；基础设施是推进城市化进程必不可少的物质保证，其良好的韧性是实现城市经济效益、社会效益和环境效益的重要条件。这四个层次加起来构成了完整的城市韧性。

二是体现中国城镇化建设的国家推动型特点。《中华人民共和国国民经济和社会发展第十四个五年规划和 2035 年远景目标纲要》中对城市化建设提出明确要求："统筹兼顾经济、生活、生态、安全等多元需要，转变超大特大城市开发建设方式，加强超大特大城市治理中的风险防控，促进高质量、可持续发展。"

因此，基于生态、社会、经济和基础设施的框架构建城市韧性综合评价维度也符合当前中国城镇化建设的政策导向。

三是满足评价准则层相互关联与相对独立原则。评价准则层（一级指标）直接决定了二级指标设计方向和三级指标遴选的范围。从技术角度而言，指标体系的评价维度既要相互关联，又要相互独立。因此，在构建城市韧性评价指标体系过程中，评价维度之间需要在逻辑结构上相互依托、相互促进，进而形成有机联系的整体。同时，评价维度也必须具有明晰且异质的特征，并保证相对独立，不存在隶属或重叠才能够保证二级指标设计和三级指标遴选过程中不出现含混不清和相互交叉问题。城市系统包括生态、社会、经济和基础设施子系统是在不断的理论与实践冲撞中产生的，作为城市复杂巨系统中的子系统间必定具有相互关联性，社会为经济提供人力资本、资金、劳动力等，经济生产的产品和服务反过来提高人类的生活水平；经济为基础设施提供资金、社会为基础设施提供劳动力等，而良好的基础设施又反过来促进社会和经济的发展；自然为经济发展提供资源，但经济发展却对生态造成破坏，自然哺育人类，人类却反过来无限掠夺自然，基础设施的建设和自然争夺着土地，这些对生态系统的破坏必遭自然的反噬，于是人类在血的教训面前与自然重修于好，努力运用人类智慧和经济提高生态环境等。这些子系统间的关系显然满足评价维度的相互关联与相对独立要求了。

4.2.3 基于系统动力模型遴选领域层指标

借鉴国内外经验，把城市韧性作为一个系统，由其子系统生态、社会、经济和基础设施韧性作为评估的准则层。下面，本书选用系统动力学模型对领域层指标进行遴选。

4.2.3.1 系统动力学模型

系统动力学（System Dynamics，SD）由美国麻省理工学院 Forrester 教授于1958 年提出，经过 60 余年的发展，已成为一门认识及解释系统问题的交叉性、综合性学科，专门分析研究信息反馈系统，广泛应用于宏观和微观管理领域，在城市研究、社会经济发展、生态系统演变等方面做出了卓越贡献。它基于系统论、吸引控制论和信息论的精髓，成为一座沟通自然科学和社会科学的桥梁。

系统动力学运用"凡系统必有结构，系统结构决定系统功能"的系统科学思想，将系统功能与结构完美结合，在应对复杂、非线性的系统问题时，构建反映系统内部因果反馈关系的模型，从而为决策者提供有力的政策分析工具。具体建构步骤包括：①明确研究问题，即通过全面而系统地分析所要解决的问题，找出主要及次要变量；②确定系统边界，将与所研究的问题具有密切联系的变量均纳入到模型的构建之中，而把无关的变量则排除在边界之外；③进行系统结构分析，包括分析系统的结构、信息与反馈机制，从而划分系统不同等级的层次结构，确定系统总体与局部之间、各子系统内部的反馈机制以及分析系统的变量及变量之间的因果关系；④建立因果关系回路图和结构流图；⑤对模型进行模拟与政策分析，并进行模型的检验与评估。

结合城市韧性相关理论，根据评价目的与评价理念，借助系统动力学模型对城市韧性的生态韧性、社会韧性、经济韧性和基础设施韧性四个子系统进行深入分析，即对城市韧性综合评价指标体系中准则层的结构、信息与反馈机制进一步分析，建立因果关系回路图与结构流图，从而确定评价指标体系的领域层结构，并为指标层的具体指标选取奠定基础。

4.2.3.2 领域层指标遴选

本书所要解决的问题是对城市韧性的评价，并按照城市韧性理论及评价指标体系准则层的确定，主要关注生态、社会、经济和基础设施韧性四个子系统，对各子系统从静态的、单向的分析转向动态的、多反馈的分析。城市韧性系统与冲击或干扰、抵抗力、应变力、恢复力、适应力等要素密切相关，各子系统也要充分考虑这些因素，分别纳入到城市韧性子系统的概念框架中，使得城市韧性分析框架日益完善。

由于生态韧性系统、社会韧性系统、经济韧性系统与基础设施韧性系统源于城市系统的生态系统、社会系统、经济系统和基础设施系统，故要了解韧性子系统内部变量间的错综复杂关系，明确城市各子系统中要素间的因果联系，因此下述对各韧性子系统领域层的遴选，都是先用系统动力学分析城市各子系统中的层次结构，再延伸至城市韧性系统中的各韧性子系统的。

第一，生态韧性系统。城市生态作为人类"生产、生活、生态"中的核心，与生产、生活密不可分，在城市系统中由核心变量"人"引领，人口的过度集聚在"生活"中会产生大量生活垃圾，进而对大气环境和水环境造成污染；人类"生产"中工业化进程加快，不仅对自然资源进行无限的掠夺，还排放出各种废气、废水，造成生态系统中大气环境、水环境等的污染，而人类由于生产、生活对生态造成的破坏引发更多气象、自然灾害，从而对人类造成伤害。具体因果关系图如图 4-4 所示。

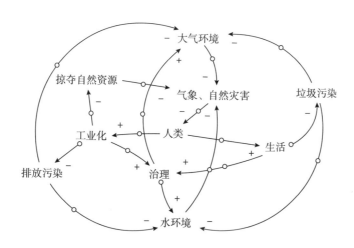

图 4-4 生态系统因果关系图

从图 4-4 可以看出，生态子系统中因素间相互关联、交错，延伸到生态韧性子系统，同样系统内因素间关系复杂，且与社会、经济联系非常紧密，不好直接在生态韧性系统内进行领域层的层次划分。于是，借鉴生态环境评估普遍采用目标分解法的 PSR 模型①，再结合韧性概念，把生态韧性子系统按目标进行分解提炼，发现：生态系统受到人类生产和生活的冲击或干扰，对生态产生了压力；生态受到压制后释放出信息，如气象、自然灾害等的加剧来反击人类，人类受到教训，并通过不断的学习与创新，采取相应措施来治理生态。由此，生态韧性 PSR 模型分为三部分，即生态韧性压力、生态韧性状态、生态韧性响应（见图 4-5），其中生态韧性压力和生态韧性状态是生态遭受干扰或冲击等突发事件时所具备的稳健性、应变性和恢复性，表征生态韧性的稳定能力；生态韧性响应体现了人类的学习与创新能力，表征生态韧性的适应能力。

第二，社会韧性系统。城市社会系统中最核心最基础的同样是"人"，城市中人口的集聚，带来城镇化的发展，由于人类衣、食、住、行的需求，从而引起土地扩张、污染增加，对生态环境造成压力；当然，一系列的教育、医疗、社会保障等需求，也会带来一系列的交通拥堵、住房紧张等城市病，这些都需要政府

---

① OECD. OECD factbook 2006-economic, environmental and social statistics［R］. OECD, 2006.

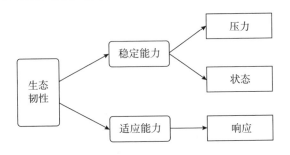

图 4-5　生态韧性系统的领域层

和各组织采取社会管理措施，而社会管理的好坏又反过来影响着城市对人口的吸引力（见图 4-6）。

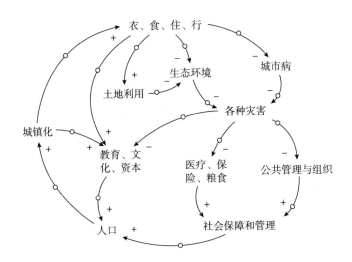

图 4-6　社会子系统因果关系图

从图 4-6 可以看出，城市子系统中因素间互相联系，但主线明了，延伸到社会韧性子系统，同样脉络清晰。首先是城市社会韧性涉及人口增长、城镇化发展，呈现出社会基本状态；其次是城市遭受冲击与干扰后，社会抵抗和恢复需要的基本的医疗、保险、粮食以及公众服务等；最后就是由于生态环境产生的自然灾害冲击和城市病引发的干扰等，需要城市居民具有一定的财力基础以及教育和文化的学习能力等挖掘社会潜力，促进人类可持续发展，体现人类文明中吸取教训、防患未然的重要一环。故而，本书把社会韧性的领域层分为三部分，即社会韧性状态、社会韧性保障、社会韧性潜力（见图 4-7），其中社会韧性状态和社会韧性保障是城市遭受干扰或冲击等突发事件时社会应具备的稳健性、应变性和恢复性，表征社会韧性的稳定能力；社会韧性潜力体现了人类在不断接受血的教训中所具备的未雨绸缪能力，表征社会韧性的适应能力。

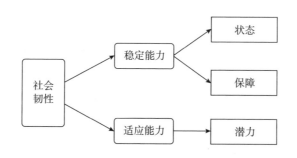

图 4-7 社会韧性系统的领域层

第三，经济韧性系统。人作为社会人存在的同时，也是作为经济人存在的。经济人作为产品和服务的消费者，也是产品和服务的生产者，为了更好地消费，经济人要更高效地生产，才能促进工业化。工业化使得产品和服务不断丰富，使得 GDP 增长、贸易增加，但也对自然资源进行无情的掠夺，造成生态环境破坏。人类财富要实现不断的增长，人民对美好生活的向往与生态遭受破坏格格不入，又促进了创新发展，城市的创新能力决定了城市的适应与学习能力，又反过来对人口产生吸引力，如图 4-8 所示。

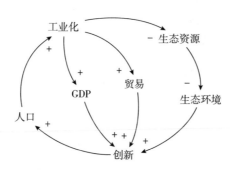

图 4-8 经济子系统因果关系图

经济韧性的核心是经济高质量发展。经济发展的基石是实力；经济的多样性能不断完善产业链、价值链，又在经济遭受"黑天鹅"事件时，具有足够的恢复与适应能力；而现代经济更是掌握了核心技术，也就是掌握了经济发展的命脉，且源源不断的创新使经济更具有适应性和成长性。故而，经济韧性领域层选取经济实力、经济多样性和经济成长能力三部分（见图4-9），其中经济实力和多样性是城市遭受干扰或冲击等突发事件时所具备的稳健性、应变性和恢复性，表征经济韧性的稳定能力；经济成长能力体现了人类的学习与创新能力，表征经济韧性的适应能力。

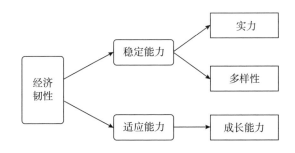

图4-9　经济韧性系统的领域层

第四，基础设施韧性系统。城市基础设施是城市的生命线，对城市韧性具有支撑性和保障性作用。在城市遭受干扰和冲击时，基础设施的质量决定了城市抵御灾害的能力，其中，通信设施是否能快速、完好地传达给人们灾害的相关信息，交通能否让人们快速地撤离、疏散和安置，城市供水、供气网络是否能保障生命的延续，都决定城市是否有空间、有韧性并从灾难中恢复过来；另外，人类智慧会吸取教训，在基础设施的扩张、改造、节能环保上进行有目的的投资，以增强城市基础设施的适应能力，如图4-10所示。

从图4-10可以看出，基础设施的建设包括多方面，针对城市韧性主题，本书仅在人类遭受扰动时，从通信设施的预警作用和城市设施的供水、供气、排水及道路、交通的疏散和安置能力，以及人类吸取教训，投资在基础设施的改造、扩张等方面促进基建的升级。故而，基础设施韧性领域层选取预警能力、疏散和安置能力、基建升级三部分（见图4-11），其中预警能力与疏散和安置能力是城市遭受干扰或冲击等突发事件时基础设施应具备的稳健性、应变性和恢复性，表征基础设施韧性的稳定能力；基建升级则体现了人类的学习与创新能力，表征基础设施韧性的适应能力。

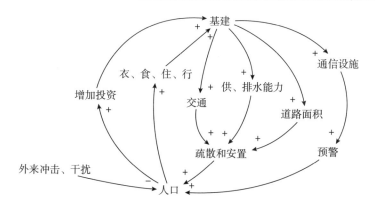

图 4-10　基础设施子系统因果关系图

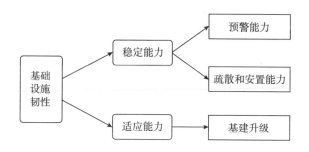

图 4-11　基础设施韧性系统的领域层

4.2.4　指标层具体指标遴选与释义

在对领域层的分析基础上遴选出具体指标，建立一套科学的城市韧性评价指标体系。首先，根据第4.2.3节对4个子系统分别进行系统分析后，还要从整体上考虑子系统间的相互作用，从而保证评价指标体系的系统性（见图4-12）；其次，依据各领域层来选取具体的指标。

在对4个子系统分别进行分析之后，可以基本确定它们之间的相互作用关系：①社会、经济子系统通过对自然子系统进行改造引起自然子系统的退化，从而反作用于社会、经济子系统，其中的联系即为生态子系统。②社会、经济子系统通过对生态子系统的恢复和管理，引起生态子系统的改善。③社会为经济提供消费者和劳动力，促进经济不断增长及应急管理的提升，以更好地应对各种自然灾害。④人口的增长及集聚，会占用土地资源，对生态造成威胁，所以需要更多的基建，这些基础设施平时为人类高质量生活提供保障，也会在遭受灾害时，起到预警、疏散和安置作用。通过对各个子系统中关键影响变量的识别，确定了生态、社会、经济和基础设施子系统中的关键变量。"三废"排放、气象灾害等是生态系统的关键变量；人口增长、城镇化率等是社会系统的关键变量；GDP、贸易和创新等是经济系统的关键变量；交通和通信设施是基础设施的关键变量。子系统与子系统间又以环境治理和应急管理为共同因子。根据共同因子的不同影响关系，找出其他影响变量，根据变量及其反馈关系，绘制了城市韧性系统因果关系图，如图4-12所示。

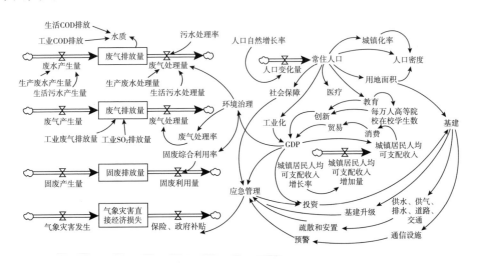

图 4-12　城市韧性系统因果关系图

4.2.4.1　生态韧性具体指标

生态韧性领域层分为生态压力、生态状态和生态响应。①生态压力主要来自于人类污染和自然灾害两方面，人类污染主要选取工业废水排放量、工业 SO_2 排放量、工业烟粉尘排放量3个具体指标。"三废"排放已成为土壤、沉积物、水体、生物、大气中有害物质的主要来源，是造成环境污染的关键因素。在自然灾害方面，由于中国地理面积大，不同城市面对的自然灾害广泛又各不相同，故而选取气象灾害直接经济损失和未包括进气象灾害的地震作为代表指标。其中气象灾害包括干旱、暴雨洪涝（滑坡、泥石流）、大风、冰雹、雷电、台风、雪灾和低温。气象灾害直接经济损失由于只有省级数据，故各城市以农作物播种面积作为权重计算损失金额。地震采用城市近源地震等效等级作为具体指标，等级参考徐伟（2004）的划分标准，因徐伟对等级划分是以区间形式，本书取其上限值。

②生态状态主要反映城市的基本生态情况，包括人均公园绿地面积、建成区绿化覆盖率和PM2.5平均浓度。进入自然栖息地有助于在社会疏远时期维持福祉（联合国人居署，2016），这在COVID-19时期尤显重要。因此，为了避免病毒传播，世界各国都采取了社会隔离措施。虽然这些措施可以有效对抗疾病传播（Tian等，2020；Wilder-Smith和Freedman，2020），但极易导致许多人被社会孤立，并由此诱发孤独感，对幸福感产生的负面影响也不可小觑，Brooks等（2020）的研究表明，由于COVID-19大流行的社会疏远而导致的孤立可能会促进创伤后压力症状、困惑和愤怒。此时人均公园绿地面积及建成区绿化覆盖率高的作用凸显，对抚慰人心起到极大作用。③生态响应是人类意识到对生态破坏后采取的积极措施，选取城市生活污水处理率、城市生活垃圾无害化处理率和一般工业固体废物综合利用率3个具体指标。

4.2.4.2   社会韧性具体指标

社会韧性领域层分社会状态、社会保障和社会潜力。①社会状态主要反映城市中人的基本状态，选取城镇化率、人口密度和城镇居民家庭恩格尔系数作为代表指标。②社会保障涉及方方面面，包括遭受扰动时的医疗保障、粮食保障、保险保障、政府支出保障和公共管理保障等方面，选取每千人拥有卫生机构床位数、每千人拥有医师数、人均粮食产量、社会保险覆盖率、医疗卫生支出占财政支出比重、社会保障支出占财政支出比重以及公共管理与社会组织从业人员数7个具体指标。③社会潜力涉及的主要是资本的支持和教育、文化对人类潜力发展方面，选取城镇居民人均可支配收入、人均一般公共预算收入、人均储蓄余额、每万人在校大学生数、每百人公共图书馆藏量5个具体指标。由于我国保险种类多，统计年鉴是按分类进行统计，无法计量被参与保险的居民总数量，故选取城镇居民养老保险与城镇基本医疗保险参保人数的平均数与常住人口的比重，代表社会保险覆盖率。

4.2.4.3   经济韧性具体指标

经济韧性领域层分为经济实力、经济多样性和经济成长能力。①经济实力主要由经济密度、人均GDP、固定资产投资总额和社会消费品零售总额指标来表征。②经济多样性涉及产业和外贸两方面，选取第三产业占GDP比重、实际利用外资额和出口总额3个指标。③经济成长能力主要由创新能力来体现，但创新的核心来自人力和物力的支撑，故选取了专利授权数和科学教育事业投入占GDP比重指标。再考虑到产业结构高级化与经济增长的关系，本书利用付凌晖

（2010）的方法计算出 2007～2019 年五大城市群的产业结构高级化指数，对其与经济增长的关系进行实证分析，详细结果见附录表 A1 和表 A2。首先，对产业结构高级化与以 2007 年不变价 GDP 取对数，分别用 LCYGJH 和 LGDP 表示；然后对 LCYGJH 和 LGDP 进行单位根检验，两者均是一阶单整序列；再对其进行协整检验，表明变量存在长期均衡关系，进而进行格兰杰因果关系检验，结果如表4-4 所示，显示在 1% 的显著性水平下，经济增长不是产业结构高级化的格兰杰原因，而产业结构高级化却是经济增长的格兰杰原因，即产业结构高级化可以促进经济增长。因此，本书把产业结构高级化指数作为经济成长能力的一个具体指标。

表4-4 LCYGJH 与 LGDP 格兰杰因果关系检验

原假设	F 统计值	P 值	备注
LCYGJH 不是 LGDP 的格兰杰原因	18.4498	0.0000	拒绝原假设
LGDP 不是 LCYGJH 的格兰杰原因	0.61718	0.5397	不拒绝原假设

4.2.4.4 基础设施韧性具体指标

基础设施韧性领域层分为预警能力、疏散和安置能力和基建升级。①预警能力选取电视节目综合人口覆盖率、广播节目综合人口覆盖率以及年末移动电话用户数作为指标层具体指标。在新基建的信息网中包括 5G、大数据中心、人工智能和工业互联网建设，这些都在一定程度上对预警能力起到促进作用，但是城市受到冲击与干扰后，传播能力与设施齐备性能至关重要，而随着手机各种 APP 的普及，居民手中的手机（移动电话）其实就能体现出上面这些新基建信息网的综合预警能力了，故直接选取年末移动电话用户数作为预警指标。电视与广播综合人口覆盖率虽是较老的数据，但电视与广播的设施是非常成熟的，在灾难发生前后，它都是居民最容易且最保险的接收方式。②疏散和安置能力选取燃气普及率、建成区供水管道密度、建成区排水管道密度、人均城市道路面积和每万人拥有公共汽车数 5 个具体指标，分别体现了城市的供气、供水、排水及道路、交通的疏散和安置能力。③基建升级选取本年城市市政公用设施建设固定资产投资完成额指标，城市市政公用设施建设主要是人类吸取经验教训后，投资在改造、扩张、节能环保等方面的基建，从而促进城市更安全，因此，此投资具有很强的韧性导向性，选取此指标能综合体现出基建的升级。

4.2.5 城市韧性评价指标体系

根据上文的分析，确定城市群城市韧性评价指标体系如表4-5所示。

表4-5 城市韧性综合评价指标体系及权重

目标层	准则层	领域层	指标层	单位	指标属性	权重
城市韧性综合水平	生态韧性	压力	工业废水排放量	万吨	−	0.0013
			工业 SO_2 排放量	吨	−	0.0006
			工业烟粉尘排放量	吨	−	0.0001
			气象灾害直接经济损失	亿元	−	0.0005
			城市近源地震等效等级		−	0.0045
		状态	人均公园绿地面积	m^2/人	+	0.0055
			建成区绿化覆盖率	%	+	0.0017
			PM2.5平均浓度	$\mu g/m^3$	−	0.0032
		响应	城市生活污水处理率	%	+	0.0016
	适应能力		城市生活垃圾无害化处理率	%	+	0.0012
			一般工业固体废物综合利用率	%	+	0.0027
	社会韧性	状态	城镇化率	%	+	0.0083
			人口密度	人/km^2	适度	0.0202
			城镇居民家庭恩格尔系数	%	−	0.0034
		保障	每千人拥有医疗机构床位数	张	+	0.0134
	稳定能力		每千人拥有医师数	人	+	0.0194
			人均粮食产量	吨	+	0.0162
			社会保险覆盖率	%	+	0.0195
			医疗卫生支出占财政支出比重	%	+	0.0050
			社会保障支出占财政支出比重	%	+	0.0062
			公共管理与社会组织从业人员数	万人	+	0.0314
		潜力	城镇居民人均可支配收入	元	+	0.0164
	适应能力		人均一般公共预算收入	元	+	0.0331
			人均储蓄余额	元	+	0.0237
			每万人在校大学生数	人	+	0.0349
			每百人公共图书馆藏量	册（件）	+	0.0494

注：稳定能力列中"稳定能力"位于"压力"与"状态"相关行；生态韧性下包含稳定能力（压力、状态）与适应能力（响应）。

目标层	准则层	领域层	指标层	单位	指标属性	权重
城市韧性综合水平	经济韧性	实力	经济密度	元/km^2	+	0.0755
			人均 GDP	元	+	0.0221
			固定资产投资总额	万元	+	0.0373
			社会消费品零售总额	万元	+	0.0553
		多样性	第三产业占 GDP 比重	%	+	0.0110
			实际利用外资额	万美元	+	0.0757
			出口总额	万美元	+	0.1094
	适应能力	成长能力	科学教育事业投入占 GDP 比重	%	+	0.0093
			产业结构高级化指数		+	0.0081
			专利授权数	件	+	0.0848
	基础设施韧性	预警能力	电视节目综合人口覆盖率	%	+	0.0013
			广播节目综合人口覆盖率	%	+	0.0014
			年末移动电话用户数	万户	+	0.0407
	稳定能力	疏散和安置能力	燃气普及率	%	+	0.0006
			建成区供水管道密度	km/km^2	+	0.0118
			建成区排水管道密度	km/km^2	+	0.0101
			人均城市道路面积	m^2	+	0.0067
			每万人拥有公共汽车数	标台	+	0.0268
	适应能力	基建升级	本年城市市政公用设施建设固定资产投资完成额	万元	+	0.0885

注：表中"人口密度"为适度指标。目前对城市人口密度没有公认的标准，根据百度地图发布的《2020 年度中国城市交通报告》中 2020 年度通勤高峰拥堵指数排名前 20 个城市的平均人口密度，本书选取 1000 人/km^2 作为人口密度的适度值。

4.3 城市韧性综合评价建模

4.3.1 确定各级指标权重

4.3.1.1 选用熵值法进行赋权

综合评价方法众多，着重区别在指标赋权上，表 4-6 给出了几种常用综合评价方法的赋权方式与适用场景。城市韧性评价指标共 45 个，统计数据充分但还未达到大量的程度，且由于权威评估水平未形成，理想化目标暂时没有统一的标准，故可采用主成分分析/因子分析、层次分析、熵值法中的一种或几种来进行赋权。主成分分析/因子分析以实际信息来确定权重，具有客观性，同时可以达到降维的目的，但若主成分因子负荷的符号有正有负，综合评价函数意义不明确。用表 4-5 中指标体系进行主成分分析得到的因子负荷存在负数情况，故排除用此方法赋权。

表 4-6　几种常用综合评价方法的赋权方式与适用场景

方法名称	方法概述	赋权方式	适用场景
专家评价方法	在定性和定量分析的基础上，用打分的方式做出定量评价	专家评分	缺乏足够统计数据和原始资源的情况下，做定量估计
主成分分析/因子分析	将多个定量数据的指标浓缩成概括性指标	因子	信息浓缩；权重计算；竞争力排名
层次分析法	将多个指标进行两两成对比较，确定判断矩阵，计算决策权重	AHP 层次分析	权重计算；单独使用进行综合评价
模糊综合评价	将一些不好量化的指标，通过模糊数学的方式，进行综合性评价	模糊综合评价	适用指标较少的情况
熵值法	依据各指标提供的信息大小，结合各项指标的变异程度，计算出各项指标的权重	熵值法	可配合主成分分析（或因子分析）得到一级指标权重，进一步使用熵值法计算具体二级指标的权重，最终构建权重体系；或单独使用进行权重计算
TOPSIS 法	依据评价对象与理想化目标的接近程度，对评价样本进行排序	TOPSIS	可配合熵值法、层次分析法确定权重，通过 TOPSIS 进行综合排名
人工神经网络评价方法（ANN）	模拟人脑的神经网络工作原理，建立能够"学习"的模型，并能将经验性知识积累和充分利用，从而使求出的最佳解与实际值之间的误差最小化	BP 人工神经网络	适用数据量多的情况；当数据很少时也可能很好解决问题，但这只是少数情况
混合方法	选取 2 种或 2 种以上的综合评价方法		

层次分析法（Analytic Hierarchy Process，AHP）是一种定性和定量相结合的系统化、层次化的分析方法，它将人的主观判断用数量形式表达出来并进行科学处理，能较准确地反映复杂的社会科学领域的情况，同时，这一方法的表现形式非常简单，易被人理解和接受，但是主观因素的影响大，无法排除决策者个人可

能存在的片面性。为了更客观地呈现城市韧性水平，选用客观赋权法即选用熵值法来进行赋权。

熵值法是一种客观赋权法，避免了人为因素带来的偏差。熵最初是物理学中的热力学概念，用来反映系统的混乱程度，现已在经济学、经济地理学的量化评估研究中得到了广泛应用。在信息论中，熵是对信息无序程度的一种度量。某一指标的离散程度越大，反映出该数列提供的有效信息量越大，则其熵值越大，对综合评价的影响也越大，表现为权重值越高；反之离散程度越小，熵值越大，权重值越低。当某项指标的数据完全相同时，则无有效信息，权重值为零，可从评价体系中剔除。

4.3.1.2 数据标准化

（1）构建原始矩阵。设 X_{tij}，Z_{tij} 分别为第 t 年第 i 个地区第 j 项指标的原始值和标准化值，X_{jmax}，X_{jmin} 分别为第 j 项指标的最大值和最小值，X_{js} 为第 j 项适度指标的阈值，本书选取的年份 T、地区 N 和指标 M 分别为 $T=13$、$N=92$ 和 $M=45$。

（2）数据标准化处理。由于各项指标的计量单位并不统一，且正向指标、负向指标和适度指标数值表示的含义不同（正向指标数值越高越好，负向指标数值越低越好，适度指标存在临界阈值），因此在计算综合结果前，首先对数据进行标准化处理，即把指标的绝对值转化为相对值，将不同质的指标同质化。具体方法如下：

正向指标标准化：
$$Z_{tij} = (X_{tij} - X_{jmin}) / (X_{jmax} - X_{jmin}) \tag{4-1}$$

负向指标标准化：
$$Z_{tij} = (X_{jmax} - X_{tij}) / (X_{jmax} - X_{jmin}) \tag{4-2}$$

适度指标标准化：
$$Z_{tij} = | X_{js} - X_{tij} | / (X_{jmax} - X_{jmin}) \tag{4-3}$$

指标归一化：
$$P_{tij} = Z_{tij} \bigg/ \sum_{t=1}^{T} \sum_{i=1}^{N} Z_{tij} \tag{4-4}$$

4.3.1.3 利用熵值法给指标层指标赋权

第 j 项指标的熵值：
$$E_j = -\frac{1}{\ln(T \times N)} \sum_{t=1}^{T} \sum_{i=1}^{N} P_{tij} \ln P_{tij} \tag{4-5}$$

式中，当 $P_{tij}=0$ 时，令 $P_{tij}\ln P_{tij}=0$。

第 j 项指标的冗余度：

$$G_j = 1 - E_j \tag{4-6}$$

各项指标权重：

$$W_j^1 = \frac{G_j}{\sum G_j} \tag{4-7}$$

4.3.2　韧性水平综合评价

数据标准化时已对负向指标进行正向标准化处理，因此，城市韧性评价指标子系统"生态韧性""社会韧性""经济韧性"和"基础设施韧性"均是正向指标。

各子系统韧性水平为：

$$I_{tki}^l = \sum W_j P_{tij} \tag{4-8}$$

式中，l 为 1，2，3，4，分别表示生态韧性、社会韧性、经济韧性和基础设施韧性。

综合城市韧性水平 RE 为：

$$RE = I^1 + I^2 + I^3 + I^4 \tag{4-9}$$

4.3.3　评价等级划分

评价等级按城市韧性水平 RE 进行划分，共分为极低、低、中等、高、极高五个等级（见表4-7）。

表4-7　城市韧性水平的分类标准

城市韧性综合评价标准	类型
<0.10	极低韧性水平
0.10~0.20	低韧性水平
0.20~0.30	中等韧性水平
0.30~0.50	高韧性水平
≥0.50	极高韧性水平

4.4 本章小结

本章以综合评价的视角，从城市韧性理论出发，首先构建评估框架思路，确定综合评价的层级架构；其次对城市韧性综合评价指标体系进行设计，包括借鉴国内外经验确定评价指标体系的准则层、运用系统动力学模型及相关研究确定指标体系的领域层与指标层的具体指标；最后确定指标赋权与评价方法以及对城市韧性评价等级进行划分。

5 中国五大城市群城市韧性综合评价与分析

本章基于前文的城市韧性综合评价指标体系对中国五大城市群 92 个城市的城市韧性进行综合评价与分析。首先，运用熵值法对评价指标进行赋权，计算得出的组合权重如表 4-5 所示，进而计算出 2007~2019 年中国五大城市群 92 个城市的城市韧性综合评价值，生态韧性、社会韧性、经济韧性和基础设施韧性四个子系统的韧性水平，以及城市稳定能力与适应能力的韧性水平。其次，运用城市韧性系统和子系统对城市韧性作总体评价与分析。再次，利用三维韧性模型对城市韧性的深度和广度作进一步分析。又次，利用空间自相关法分析城市韧性的时空演变特征。最后，对城市韧性进行预测。

鉴于本书研究区域广，测算结果较多，故而，后续研究中涉及五大城市群的 92 个城市时主要选取 2007~2019 年中的 2007 年、2011 年、2015 年和 2019 年四个代表年份进行分析，结果详见附录表 B1~表 B6。

5.1 五大城市群城市韧性系统及子系统总体评价与分析

根据城市韧性综合评价值先从整体上对城市韧性系统进行评价与分析，接着分别对四个子系统进行评价与分析。

5.1.1 城市韧性系统总体评价与分析

5.1.1.1 平均城市韧性水平

由于每个城市群的城市数量不一样，所以采用各城市群的城市韧性平均值来对五大城市群的城市韧性水平进行分析，后续对城市韧性子系统的分析也是如此，代表年份的空间演变如图5-1所示。

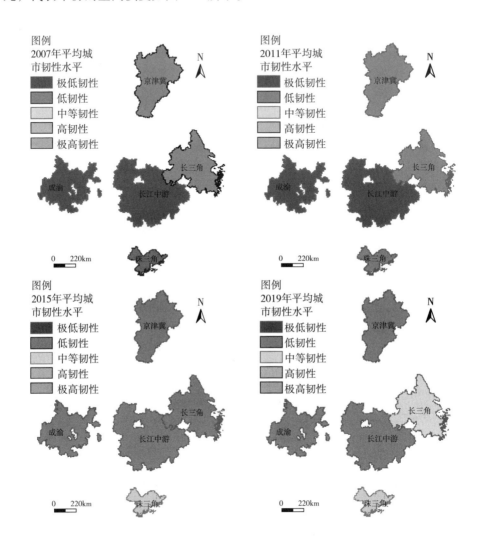

图5-1　2007~2019年代表年份各城市群平均城市韧性水平的空间演变

为了更好地演示城市韧性水平的变化，结合92个城市的韧性水平，本书按第4.3.3节的评价等级划分对城市韧性水平进行分类。

空间格局上，各城市群的平均城市韧性水平排序为：珠三角>长三角>京津冀>长江中游>成渝。从图5-1来看，2007年和2011年五大城市群的平均城市韧性水平没有变化，京津冀、长三角和珠三角城市群的平均城市韧性处于低韧性水平，而成渝和长江中游城市群的平均城市韧性水平处于极低韧性水平。到 2015 年，珠三角城市群的平均城市韧性水平率先进入到中等韧性水平，而京津冀和长三角城市群的平均城市韧性水平等级没有变化，成渝和长江中游城市群的平均城市韧性水平上了一个台阶，从极低韧性水平迈入到低韧性水平。2019 年，长三角城市群的平均城市韧性水平上升到高一层阶段，进入到中等韧性水平，其他城市群的平均城市韧性水平维持 2015 年的等级。即在 2019 年，长三角、珠三角城市群的平均城市韧性在中等韧性水平，而京津冀、成渝、长江中游城市群的平均城市韧性在低韧性水平，整体而言，各城市群的平均城市韧性均还有较大的提升空间。

时间趋势上，各城市群的平均城市韧性水平随着时间的推移不断向高韧性水平发展，如图 5-2 所示。其中，珠三角的涨幅最大，其次是长三角、京津冀。成渝城市群在 2007 年时排在最后，但到 2019 年时，与长江中游城市群几乎齐平。

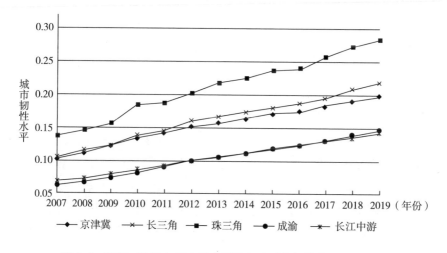

图 5-2　2007~2019 年五大城市群的平均城市韧性水平变动趋势

5.1.1.2　五大城市群 92 个城市的城市韧性水平

图 5-1 是五大城市群 92 个城市的城市韧性水平的时空演变趋势。图直观显示：2007~2019 年，处于极低韧性水平的城市逐年减少，在 2007 年时，绝大多数城市韧性处于极低韧性水平，而到 2019 年时，没有一个城市处于极低韧性水平，即随着时间的推移，各城市的韧性水平均有不同程度的提升。

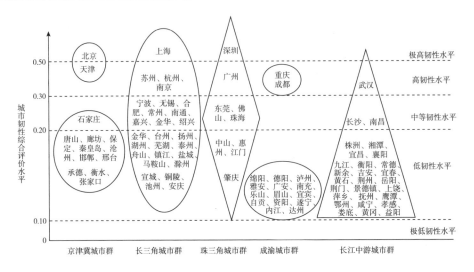

图 5-3　2019 年五大城市群 92 个城市韧性等级结构

再从 92 个城市所属的城市群来看，图 5-3 给出了 2019 年各城市的韧性水平等级，显示出双核心驱动模式、橄榄形结构、菱形结构、双核心+断层结构以及金字塔式结构。

第一，京津冀以京津为双核心，对河北进行驱动，呈现出典型的双核心驱动模式。北京作为中国的政治、文化和国际交往的中心，城市各子系统齐头并进，处于极高韧性水平。天津作为国家直辖市，素有"九河下梢""河海要冲"之称，是中国北方最大的开放城市和工商业城市，城市韧性基础好，处于高韧性水平。但河北除了省会城市石家庄达到中等韧性水平外，其余 10 市均处于低韧性水平，其中承德、衡水和张家口的城市韧性水平还低于 0.15。虽然国家一直在强调京津冀的协调发展，但从韧性水平等级来看，京津冀的差异还较大。

第二，长三角城市群的城市韧性水平呈现出橄榄形结构，即处于较高和较低韧性水平的城市相对较少，而处于中等水平的城市较多。城市群内的 26 市呈现出较好的梯度性，上海、苏州、杭州和南京处于领先地位，接下来的宁波、无锡等 8 市处于中等韧性水平，虽然台州、扬州等 11 市处于低韧性水平，但这些城市的韧性水平均处于 0.2 边缘，很快就能突破到中等韧性水平，稍差点的城市是宣城、铜陵、池州和安庆，这 4 个市均属于安徽省。长三角城市群内，明显是江浙的城市韧性水平更高，而安徽除省会城市合肥外，其他城市均处于低韧性水平，与江浙的城市存在一定差距。

第三，珠三角城市群的城市韧性水平呈现出菱形结构，虽与长三角的橄榄形结构类似，也是两头少、中间多的结构。但是珠三角城市群只有 9 个城市，它的两头均只有 1 个城市，可是差距较大，深圳是极高城市韧性水平，而肇庆是低于 0.15 的低城市韧性水平。处于中等城市韧性水平的有东莞、佛山和珠海。

第四，成渝城市群是双核心+断层结构。成渝城市群的重庆和成都发展势头非常好，都处于高韧性水平，双核心带动成渝其他城市的发展。可是，图 5-3 显示成渝城市群断层现象严重，整个城市群没有一个城市的城市韧性在中等韧性水平，而剩下的 14 个城市均处在低韧性水平层次，且都低于 0.15。这些城市与重庆和成都的差距巨大，虽有双核心带动，但严重的断层结构是急需解决的难题。

第五，长江中游城市群是金字塔式结构。湖北省的省会城市武汉处在高韧性水平，湖南和江西两省的省会城市长沙和南昌处于中等韧性水平，其他城市属于低韧性水平，且处于 0.15 以下的城市就有 21 个，庞大的底层韧性城市使得长江中游城市群整体韧性水平低。

最后，层次结构图显示，城市韧性水平排名在前 3 位的分别是深圳、上海和北京，达到极高韧性水平，接着是 8 个高韧性水平城市，依次是广州、苏州、重庆、成都、杭州、武汉、南京和天津。

5.1.2 生态韧性子系统评价与分析

5.1.2.1 五大城市群平均城市生态韧性水平

空间上，2019 年五大城市群在生态韧性水平方面珠三角领先其他城市群，而京津冀落后其他城市群，处于中间位的长三角略高于成渝和长江中游，而成渝和长江中游城市群齐平（见图 5-4）。

时间上，五大城市群的平均城市生态韧性水平都呈上升趋势。珠三角在 2007 年时稍比长三角差，但涨幅较快，于 2009 年超过长三角，而后一直小幅波动上升，排在其他四个城市群前面。长三角与长江中游在初期的 2007 年和 2008 年存在较小差别，随后两者一直胶着，到 2016 年时，长三角城市群的生态韧性水平逐渐把长江中游拉开了。成渝城市群起点低，在 2007 年时排名第四，但上升幅度快，且一直保持高涨态势，于 2019 年追上长江中游城市群。京津冀处于最后，2007~2010 年保持了近乎直线的高涨，一度在 2010 年还超过了成渝城市群，可后两年逐渐回落，2013 年后再次增长，但趋势较缓。

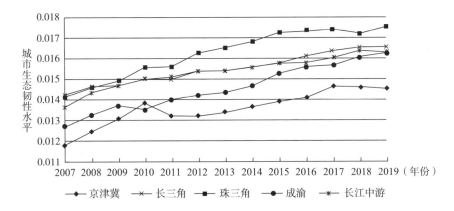

图 5-4 2007~2019 年五大城市群平均城市生态韧性水平变动趋势

5.1.2.2 五大城市群 92 个城市的城市生态韧性水平

表 5-1 是 2019 年五大城市群及 92 个城市中排名前 10 位的生态韧性水平及排名。

表 5-1 2019 年五大城市群及 92 个城市中排名前 10 位的生态韧性水平及排名

地区	生态压力	排名	生态状态	排名	生态响应	排名	生态韧性	排名
珠三角	0.0061	4	0.0075	1	0.0040	2	0.0176	1
长三角	0.0062	3	0.0063	2	0.0041	1	0.0166	2
长江中游	0.0066	1	0.0058	5	0.0038	4	0.0163	3
成渝	0.0062	2	0.0061	3	0.0039	3	0.0163	4
京津冀	0.0049	5	0.0059	4	0.0037	5	0.0145	5
江门	0.0068	41	0.0078	5	0.0042	17	0.0188	1
新余	0.0069	21	0.0078	4	0.0040	60	0.0187	2
舟山	0.0070	3	0.0072	14	0.0042	16	0.0184	3
景德镇	0.0069	15	0.0074	11	0.0040	49	0.0183	4
湖州	0.0067	49	0.0073	12	0.0043	3	0.0183	5
抚州	0.0069	38	0.0072	16	0.0042	4	0.0183	6
滁州	0.0069	17	0.0071	17	0.0040	50	0.0181	7
吉安	0.0068	44	0.0070	20	0.0042	8	0.0180	8
东莞	0.0066	53	0.0075	8	0.0039	65	0.0180	9
萍乡	0.0070	6	0.0068	24	0.0042	10	0.0180	10

首先，从城市群的情况来看，城市群中生态韧性水平排名在第1位的珠三角生态状态与生态响应都较好，分别排在五大城市群的第1位和第2位。其中生态状态的人均公园绿地面积、建成区绿化覆盖率和PM2.5平均浓度均高于其他四大城市群；生态响应中的城市生活污水处理率比京津冀和长江中游城市群略低、城市生活垃圾无害化处理率与长江中游城市群并列第1、一般工业固体废物综合利用率低于长三角城市群，居第2位；但珠三角生态压力较大，工业废水、SO_2、烟粉尘排放和城市近源地震等效等级排名都较靠后，气象灾害直接经济损失排在最后。城市生态韧性水平排名第2的长三角城市群在生态响应上排第1、生态状态上排第2、生态压力上排第3，整体生态韧性上短板少。长江中游城市群的城市生态韧性排名第3，但除了生态压力排第1外，生态状态和生态响应排名都很靠后，严重制约着长江中游城市群的城市生态韧性发展，生态状态中PM2.5平均浓度和生态响应中的一般工业固体废物综合利用率仅比京津冀好。成渝城市群的城市生态韧性排名第4，与长江中游城市群的极端不一致，它的生态压力、生态状态与生态响应较均衡，分别排在第2位、第3位和第3位。城市生态韧性排名最后的是京津冀，各项排名都落后，其中与其他城市群差距较大的有生态压力中的城市近源地震等效等级、生态状态中PM2.5平均浓度和生态响应中的一般工业固体废物综合利用率。这与京津冀的地理位置有着密切的关系，如河北的唐山和邯郸的城市近源地震等效等级为8，比其他城市的都高，且北方风水大、雾霾天气多，PM2.5浓度要比其他城市群更高，另外，河北的一般工业固体废物综合利用率比其他城市低。这些都使得京津冀城市群的城市生态韧性水平要比其他城市群更低。

　　其次，从92个城市中生态韧性水平排名前10位的城市来看，处于前10位的城市分别是江门、新余、舟山、景德镇、湖州、抚州、滁州、吉安、东莞和萍乡，分别是珠三角城市群2市、长江中游城市群5市、长三角城市群3市，京津冀和成渝城市群1个城市都没有。从表5-1中的得分来看，排名前10的各城市在生态韧性水平间的差距非常小，如舟山的生态压力为0.0070，排名第3，新余的生态压力为0.0069，排名第21，生态压力得分仅相差0.0001，排名却相差18位。因此，即使是生态韧性水平排名第1的江门，其生态压力、生态状态和生态响应的排名均不是前3名，只有生态状态较前，排名第5，而生态压力排名第41，接近中等水平。同样，排名第2的新余，除生态状态排第4位外，其他两个排名都不高，生态响应还排到第60位，基本处于中下等水平了。

最后，从 92 个城市中生态韧性水平排名后 10 位的城市来看（见表 5-2），排在后 10 位的城市分别是乐山、益阳、沧州、张家口、北京、黄冈、天津、保定、唐山和邯郸。其中京津冀占据 7 席，长江中游城市群有 2 市，成渝城市群有 1 市。这也不言而喻为何京津冀在城市群的城市生态韧性水平中排名最末了，当然，地理位置也是关键因素。在后 10 位的城市中沧州较特殊，其生态韧性的三个子系统较极端，生态响应排名第 1，而生态压力和生态状态得分较低，均居第 83 位，表明虽受所处地理位置的影响，但沧州积极应对，在城市生活污水处理、生态垃圾无害化处理和一般工业固体废物综合利用上都做得非常好。

表 5-2　2019 年 92 个城市中排名后 10 位的生态韧性水平及排名

城市	生态压力	排名	生态状态	排名	生态响应	排名	生态韧性	排名
乐山	0.0046	84	0.0059	55	0.0037	74	0.0143	83
益阳	0.0058	61	0.0045	90	0.0040	52	0.0143	84
沧州	0.0047	83	0.0051	83	0.0043	1	0.0140	85
张家口	0.0053	65	0.0053	75	0.0033	84	0.0139	86
北京	0.0035	90	0.0067	30	0.0036	79	0.0137	87
黄冈	0.0052	67	0.0043	91	0.0041	37	0.0137	88
天津	0.0050	79	0.0043	92	0.0042	15	0.0135	89
保定	0.0046	85	0.0048	87	0.0033	87	0.0127	90
唐山	0.0023	92	0.0059	57	0.0037	73	0.0119	91
邯郸	0.0024	91	0.0054	73	0.0037	70	0.0116	92

5.1.3　社会韧性子系统评价与分析

5.1.3.1　五大城市群平均城市社会韧性水平

空间上，五大城市群在社会韧性水平上呈现如下情况：珠三角第 1，京津冀第 2，长三角、长江中游和成渝分别排第 3、第 4 和第 5。从图 5-5 来看，空间上的排名在 2007~2019 年没有交错的现象，即城市社会韧性水平在 13 年间的排名都没有变化，始终是珠三角城市群>京津冀城市群>长三角城市群>长江中游城市群>成渝城市群。

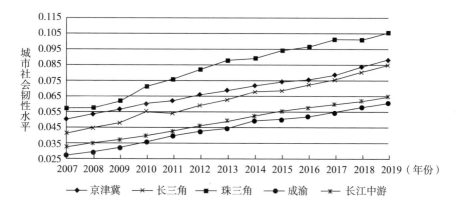

图 5-5　2007~2019 年五大城市群平均城市社会韧性水平变动趋势

时间上，五大城市群的平均城市社会韧性水平都呈上升趋势。从增长幅度来看，珠三角明显高于其他四大城市群，长三角紧接其后，而其他三大城市群的涨幅差不多，其斜率大致相等。长三角在初期的 2007 年社会韧性比京津冀小较多，但通过不断地追赶，差距逐渐缩小，在 2019 年时相差非常小了。

5.1.3.2　五大城市群 92 个城市的城市社会韧性水平

表 5-3 是 2019 年五大城市群及 92 个城市中排名前 10 位的社会韧性水平及排名。

表 5-3　2019 年五大城市群及 92 个城市中排名前 10 位的社会韧性水平及排名

地区	社会状态	排名	社会保障	排名	社会潜力	排名	社会韧性	排名
珠三角	0.0129	1	0.0336	2	0.0591	1	0.1056	1
京津冀	0.0083	3	0.0477	1	0.0323	3	0.0883	2
长三角	0.0086	2	0.0324	3	0.0440	2	0.0851	3
长江中游	0.0076	4	0.0309	5	0.0260	4	0.0645	4
成渝	0.0066	5	0.0315	4	0.0223	5	0.0605	5
深圳	0.0280	1	0.0427	16	0.1126	1	0.1833	1
北京	0.0110	7	0.0733	1	0.0910	3	0.1753	2
广州	0.0123	5	0.0460	12	0.0927	2	0.1511	3
上海	0.0185	2	0.0449	14	0.0857	4	0.1491	4
杭州	0.0099	11	0.0484	8	0.0746	7	0.1329	5
南京	0.0100	9	0.0403	20	0.0786	5	0.1289	6

续表

地区	社会状态	排名	社会保障	排名	社会潜力	排名	社会韧性	排名
珠海	0.0101	8	0.0360	27	0.0780	6	0.1241	7
武汉	0.0093	13	0.0388	21	0.0680	8	0.1161	8
苏州	0.0091	14	0.0383	23	0.0659	9	0.1134	9
东莞	0.0170	3	0.0301	57	0.0654	10	0.1125	10

首先，从城市群的情况来看，城市群中社会韧性水平排名在第1位的珠三角城市群，其社会状态和社会潜力得分均排在第1，社会保障排在第2，主要原因在于社会状态中，珠三角的城镇化率和人口密度指标得分都最高；社会潜力中，珠三角的人均一般公共预算收入、每万人在校大学生数和每百人公共图书馆藏量指标得分最高；社会保障中，珠三角的社会保险覆盖率得分最高。这是因为珠三角城市群包含的9市本就是广东省发展最好的城市，除肇庆外，其他8市对外来人口吸引力非常大，所以平均下来，其城镇化率和人口密度指标得分要比其他城市群高。省会城市是各种资源的集中地，广州与南京、合肥、武汉、长沙、南昌一样，都是所在省中各类资源最丰富的，但本书只是对珠三角9市（仅占广东的9/21）进行平均，而其他城市群却要对本省绝大多数（如江西）甚至全省（如河北）来进行平均，这必定使得珠三角的平均得分很高。再加上深圳和珠海都是经济特区，也享受着比一般地级市更多的资源，故而珠三角的社会韧性水平比其他四大城市群均高。排名第2的京津冀城市群虽然北京和天津各类资源丰富，但长时间对河北各城市的虹吸效应大于扩散效应，使得河北各市社会发展普遍韧性低，故而平均下来，要比珠三角差。长三角城市群的情况类似于京津冀，上海、江苏和浙江总体社会韧性较高，但安徽偏弱。至于断层严重的成渝城市群和金字塔结构中底层较多的长江中游城市群，平均得分自然也不高。

其次，从92个城市中社会韧性水平排名前10位的城市来看，处于前10位的城市分别是深圳、北京、广州、上海、杭州、南京、珠海、武汉、苏州和东莞，其中珠三角城市群占4席、京津冀占1席、长三角城市群占4席、长江中游城市群占1席，而成渝城市群1个城市都没有。从表5-3中的得分来看，排名前10的各城市在社会韧性水平间的差距较大，如社会状态中排名第1的深圳得分0.0280，比排名第2的上海得分（0.0185）高51.63%；社会保障中排名第1的北京得分0.0733，比排名第2的重庆得分高35.82%。

最后，从 92 个城市中社会韧性水平排名后 10 位的城市来看（见表 5-4），排在后 10 位的城市分别是眉山、黄冈、安庆、孝感、娄底、上饶、抚州、内江、达州和遂宁。其中长江中游城市群有 5 市，成渝城市群有 4 市，长三角城市群有 1 市。各市在社会状态、社会保障和社会潜力中排名均较靠后，仅孝感在社会状态得分排名第 50 位，其他都是排在 60 名之后，表明社会状态、社会保障与社会潜力间具有相辅相成的联系，社会保障和社会潜力吸引着人口的聚集，人口又反过来促进社会保障和社会潜力的发展，同时社会潜力促推社会保障的提升，而社会保障又反哺社会潜力，进一步提升其发展。这与社会韧性系统理论是一致的。

表 5-4 2019 年 92 个城市中排名后 10 位的社会韧性水平及排名

城市	社会状态	排名	社会保障	排名	社会潜力	排名	社会韧性	排名
眉山	0.0055	91	0.0256	87	0.0198	66	0.0508	83
黄冈	0.0070	71	0.0279	71	0.0159	84	0.0508	84
安庆	0.0069	72	0.0242	90	0.0194	69	0.0505	85
孝感	0.0078	50	0.0264	81	0.0163	81	0.0505	86
娄底	0.0065	81	0.0294	61	0.0145	90	0.0505	87
上饶	0.0065	79	0.0277	73	0.0161	82	0.0503	88
抚州	0.0061	87	0.0280	70	0.0160	83	0.0501	89
内江	0.0058	88	0.0263	83	0.0157	85	0.0478	90
达州	0.0061	86	0.0268	77	0.0145	91	0.0474	91
遂宁	0.0058	89	0.0264	82	0.0146	88	0.0468	92

5.1.4 经济韧性子系统评价与分析

5.1.4.1 五大城市群平均城市经济韧性水平

图 5-6 显示，空间上，2007～2019 年，五大城市群在经济韧性水平上呈现如下情况：珠三角、长三角和京津冀分别排在第 1 位、第 2 位和第 3 位，长江中游和成渝交错排在第 4 位和第 5 位。

时间上，五大城市群的平均城市经济韧性水平都呈上升趋势。从增长幅度来看，珠三角明显高于其他四大城市群，在增长速度上分为三个阶段，第一阶段是 2007～2009 年，此期间受金融危机的影响，增长较平缓；第二阶段是 2009～2016 年，此期间增长较快；第三阶段是 2016～2019 年，此期间增长比前两个阶段更快，主要得益于前期相关产业转移及创新的驱动，高质量发展的指导作用也不可小觑。长三角的增长阶段与珠三角类似，第一阶段也是在 2007~2009 年平缓增长，第二阶段在 2009~2014 年增长较快，第三阶段的发力始于 2014 年。说明长三角高质量发展的调整时期比珠三角快，但受安徽部分城市的影响，整体的涨幅稍逊于珠三角。京津冀经济韧性除在 2016 年略有波动外，一直保持着较为平稳的涨幅。成渝和长江中游城市群经济韧性水平的增长趋势大体相同，保持小幅波动上升态势，除 2007 年和 2008 年外，成渝城市群经济韧性水平均略微高于长江中游城市群。

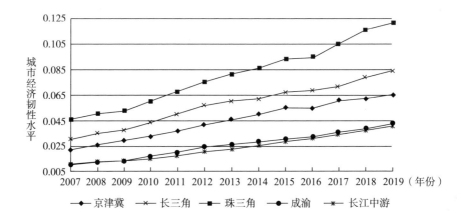

图 5-6　2007~2019 年五大城市群平均城市经济韧性水平变动趋势

5.1.4.2　五大城市群 92 个城市的城市经济韧性水平

表 5-5 是 2019 年五大城市群及 92 个城市中排名前 10 位的经济韧性水平及排名。

表 5-5　2019 年五大城市群及 92 个城市中排名前 10 位的经济韧性水平及排名

城市	经济实力	排名	经济多样性	排名	经济成长能力	排名	经济韧性	排名
珠三角	0.0483	1	0.0374	1	0.0364	1	0.122	1
长三角	0.0352	2	0.0275	2	0.0219	2	0.085	2
京津冀	0.0250	3	0.0175	3	0.0206	3	0.063	3
成渝	0.0183	5	0.0120	4	0.0119	4	0.042	4

续表

城市	经济实力	排名	经济多样性	排名	经济成长能力	排名	经济韧性	排名
长江中游	0.0190	4	0.0103	5	0.0114	5	0.041	5
深圳	0.1433	1	0.1180	2	0.0979	1	0.3591	1
上海	0.1207	2	0.1739	1	0.0634	4	0.3580	2
北京	0.0971	3	0.0821	4	0.0812	2	0.2604	3
苏州	0.0682	7	0.0885	3	0.0502	5	0.2068	4
广州	0.0813	5	0.0584	6	0.0647	3	0.2043	5
重庆	0.0872	4	0.0570	7	0.0318	13	0.1760	6
成都	0.0636	9	0.0660	5	0.0348	11	0.1644	7
武汉	0.0711	6	0.0524	9	0.0297	14	0.1531	8
杭州	0.0565	10	0.0458	10	0.0423	6	0.1445	9
天津	0.0535	12	0.0447	11	0.0416	7	0.1397	10

首先，从城市群的情况来看，城市群中经济韧性水平排名在第 1 位的珠三角城市群，其经济实力、经济多样性和经济成长能力得分均排在第 1 位，主要原因在于经济实力中，珠三角的经济密度、人均 GDP 和社会消费品零售总额指标得分都最高；在经济多样性中，珠三角的出口总额得分最高；在经济成长能力中，珠三角的产业结构高级化和专利授权数指标得分均最高。这其中的主要原因与社会韧性类似，得益于珠三角 9 市中多数经济较强，且深圳的创新能力排在全国第 1，提升了珠三角的整体排名。居于第 2 位的长三角城市群，是拥有万亿俱乐部最多的城市，上海、江苏和浙江总体经济韧性较高，但安徽偏弱，使得长三角城市群平均经济韧性屈居第 2。京津冀双核结构层次中北京和天津较强，但河北经济低于全国平均水平，至于断层严重的成渝城市群和金字塔结构中经济底层城市较多的长江中游城市群，平均得分相应就低了。

其次，从 92 个城市中经济韧性水平排名前 10 位的城市来看，处于前 10 位的城市分别是深圳、上海、北京、苏州、广州、重庆、成都、武汉、杭州和天津，其中，长三角城市群占 3 席、珠三角城市群占 2 席、京津冀城市群占 2 席、成渝城市群占 2 席、长江中游城市群占 1 席。从表 5-5 中的得分来看，排名前 10 位的各城市其经济实力、经济多样性和经济成长能力的排名都很靠前，排名最差的是武汉的经济成长能力得分，但也排在第 14 位。

最后，从 92 个城市中经济韧性水平排名后 10 位的城市来看（见表 5-6），排在后 10 位的城市分别是承德、达州、益阳、自贡、池州、乐山、内江、遂宁、资阳和雅安。其中成渝城市群有 7 市、京津冀城市群有 1 市、长江中游城市群有 1 市、长三角城市群有 1 市。这 10 市在经济实力、经济多样性和经济成长能力中排名均较靠后，仅承德在经济成长能力得分排名第 52 位，其他都是排在 68 名之后。结合经济韧性水平排名前 10 位城市的情况，表明经济实力、经济多样性和经济成长能力间具有紧密的联系，经济实力为经济成长能力提供资金支持，经济成长能力的提高创造更强的经济实力；经济多样性提高产业高级化，使得经济具有更高质量的成长能力，再促进经济实力的增长。实践中这种互促互进的良性循环与经济韧性系统理论一致。

表 5-6　2019 年 92 个城市中排名后 10 位的经济韧性水平及排名

城市	经济实力	排名	经济多样性	排名	经济成长能力	排名	经济韧性	排名
承德	0.0082	90	0.0048	82	0.0114	52	0.0243	83
达州	0.0099	78	0.0050	79	0.0093	69	0.0243	84
益阳	0.0101	77	0.0054	74	0.0087	78	0.0243	85
自贡	0.0102	75	0.0045	84	0.0087	77	0.0234	86
池州	0.0088	85	0.0057	70	0.0088	75	0.0232	87
乐山	0.0111	71	0.0045	85	0.0069	90	0.0226	88
内江	0.0082	89	0.0051	78	0.0086	80	0.0219	89
遂宁	0.0095	81	0.0037	92	0.0079	86	0.0211	90
资阳	0.0053	92	0.0056	72	0.0091	70	0.0200	91
雅安	0.0063	91	0.0053	77	0.0082	82	0.0198	92

5.1.5　基础设施韧性子系统评价与分析

5.1.5.1　五大城市群平均城市基础设施韧性水平

空间上，五大城市群在基础设施韧性水平方面珠三角城市群、长三角城市群和京津冀城市群交错领先，2017 年后，珠三角呈现较大优势，与其他四大城市群拉开了距离；成渝城市群和长江中游城市群分别处于第 4 位和第 5 位，2014 年后成渝城市群开始发力，上升幅度较大（见图 5-7）。

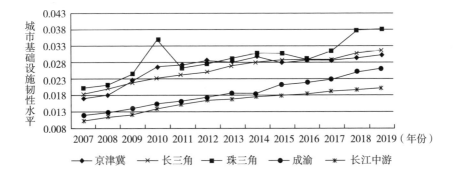

图5-7 2007~2019年五大城市群平均城市基础设施韧性水平变动趋势

时间上，五大城市群的平均基础设施韧性水平都呈上升趋势。从增长幅度来看，五大城市群大体相同，但波动情况各有不同。珠三角城市群在 2007~2009年平稳缓慢增长，2010年陡升陡降，2012年后开始波动上升。长三角城市群一直处于平稳上升的态势；京津冀从2007年一直上升到2014年，在2015年略下滑后又开始平缓上涨。成渝城市群与长江中游城市群一直保持着上涨趋势，只是2014年后，成渝城市群上涨幅度加大。

5.1.5.2 五大城市群92个城市的城市基础设施韧性水平

表5-7是2019年五大城市群及92个城市中排名前10位的基础设施韧性水平及排名。

表5-7 2019年五大城市群及92个城市中排名前10位的基础设施韧性水平及排名

城市	预警能力	排名	疏散和安置能力	排名	基建升级	排名	基础设施韧性	排名
珠三角	0.0156	1	0.0118	1	0.0106	1	0.0380	1
长三角	0.0108	3	0.0113	2	0.0094	3	0.0315	2
京津冀	0.0131	2	0.0073	5	0.0098	2	0.0301	3
成渝	0.0094	4	0.0083	4	0.0086	4	0.0263	4
长江中游	0.0066	5	0.0089	3	0.0048	5	0.0203	5
北京	0.0428	1	0.0061	87	0.0803	1	0.1292	1
武汉	0.0183	11	0.0113	20	0.0699	2	0.0995	2
成都	0.0287	6	0.0106	28	0.0595	3	0.0988	3
重庆	0.0392	3	0.0077	66	0.0518	4	0.0988	4

续表

城市	预警能力	排名	疏散和安置能力	排名	基建升级	排名	基础设施韧性	排名
广州	0.0346	4	0.0134	6	0.0448	6	0.0928	5
上海	0.0427	2	0.0130	8	0.0318	8	0.0875	6
杭州	0.0207	8	0.0106	27	0.0456	5	0.0768	7
深圳	0.0315	5	0.0128	10	0.0295	9	0.0739	8
南京	0.0156	15	0.0117	17	0.0420	7	0.0692	9
天津	0.0195	10	0.0108	23	0.0240	10	0.0543	10

首先，从城市群的情况来看，城市群中基础设施韧性水平排名在第 1 位的珠三角城市群，其预警能力、疏散和安置能力、基建升级得分均排在第 1，主要原因在于预警能力中，珠三角的年末移动电话用户数指标得分最高；疏散和安置能力中，珠三角的建成区供水管道密度、建成区排水管道密度和每万人拥有公共汽车数指标得分都最高；基建升级的本年城市市政公用设施建设固定资产投资完成额指标得分最高。长三角城市群基础设施韧性水平排在第 2 位，其疏散和安置能力中，人均城市道路面积指标得分最高，建成区供水管道密度和建成区排水管道密度指标得分均排在第 2 位。京津冀城市群的预警能力得分排在第 2 位，其中年末移动电话用户数指标得分排第 2 位；但疏散和安置能力得分最低，其余指标得分均不高，故而基础设施韧性水平居第 3 位。成渝城市群的基础设施韧性排名第 4 位，其预警能力、疏散和安置能力以及基建升级得分均排在第 4 位。长江中游城市群的基础设施韧性最差，其在疏散和安置能力上排在中间位，但预警能力和基建升级均排在最后。

其次，从 92 个城市中基础设施韧性水平排名前 10 位的城市来看，处于前 10 位的城市分别是北京、武汉、成都、重庆、广州、上海、杭州、深圳、南京和天津，其中，长三角城市群占 3 席、珠三角城市群占 2 席、京津冀城市群占 2 席、成渝城市群占 2 席、长江中游城市群占 1 席。从表 5-7 中的得分来看，排名前 10 位的各城市在预警能力和基建升级得分的排名都较靠前，但疏散和安置能力的排名却参差不齐，有排在第 6 名的广州，也有排在第 66 名的重庆，更有排在第 87 名的北京。主要原因是疏散和安置能力的得分差距较小而预警能力的得分差距较大，疏散和安置能力中，第 6 名与第 87 名相差 81 位次，但得分之间的差距仅为 0.0074；而预警能力中，第 1 名与第 10 名相差 9 位次，但得分之间的差距就有

0.0233，是前者的 3 倍多。

最后，从 92 个城市中基础设施韧性水平排名后 10 位的城市来看（见表 5-8），排在后 10 位的城市分别是秦皇岛、黄冈、新余、张家口、资阳、咸宁、达州、承德、萍乡和鹰潭。其中长江中游城市群有 5 市，成渝城市群有 4 市，京津冀城市群有 1 市。各市在预警能力中排名均较后，最好的是黄冈，也仅排第 49 位，其他都排在 56 名之后。各市的疏散和安置能力排名不均，最好的新余排名第 34，而最差的达州垫底，排在第 92 位。

表 5-8　2019 年 92 个城市中排名后 10 位的基础设施韧性水平及排名

城市	预警能力	排名	疏散和安置能力	排名	基建升级	排名	基础设施韧性	排名
秦皇岛	0.0065	57	0.0067	78	0.0006	76	0.0138	83
黄冈	0.0068	49	0.0065	83	0.0001	91	0.0135	84
新余	0.0028	91	0.0101	34	0.0005	83	0.0134	85
张家口	0.0065	56	0.0067	80	0.0002	90	0.0134	86
资阳	0.0043	82	0.0086	55	0.0003	88	0.0133	87
咸宁	0.0035	89	0.0096	45	0.0001	92	0.0132	88
达州	0.0059	68	0.0049	92	0.0020	53	0.0127	89
承德	0.0050	77	0.0070	75	0.0007	73	0.0127	90
萍乡	0.0037	88	0.0073	73	0.0002	89	0.0112	91
鹰潭	0.0028	92	0.0060	90	0.0006	79	0.0093	92

上述对中国五大城市群分别从城市群和 92 个城市的角度，对城市韧性水平进行评价与分析，包括城市韧性系统以及生态、社会、经济和基础设施 4 个子系统的评价与分析，主要有以下几点结论：

第一，空间格局上，2019 年，城市韧性水平中珠三角>长三角>京津冀>成渝>长江中游；其子系统中，生态韧性水平上珠三角>长三角>长江中游>成渝>京津冀，社会韧性水平上珠三角>京津冀>长三角>长江中游>成渝，经济韧性水平上珠三角>长三角>京津冀>成渝>长江中游，基础设施韧性水平上珠三角>长三角>京津冀>成渝>长江中游（见表 5-9）。

表5-9 2019年五大城市群城市韧性水平及排名

城市群	生态韧性	排名	社会韧性	排名	经济韧性	排名	基础设施韧性	排名	城市韧性	排名
珠三角	0.0176	1	0.1056	1	0.1221	1	0.0380	1	0.2834	1
长三角	0.0166	2	0.0851	3	0.0846	2	0.0315	2	0.2178	2
京津冀	0.0145	5	0.0883	2	0.0632	3	0.0301	3	0.1962	3
成渝	0.01626	4	0.0605	5	0.0423	4	0.0263	4	0.1454	4
长江中游	0.01626	3	0.0645	4	0.0407	5	0.0203	5	0.1418	5

第二，时间趋势上，城市韧性系统与其子系统的韧性水平均呈上升态势。

第三，城市韧性等级划分上，从92个城市韧性水平所处级别及所属城市群来进行等级划分，发现京津冀城市群是以"京津"作为双核驱动的模式，长三角城市群是极高与低韧性水平的城市均较少，而处于中间韧性水平较多的橄榄形结构，珠三角城市群是深圳领先而肇庆垫尾的菱形结构，成渝城市群是以"成都、重庆"双核心驱动但中间韧性水平断层的结构模式，长江中游城市群是典型的金字塔式结构，处于塔尖的主要是三省的省会城市，先是武汉，接着是长沙和南昌，处于中间层次的有株洲、湘潭、宜昌和襄阳4市，其余的21市均居于金字塔的底端。

第四，城市韧性水平居于前10位的分别是深圳、上海、北京、广州、成都、重庆、苏州、武汉、杭州和南京，居于后10位的分别是广安、乐山、眉山、黄冈、自贡、益阳、资阳、遂宁、内江和达州。其子系统中经济韧性水平的排名与城市韧性水平最接近，其次是社会韧性水平和基础设施韧性水平。

5.2 基于三维韧性模型的城市韧性分析

前文分析城市韧性应具有城市稳定能力和适应能力，并在评价指标体系中把准则层的各子系统都分为稳定能力与适应能力两大块。为了对城市韧性系统作进一步的分析，同时基于城市韧性与生态足迹具有一定的异曲同工之处，借鉴三维生态足迹模型的思路，尝试提出三维韧性模型，从三维的角度对中国五大城市群的城市韧性进行立体分析。

5.2.1 创建三维韧性模型的可行性

当前，对城市韧性的分析，有学者要么从基础设施韧性对抵抗能力进行建模，要么从恢复时间上对自我恢复能力进行建模，或者从城市系统出发，建立基础设施、经济、社会和环境的多指标评价体系来计算城市韧性水平，但是这些仅是从二维的角度对城市韧性作出解释，缺乏多角度更深入地分析城市韧性的稳定性与适应性，可是该怎样去进行深入的分析？本书认为，城市韧性与生态足迹在某些方面具有一定的共通之处，借助生态足迹中成熟的三维生态足迹模型，尝试性地提出三维韧性模型来对城市韧性进行剖析。

Rees 于 1992 年提出生态足迹概念，他认为自然资源的母体是土地，于是将人类自然资源消费活动以生态生产性土地面积的形式进行核算，由于这只对资源消费（即需求）进行核算，故称为一维生态足迹模型。而后，Wackernagel（1994）引入自然资源的供给——生态承载力，用区域的生态足迹与它进行比较，分析区域生态的盈亏情况，赋予了生态足迹模型空间尺度的概念，形成二维生态足迹模型。但并不是所有尺度下都适合对生态承载力进行统计，如社区、学校等社会机构的微观尺度下，用地种类单一，无法合理界定生态承载力，这时采用二维模型分析显然没有现实意义。一维、二维生态足迹着重关注自然资源的消费量和自然资源流量[①]，对自然资源存量却不太重视，而恰恰是自然资源存量对维持区域生态系统平衡及可持续发展起着关键作用，故而 Niccolucci 等（2009，2011）在二维模型的基础上，引入自然资源存量，延伸出足迹深度和足迹广度[②]指标，以圆柱体体积表征生态足迹，以此来解释人类对自然资源流量和存量的占用情况。

一维生态足迹模型的计算结果为土地面积数据，没有考虑空间概念，在二维模型中增加了生态承载力，赋予了空间的概念；对应来看，韧性本身也没有考虑空间概念，但本书着重研究城市韧性，把韧性与城市相结合，本身具备空间性，在此基础上对韧性水平的评估就具有了二维性，这时的城市韧性与二维生态足迹具有异曲同工之处，笔者称其为二维城市韧性模型。首先，二维生态足迹模型中，用生态承载力来表征区域自然资源流量，表明生态系统的自我维持和自我调

[①] 李金昌定义自然资源流量为区域一定面积的土地一年所能生产的资源数据。李金昌. 关于自然资源的几个问题 [J]. 自然资源学报，1992（3）：193-207.

[②] 足迹广度：表征人类活动对自然资源流量的占用程度；足迹深度：表征人类对自然资源存量的消耗程度。

节能力，以及资源与环境的供容能力。对应地，城市韧性在遭受干扰或冲击时，自身具备的抵抗能力和自我恢复能力实质表明了城市在受到冲击时的稳定性，本质上可以看成是城市的一种稳定能力，即城市系统的自我维持和自我调节能力，以及各子系统的供容能力。其次，二维生态足迹模型中生态赤字（或盈余）表明该地区的人类负荷超过了（或未达到）其生态容量，概念中虽然没有提到适应性，但随着人类的不断学习与创新，通过规模效应与技术进步使得资源的配置更有效率，故而，生态赤字产生的主要原因不是人类消费中单位产品和服务对自然资源的消耗，更多的是来自于人口的急剧增加（2020 年全球 76 亿人，是 1900 年 16 亿人口的 4.75 倍）以及人类对各种产品与服务（2020 年全球 GDP 84.71 万亿美元，是 1900 年 0.0875 万亿美元的 968 倍）的无限索求，相反，由于人类的学习与创新，各种产品与服务本应增加的自然资源消耗大大减少了，因此，生态赤字虽是生态足迹模型的显性表现，可其中蕴含的学习与创新能力是关键因素。对应地，城市遭受冲击或干扰后，人类会吸取教训，通过学习与创新不断提高城市的适应能力，即创新/学习能力体现的是城市在可持续发展过程中遭受各种风险的适应性，这一点与生态赤字蕴含的关键因素一样。由此，借鉴二维生态足迹模型，认为二维韧性模型是一个封闭的圆，包括内圆（城市稳定能力）和圆环（城市适应能力）两部分。

在一般情况下，计算二维韧性模型时多采用 1 年为时间跨度，结果自然反映的是某年年底时的城市稳定和适应状况。但是，城市韧性系统是一个随时处于动态变化中的系统，因此需要在一个较长的时间段内，用二维模型逐年分析，才能监测其变化过程。二维生态足迹模型也是如此，学者们的解决方案是将二维模型的平面分析拓展至三维模型的立体分析，实现生态足迹研究的纵向拓展。鉴于此，笔者也尝试将二维韧性模型拓展至三维韧性模型，设想将城市的稳定强弱和创新/学习的延伸性作为判断城市韧性水平高低的基本依据，引入韧性广度和韧性深度两个指标，以分别表征城市的稳定和适应程度，以建立三维韧性模型。

根据上述分析，基于城市韧性与生态足迹的类似性，借鉴成熟的三维生态足迹模型，提出三维韧性模型具有一定的可行性。

5.2.2 三维模型的构建

5.2.2.1 韧性广度和韧性深度

结合第 3 章理论部分对城市韧性系统的分析，关注事件发生的稳健性、应变力和迅速恢复特征表征的是城市的稳定能力，适应性/经验教训特征表征的是城市的适应能力。借鉴足迹广度与足迹深度的定义，界定韧性广度表征城市稳定能力，代表了城市遭受冲击时城市的抵抗力和自我恢复力，包括突发事件发生前城市的稳健性、事件发生期间城市的应变力以及事件发生后城市的迅速恢复力；韧性深度表征城市适应能力，代表了城市在受到冲击前、中、后的经验总结及改进或创新，以期适应更复杂的冲击或干扰。

由此，把城市这个巨系统中的各子系统进行韧性广度和韧性深度的划分，其划分依据以是否是对以往经验教训的总结、学习以及各种促进生产、生活的创新。这个划分与城市韧性评价指标体系准则层中各子系统划分为稳定能力与适应能力是相同的，故而把生态环境遭受的人为污染和自然灾害压力以及本身具有的状态作为生态稳定能力；把社会目前所处的状态及相关保障作为社会稳定能力；把经济实力以及经济多样性作为经济稳定能力；把遭受冲击后对城市居民进行预警的能力和基础设施中的供气、供水、排水能力以及公交的疏散和安置能力作为基础设施的稳定能力。对生态做出的响应是人类接受经验教训后采取的措施，故认定其为生态的适应能力；社会潜力为城市遭受干扰后促进生产、生活的改进和创新提供了资金和人力资本，认定其为社会韧性的适应能力；经济成长能力主要体现的是创新能力，认定其为经济韧性的适应能力；基建升级体现了人类的学习与创新能力，认定其为基础设施韧性的适应能力。具体如图 5-8 所示。

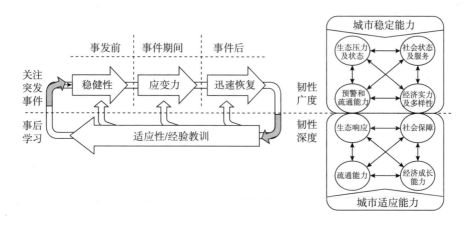

图 5-8 韧性广度与韧性深度的主要内容

依上分析，韧性广度表征城市稳定能力，包括突发事件发生前城市的稳健性、事件发生期间城市的应变力以及事件发生后城市的迅速恢复力，体现在城市子系统中的生态压力和状态、社会状态和服务、经济实力和多样性以及基础设施的预警能力与疏散和安置能力上。韧性深度表征城市适应能力，是贯穿在整个事件发生过程中的经验教训或受到冲击的适应性，体现在城市子系统中的生态响应、社会保障、经济成长能力和基础设施的疏散和安置增长能力上。

5.2.2.2 计算公式

二维城市韧性模型将韧性视为一个封闭圆，由城市稳定能力（内圆）和城市适应能力（圆环）相加而得（见图5-9（a））；三维模型将城市韧性拓展为一个圆柱体，由城市稳定能力（底面）与城市适应能力（柱高）相乘而得（见图5-9（b））。

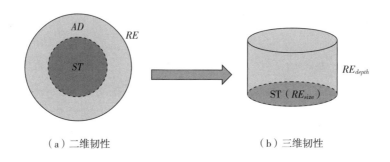

（a）二维韧性　　　　　　　　　　　　　（b）三维韧性

图 5-9　韧性模型由二维向三维的演变

二维模型关系为：

$$RE = ST + AD \tag{5-1}$$

式中，RE 为城市韧性，ST 为城市稳定能力，AD 为城市适应能力。

三维模型存在下列关系：

$$0 < RE_{size} \leqslant ST \tag{5-2}$$

$$RE = RE_{size} \times RE_{depth} \tag{5-3}$$

$$RE_{depth} = 1 + \frac{AD}{ST} \tag{5-4}$$

式中，RE_{size} 为韧性广度，RE_{depth} 为韧性深度。进一步，韧性深度可分为自然深度和附加深度两部分：

$$RE_{depth} = RE_{depth}^{NAT} + RE_{depth}^{ADD} \tag{5-5}$$

式中，RE_{depth}^{NAT} 为自然深度（恒为1），RE_{depth}^{ADD} 为附加深度。

人类虽然具有超强的学习能力，能在惨痛教训中获取经验、快速成长，但在历史的长河中，也不排除在 A 事上接受了经验教训，而在 B 事上又犯了更大的错误，最直接的例子就是人类为了美好生活的需求而发展经济，但经济发展对环境的污染又反过来阻碍了人类的美好生活。故而不排除在经验教训的学习上存在矫枉过正的情况，致使城市的适应性总体为负，即 $RE \leqslant ST$。同时，人口的不断增长和各类产品与服务产出的成倍增长超过了人类自身的学习与创新能力，也会使得 $RE \leqslant ST$。当然，人类文明在不断进步，故在一般情况下，还是 $RE > ST$。

由式（5-5）知，$RE_{depth} \geqslant 1$：①当 $RE \leqslant ST$ 时，仅有自然深度，$RE_{depth} = 1$，此时城市遭受干扰时人类只进行简单的抵抗和恢复，而没有运用人类强大的学习能力来进行经验教训的总结与创新，或者是人类的社会经济扩张超过了人类的持续改进与创新；②当 $RE > ST$ 时，$RE_{depth} > 1$，表明城市遭受干扰时，除了以自身原有的能力来抵抗和迅速恢复外，人类在血的教训上通过学习、寻找新的突破点和创新来增强城市的可持续发展能力。故 RE_{depth} 越大，城市学习能力越强，城市越可持续发展。

从动态的角度来看，城市适应能力的增强表明城市资源配置更合理，可以更好地与大自然和谐相处、城市对各种冲击具有更强的应对力以及更高韧性的基础设施，从而促进城市稳定能力的增长，这与第3.2.5节中韧性理论中的"抗沌理论"不谋而合。

5.2.2.3 模型优点

相较于二维韧性模型，三维韧性模型具有如下优点：

（1）三维韧性模型把突发事件下的韧性应具备的特征与城市复杂系统理论结合起来，以稳定能力为基础，强调经验/学习、创新对韧性的重要性，丰富了韧性理论的内涵。

（2）引入了韧性深度和韧性广度。韧性深度表征了城市的学习与创新累积程度，具有时间属性；韧性广度表征了城市对各种干扰或冲击的容忍泛度，具有空间属性。因此，三维模型是一个时空模型，它既强调学习与创新的时间积累度，又关注城市空间范围上的安全性。

（3）模型维度由二维增至三维，对韧性模型进行了纵向拓展。引入韧性深度后，韧性模型由二维变成三维，它不再是表征面积的物理量，而是表征体积的物理量，即从平面分析延展到立体分析。

5.2.3　五大城市群城市的韧性广度和韧性深度分析

运用三维韧性模型,结合城市韧性各子系统的城市韧性水平测算出五大城市群 92 个城市的韧性广度和韧性深度,主要年份的具体结果参见附录表 C1。

5.2.3.1　韧性广度和韧性深度发展趋势

从 92 个城市的平均韧性广度来看(见图 5-10),2007~2019 年一直呈直线上升态势,表明城市的稳定能力一直在稳步提高。但韧性深度呈现出不规则的小幅波动,从 2007 年迅速上升至 2010 年,之后小幅回落,再上升,于 2014 年小小下滑后又开始快速上升。

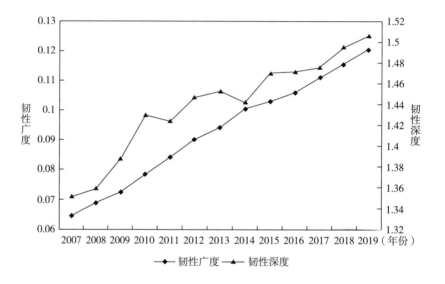

图 5-10　五大城市群 92 个城市的韧性广度与韧性深度趋势

图 5-11 直观地反映了 2007 年、2011 年、2015 年和 2019 年的平均城市韧性变化情况。2007 年时,圆柱呈纤细型,明显感觉城市抵御外来冲击或干扰能力小,大有"一阵大风刮来,瞬间倾倒"的瘦弱;到 2011 年时,随着韧性广度的增加,圆柱的坚实性有了一定提高,但还是呈现出较弱状态;到 2015 年时,圆柱达到一定厚实度,表现出较好的安全感;2019 年,圆柱呈现出坚实的状态,自有一种"不管冲击如何、我自岿然不动"的态势,城市韧性达到了一定高度。

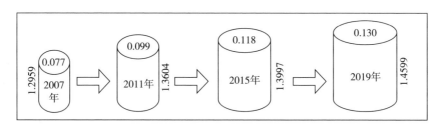

图 5-11　三维韧性变化

再分别来看各城市群的韧性广度与韧性深度。在韧性广度上（见图 5-12），珠三角城市群远高于其他四大城市群；京津冀与长三角城市群处于中间，呈交错上升态势；成渝城市群与长江中游城市群稍低，两者几乎处于胶着状态。从时间趋势来看，所有城市群的韧性广度都是上升的。

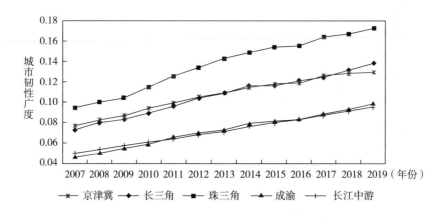

图 5-12　五大城市群韧性广度趋势

在韧性深度上（见图 5-13），珠三角和长三角城市群的趋势基本一致，都是自 2007 年开始上升到 2010 年，在 2011 年小幅回落后又波动上升，只是在 2017 年后，珠三角城市群上涨幅度高于长三角城市群。长江中游城市群处于中间位置，波动缓慢上升，到 2019 年时被成渝城市群和京津冀追赶到几乎同一水平，成渝城市群呈波动上涨趋势，在 2007 年排名最低，到 2019 年已经追上长江中游城市群。京津冀城市群上下波动略微上升。

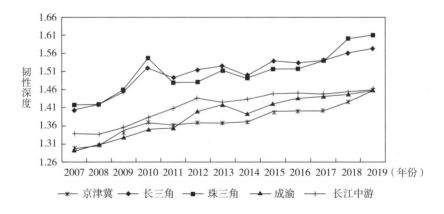

图 5-13　五大城市群韧性深度趋势

5.2.3.2　比较分析

（1）变化率。比较韧性深度与韧性广度的历年变化率，如图 5-14 所示。

2008~2019 年韧性广度的变化率都大于 0，即韧性广度一直处于上升态势，但上升幅度呈波动变化，且逐渐减小。韧性深度的变化率上下波动幅度大，但绝大多数时期都是正数，自 2012 年后呈现出较稳态的变化波动。

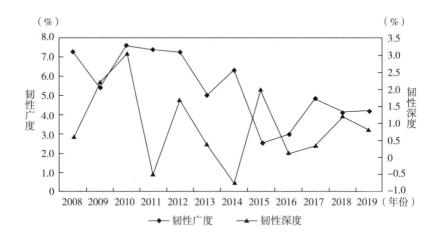

图 5-14　韧性广度和韧性深度的变化率

（2）剪刀差。通过计算剪刀差分析韧性广度和韧性深度变化趋势的差异性。设 $f'(x)$，$f'(y)$ 分别为韧性广度、韧性深度对年份的变化趋势，θ 分别为

$f'(x)$ 与 $f'(y)$ 曲线在给定时刻的切线夹角，θ 角度越小，说明两变量变化速率之间的差异越小。计算公式如下：

$$f'(x) = \frac{\mathrm{d}x}{\mathrm{d}t},\ f'(y) = \frac{\mathrm{d}y}{\mathrm{d}t} \tag{5-6}$$

$$\theta = \arctan\left|\frac{f'(x) - f'(y)}{1 + f'(x) \cdot f'(y)}\right| \tag{5-7}$$

式中，$0 < \theta < \dfrac{\pi}{2}$。

从角度变化情况看（见图5-15），2011年的角度最大，即这一年韧性广度和韧性深度变化率的差别最大，但也仅有0.08；2015年的角度最小，此时韧性广度与韧性深度变化率非常接近，之后，两者变化差异的角度维持在0.03上下。这一结果表明城市韧性广度与城市韧性深度的变化趋势非常相似，两者间具有良好的互促互进效果。

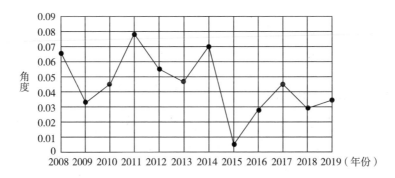

图5-15　韧性广度与韧性深度变化率剪刀差角度趋势

5.3　五大城市群城市韧性的时空演变特征

图5-1显示了2007年、2011年、2015年和2019年中国五大城市群城市韧性的空间格局，表现出明显的空间关联性。有必要进一步对五大城市群的城市韧性进行时空演变特征分析，主要采用莫兰指数（Moran's I）作全局空间自相关分析，采用Moran散点图和空间联系区域指标（Local Indicators of Spatial Association，LISA）集聚图作局部自相关分析，以及采用Getis-Ord Gi*和热点分析图进行空间自相关分析。

5.3.1 空间自相关研究方法

5.3.1.1 全局莫兰指数 Moran's I

空间自相关用来检验空间变量与空间邻近位置变量之间的相关性。全局空间自相关是描述属性值在空间上的综合水平，一般常用的全局空间自相关指标为全局 Moran's I 和全局 G 系数，在判断空间自相关特征是高值还是低值聚集时常采用 G 系数，判断某个区域是否存在空间自相关特征，尤其对于位于边缘的聚集区域，运用 Moran's I 得到的结果更加可靠。本书采用全局 Moran's I 来判断五大城市群 92 个城市是否存在空间自相关特征，全局 Moran's I 计算公式为：

$$Moran's\ I = \frac{n \sum\limits_{i=1}^{n} \sum\limits_{j=1}^{n} w_{ij}(x_i - \bar{x})(x_j - \bar{x})}{\sum\limits_{i=1}^{n} \sum\limits_{j=1}^{n} w_{ij} \cdot \sum\limits_{i=1}^{n} (x_i - \bar{x})^2} \tag{5-8}$$

式中，n 表示空间单元的个数，本书中共 92 个城市，即 $n = 92$；w_{ij} 表示空间权重矩阵，本书采用 Queen 邻接空间权重矩阵；x_i，x_j 表示城市韧性水平在第 i，第 j 个城市位置上的值，$\bar{x}$ 表示城市韧性水平的平均值。

全局 Moran's I 的取值范围是 [-1, 1]，其值为 0 时，表示研究城市属于随机分布状态，不相关；其值大于 0 时，表示研究城市正相关，呈现高—高聚集或低—低聚集状态；其值小于 0 时，表示研究城市负相关，呈现高—低离散或低—高离散状态。

对全局 Moran's I 进行检验时，通常采用双侧 Z 统计量进行检验，Z 统计量公式为：

$$Z = \frac{I - E(I)}{\sqrt{Var(I)}} \tag{5-9}$$

其中，I 表示 Moran's I，$E(I)$ 表示 Moran's I 的期望，$Var(I)$ 表示 Moran's I 的方差。取显著性水平 $\alpha = 0.05$，当 $|Z| > 1.96$ 时，拒绝无空间自相关的原假设，表明研究城市具有显著的空间自相关；反之，当 $|Z| < 1.96$ 时，研究城市的空间自相关性不显著。

5.3.1.2 局部空间自相关

若研究的五大城市群 92 个城市具有同质性，采用全局 Moran's I 分析研究城市整体的空间集聚度较好，可是这 92 个城市分属不同城市群，城市并不总是同质的，也存在异质性，需要采用局部空间自相关对这种异质性进行测定。分别采用 Moran 散点图和 LISA 方法以及 Getis-Ord 局部统计 Gi* 和热点分析图进行分析。

第一，Moran 散点图和 LISA 方法。Moran 散点图分为四个象限，每个象限代表不同的空间自相关关系。第一象限代表高—高集聚特征，即高观测值被高观测值包围；第二象限代表低—高离散特征，即低观测值被高观测值包围；第三象限代表低—低集聚特征，即低观测值被低观测值包围；第四象限代表高—低离散特征，即高观测值被低观测值包围。

LISA 方法采用局部 Moran's I_i 和 LISA 集聚图进行分析，其中局部 Moran's I_i 计算公式为：

$$Moran's\ I_i = z'_i \sum_j w_{ij} z'_j \tag{5-10}$$

式中，z'_i，z'_j 表示运用标准差标准化后的数据，w_{ij} 表示行标准化的空间权重矩阵。

局部 Moran's I_i 与全局 Moran's I 的检验方法相同，也是采用双侧 Z 统计量进行检验。

LISA 图中，集聚分为四种情况，即高—高集聚、高—低集聚、低—高集聚和低—低集聚，每一种情况分别识别一个地区及其与其邻近地区的关系。

第二，Getis-Ord 局部统计 Gi* 和热点分析图。Getis-Ord 局部统计 Gi* 对权重的敏感度高于局部 Moran's I_i 的敏感度，不像 Moran's I_i 中表示要素具有包含同样高和同样低的属性值的邻近要素或者是包含不同值的邻近要素，Getis-Ord Gi* 是将局部总和与总体值的总和进行比较，从另一角度对局部自相关进行分析，可以对 Moran's I_i 的局部自相关分析进行有效的补充。

Getis-Ord 局部统计公式为：

$$G_i^* = \frac{\sum_{j=1}^{n} w_{ij} x_j - \bar{x} \sum_{j=1}^{n} w_{ij}}{S \sqrt{\dfrac{n \sum_{j=1}^{n} w_{ij}^2 - \left(\sum_{j=1}^{n} w_{ij} \right)^2}{n - 1}}} \tag{5-11}$$

$$S = \sqrt{\frac{\sum_{j=1}^{n} x_j^2 - \bar{x}^2}{n}} \tag{5-12}$$

式中符号含义与式（5-8）一样。G_i^* 统计是 z 得分，因此无须做进一步的计算。

热点分析根据 G_i^* 统计的 z 得分以及不同的显著性水平判断要素是否是完全空间随机性的原假设。z 得分是标准差的倍数，正值表示热点，负值表示冷点，其绝对值越高，高值（热点）的聚类就越紧密。当取显著性水平为 10%，即置信度为 90% 时，z 得分绝对值大于 1.65，则拒绝原假设，认为空间具有显著的集聚特征。当取显著性水平为 5%，即置信度为 95% 时，z 得分绝对值大于 1.96，则拒绝原假设，认为空间具有显著的集聚特征。当取显著性水平为 1%，即置信度为 99% 时，z 得分绝对值大于 2.58，则拒绝原假设，认为空间具有显著的集聚特征。

5.3.2 空间自相关检验结果与分析

利用全局 Moran's I 指数[①]对 2007~2019 年五大城市群 92 个城市的城市韧性水平的空间集聚特征进行分析，结果如表 5-10 所示。

表 5-10 2007~2019 年 92 个城市的城市韧性水平的全局 Moran's I 及其检验结果

年份	全局 Moran 指数	期望指数 E［I］	样本标准差 SD	Z 统计量	P 值
2007	0.2619	−0.0111	0.0740	3.6574	0.0040
2008	0.2571	−0.0111	0.0741	3.5830	0.0040
2009	0.2412	−0.0111	0.0745	3.3544	0.0040
2010	0.2425	−0.0111	0.0743	3.3787	0.0050
2011	0.2477	−0.0111	0.0740	3.4630	0.0040
2012	0.2442	−0.0111	0.0744	3.3983	0.0040
2013	0.2442	−0.0111	0.0744	3.3995	0.0040
2014	0.2184	−0.0111	0.0741	3.0676	0.0040
2015	0.2115	−0.0111	0.0739	2.9794	0.0060
2016	0.2016	−0.0111	0.0739	2.8517	0.0070
2017	0.1993	−0.0111	0.0738	2.8236	0.0090
2018	0.1958	−0.0111	0.0738	2.7731	0.0090
2019	0.1813	−0.0111	0.0733	2.5938	0.0120

---

① 采用 Queen 邻接空间权重矩阵，由于舟山市不与其他城市相邻，故对 Moran 指数进行计算时不包括舟山市。后文相同。

2007～2019 年五大城市群 92 个城市的城市韧性水平的全局 Moran's I 指数全是正值，且均通过显著性水平 5% 的检验，表明城市韧性水平在空间上呈现集聚特征，即城市韧性水平高的城市之间彼此邻近，韧性水平低的城市之间彼此邻近。从全局来看，其值始终处在 0.1000～0.3000，即空间的正相关性较低。

　　图 5-16 显示，2007～2019 年五大城市群城市韧性水平的全局 Moran's I 指数整体呈波动下降趋势。2007～2009 年，全局 Moran's I 指数快速下滑，2009～2011 年微弱上升，接着略微下滑至 2013 年，随后 1 年呈断崖式下滑，2014 年后，呈现快速下降趋势。受 2008 年全球金融危机影响，各城市韧性水平在 2008年、2009 年存在一定差别，此期间的全局 Moran's I 指数快速下滑。2012 年 11月召开的党的十八大报告提出"将生态文明建设放在突出地位，融入经济建设、政治建设、文化建设、社会建设各方面"，之后，各城市在生态文明建设上反应各有不同，再加上"经济转型""高质量发展"等政策也让各城市大展拳脚，城市韧性水平发展也存在一定差距，故 2014 年后的全局 Moran's I 指数大幅降低，城市韧性水平与空间分布的相关性不断减弱。

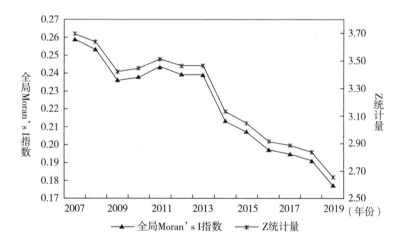

图 5-16　2007～2019 年城市韧性水平全局空间指数及检验量的趋势

5.3.3　空间聚类结果与分析

　　全局空间自相关分析反映五大城市群 92 个城市的城市韧性水平整体上具有一定的空间集聚性，为进一步了解城市韧性水平的空间特征，需要通过局部空间自相关分析来探究本地与周边城市的城市韧性空间关联特征。

图 5-17 中，五大城市群城市韧性水平的局部 Moran 指数主要集中分布在第二、第三象限中，表现为低—高集聚特征与低—低集聚特征。2007 年、2011 年、2015 年和 2019 年城市韧性水平的 Moran 指数分布在第二象限和第三象限的地区分别有 63 个、65 个、64 个和 64 个，分别占比 69.23%、71.43%、70.33% 和 70.33%，城市韧性水平的空间集聚模式表现为低—高集聚或低—低集聚的地区数量缓慢上升又缓慢回落，局部空间正相关性逐步增强。

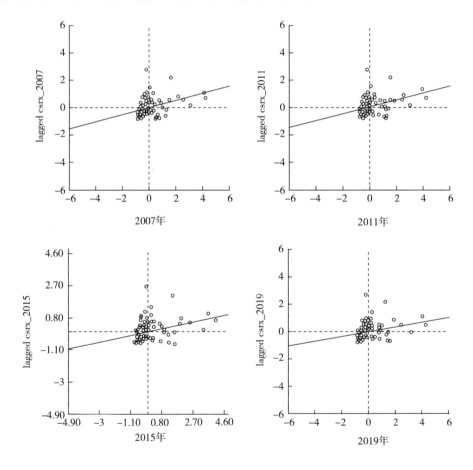

图 5-17　主要年份五大城市群城市韧性水平的 Moran 散点图

为进一步弄清楚城市具体所处的象限位置，在 Geoda 软件中把 Moran 散点图与行政区图进行链接，如图 5-18 所示，得到 2007 年、2011 年、2015 年和 2019 年五大城市群城市韧性水平的空间集聚状况，详见表 5-11。

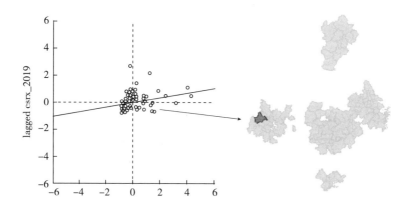

图 5-18 五大城市群城市 Moran 散点图与行政区图链接示意图

表 5-11 五大城市群城市韧性水平局部自相关状况

年份	第一象限（高—高）	第二象限（低—高）	第三象限（低—低）	第四象限（高—低）
2007	北京、常州、东莞、佛山、广州、嘉兴、金华、南通、宁波、上海、绍兴、深圳、苏州、唐山、天津、无锡、中山、珠海（18 市）	保定、沧州、承德、滁州、鄂州、湖州、惠州、江门、廊坊、马鞍山、台州、泰州、孝感、宣城、扬州、张家口、肇庆、镇江（18 市）	安庆、常德、池州、达州、德阳、抚州、广安、邯郸、衡水、衡阳、黄冈、黄石、吉安、荆门、荆州、景德镇、九江、娄底、泸州、眉山、绵阳、南充、内江、萍乡、上饶、遂宁、铜陵、芜湖、咸宁、湘潭、襄阳、新余、邢台、雅安、盐城、宜宾、宜昌、宜春、益阳、鹰潭、岳阳、株洲、资阳、自贡（45 市）	成都、杭州、合肥、南昌、南京、秦皇岛、石家庄、武汉、长沙、重庆（10 市）
2011	北京、常州、东莞、佛山、广州、嘉兴、南通、宁波、上海、绍兴、深圳、苏州、唐山、天津、无锡、中山、珠海（17 市）	保定、沧州、承德、滁州、湖州、惠州、江门、金华、廊坊、马鞍山、台州、泰州、宣城、雅安、盐城、扬州、张家口、肇庆、镇江（19 市）	安庆、常德、池州、达州、德阳、鄂州、抚州、广安、邯郸、衡水、衡阳、黄冈、黄石、吉安、荆门、荆州、景德镇、九江、乐山、娄底、泸州、眉山、绵阳、南充、内江、萍乡、秦皇岛、上饶、遂宁、铜陵、芜湖、咸宁、湘潭、襄阳、孝感、新余、邢台、雅安、宜宾、宜昌、宜春、益阳、鹰潭、岳阳、株洲、资阳、自贡（47 市）	成都、杭州、合肥、南昌、南京、石家庄、武汉、长沙、重庆（9 市）

年份	第一象限（高—高）	第二象限（低—高）	第三象限（低—低）	第四象限（高—低）
2015	北京、常州、东莞、佛山、广州、嘉兴、金华、南通、宁波、上海、绍兴、深圳、苏州、天津、无锡、镇江、中山（17市）	保定、沧州、承德、滁州、达州、鄂州、湖州、惠州、江门、廊坊、马鞍山、台州、泰州、唐山、孝感、宜城、雅安、盐城、扬州、张家口、肇庆、资阳（22市）	安庆、常德、池州、德阳、抚州、广安、邯郸、衡水、衡阳、黄冈、黄石、吉安、荆门、荆州、景德镇、九江、乐山、娄底、泸州、眉山、绵阳、南充、内江、萍乡、秦皇岛、上饶、遂宁、铜陵、芜湖、咸宁、湘潭、襄阳、新余、邢台、宜宾、宜昌、宜春、益阳、鹰潭、岳阳、株洲、自贡（42市）	成都、杭州、合肥、南昌、南京、石家庄、武汉、长沙、重庆、珠海（10市）
2019	常州、东莞、佛山、广州、杭州、嘉兴、金华、南通、宁波、上海、绍兴、深圳、苏州、台州、天津、无锡、中山（17市）	保定、沧州、承德、滁州、达州、鄂州、湖州、惠州、江门、廊坊、马鞍山、泰州、唐山、孝感、宜城、雅安、盐城、扬州、张家口、肇庆、镇江、资阳（22市）	安庆、常德、池州、德阳、抚州、广安、邯郸、衡水、衡阳、黄冈、黄石、吉安、荆门、荆州、景德镇、九江、乐山、娄底、泸州、眉山、绵阳、南充、内江、萍乡、秦皇岛、上饶、遂宁、铜陵、芜湖、咸宁、湘潭、襄阳、新余、邢台、宜宾、宜昌、宜春、益阳、鹰潭、岳阳、株洲、自贡（42市）	北京、成都、合肥、南昌、南京、石家庄、武汉、长沙、重庆、珠海（10市）

　　表5-11显示，2007年、2011年、2015年和2019年第一、第四象限的城市数量较为固定，其中，常州、东莞、佛山、广州、嘉兴、南通、宁波、上海、绍兴、深圳、苏州、天津、无锡和中山14市一直处在第一象限，呈现出高—高集聚态势，即这14个城市的城市韧性水平高，其邻近城市的城市韧性水平也处于高韧性水平阶段；成都、合肥、南昌、南京、石家庄、武汉、长沙和重庆8市一直处在第四象限，呈现高—低集聚态势，即这8市自身城市韧性水平高，但其周边城市的城市韧性水平处于低韧性水平阶段。北京在2007年、2011年和2015年时处在第一象限，于2019年到达第四象限，表明北京自身城市韧性水平高，2015年前邻近城市的城市韧性水平高，但后来逐渐下落或者增长速度落后于其他城市，在2019年表现出相对低的城市韧性水平。而杭州的情况刚好相反，在2007年、2011年和2015年时处在第四象限，于2019年到达第一象限，表明杭州自身城市韧性水平高，2015年前邻近城市的城市韧性水平相对低，但后来逐渐上涨或者增长速度快于其他城市，在2019年表现出相对高的城市韧性水平。

珠海在 2007 年和 2011 年处于第一象限，而 2015 年后则在第四象限，说明邻近城市的城市韧性水平增幅相对较慢。

在前面的分析中，2007~2019 年五大城市群 92 个城市的城市韧性水平均是逐年上涨的，表明自身处于相对低的城市韧性水平（第二象限和第四象限），其邻近韧性水平高的城市数量逐渐增加而韧性水平低的城市数量逐渐减少，这与上述结果是一致的，即第二象限的城市数量由 2007 年的 18 个增加到 2019 年的 22 个，第三象限的城市数量由 2007 年的 45 个减少到 2019 年的 42 个。其中由低—低集聚向低—高集聚的典型地区有鄂州、达州和孝感。

进一步通过 LISA 集聚图对五大城市群城市韧性水平与邻近城市的空间集聚进行显著性检验，其关联空间特征如图 5-19 所示。

2007 年，五大城市群中共有 21 个城市的城市韧性水平的空间集聚水平通过显著性检验，具有明显的空间集聚特征。苏州、嘉兴、东莞和中山 4 个城市具有显著的高—高集聚特征；成都、重庆、武汉、长沙和南昌 5 个城市具有显著的高—低集聚特征；承德、廊坊和惠州 3 个城市具有显著的低—高集聚特征；九江、吉安、绵阳、南充、遂宁、内江、自贡、宜宾和乐山 9 个城市具有显著的低—低集聚特征。

2011 年，五大城市群中共有 22 个城市的城市韧性水平的空间集聚水平通过显著性检验，具有明显的空间集聚特征。上海、苏州、嘉兴和东莞 4 个城市具有显著的高—高集聚特征；成都、重庆、武汉、长沙和南昌 5 个城市具有显著的高—低集聚特征；承德、廊坊、湖州和惠州 4 个城市具有显著的低—高集聚特征；池州、九江、荆门、绵阳、南充、内江、自贡、宜宾和乐山 9 个城市具有显著的低—低集聚特征。

2015 年，五大城市群中共有 18 个城市的城市韧性水平的空间集聚水平通过显著性检验，空间集聚相比 2011 年有所减弱。苏州、嘉兴和东莞 3 个城市具有显著的高—高集聚特征；成都、重庆、武汉和长沙 4 个城市具有显著的高—低集聚特征；承德、廊坊和惠州 3 个城市具有显著的低—高集聚特征；池州、九江、绵阳、南充、内江、自贡、宜宾和乐山 8 个城市具有显著的低—低集聚特征。

2019 年，五大城市群中共有 15 个城市的城市韧性水平的空间集聚水平通过显著性检验，空间集聚进一步减弱。苏州、嘉兴和东莞 3 个城市具有显著的高—高集聚特征；成都、重庆、武汉和长沙 4 个城市具有显著的高—低集聚特征；惠州 1 个城市具有显著的低—高集聚特征；九江、绵阳、南充、内江、自贡、宜宾和乐山 7 个城市具有显著的低—低集聚特征。

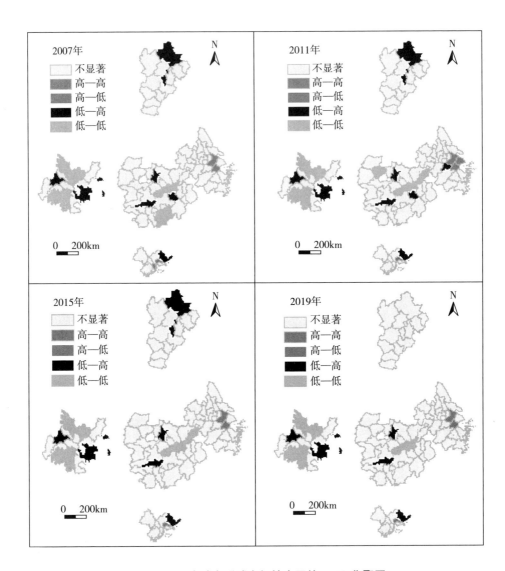

图 5-19 五大城市群城市韧性水平的 LISA 集聚图

5.3.4 热点分析及其稳健性检验

运用 ArcGis 软件对 2007 年、2011 年、2015 年和 2019 年五大城市群城市韧性水平进行热点分析，热点图如图 5-20 所示。

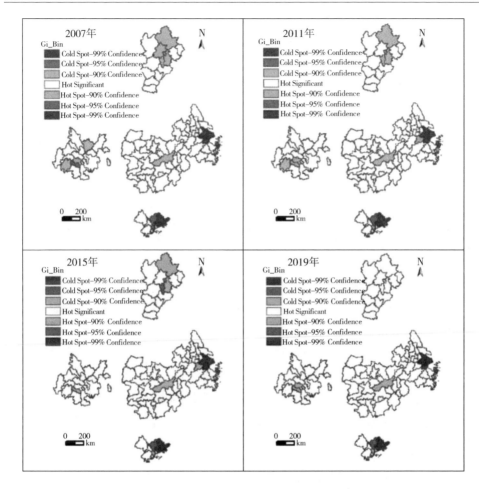

图 5-20 主要年份五大城市群城市韧性水平热点分析图

2007 年，五大城市群中共有 12 个城市的城市韧性水平属于热点地区，呈现出明显的高值集聚特征，是城市韧性水平的高水平区域，值得其他城市学习和借鉴。其中，上海、苏州、嘉兴、深圳、惠州和东莞 6 个城市的 Z 值大于 2.58，在 1% 的显著性水平下具有显著的高值集聚特征，属热点地区；北京、天津、承德、廊坊、广州和中山 6 个城市的 Z 值大于 1.96，在 5% 的显著性水平下具有显著的高值集聚特征，也属热点地区。五大城市群中共有 5 个城市的城市韧性水平属于冷点地区，呈现出明显的低值集聚特征，是城市韧性水平的低水平区域，需要大力发展韧性水平。其中，九江、南充、内江和乐山 4 个城市的 Z 值小于 -1.65，在 10% 的显著性水平下具有显著的低值集聚特征，属冷点地区；自贡 1 个城市的

Z 值小于-1.96，在 5%的显著性水平下具有显著的低值集聚特征，也属冷点地区。

2011 年，五大城市群中共有 11 个城市的城市韧性水平属于热点地区，呈现出明显的高值集聚特征，是城市韧性水平的高水平区域，值得其他城市学习和借鉴。其中，与 2007 年一样，上海、苏州、嘉兴、深圳、惠州和东莞 6 个城市的 Z 值大于 2.58，在 1%的显著性水平下具有显著的高值集聚特征，属热点地区；而北京变得不显著，还有天津、承德、廊坊、广州和中山 5 个城市的 Z 值大于 1.96，在 5%的显著性水平下具有显著的高值集聚特征，也属热点地区。五大城市群中共有 4 个城市的城市韧性水平属于冷点地区，呈现出明显的低值集聚特征，是城市韧性水平的低水平区域，需要大力发展韧性水平。其中，九江、内江、乐山和自贡 4 个城市的 Z 值小于-1.65，在 10%的显著性水平下具有显著的低值集聚特征，属冷点地区。

2015 年，五大城市群中共有 12 个城市的城市韧性水平属于热点地区，呈现出明显的高值集聚特征，是城市韧性水平的高水平区域，值得其他城市学习和借鉴。其中，与 2007 年和 2011 年一样，上海、苏州、嘉兴、深圳、惠州和东莞 6 个城市的 Z 值大于 2.58，在 1%的显著性水平下具有显著的高值集聚特征，属热点地区；廊坊和广州 2 个城市的 Z 值大于 1.96，在 5%的显著性水平下具有显著的高值集聚特征；天津、承德、湖州和中山 4 个城市的 Z 值大于 1.65，在 10%的显著性水平下具有显著的高值集聚特征。五大城市群中仅有 2 个城市的城市韧性水平属于冷点地区，呈现出明显的低值集聚特征，即，九江和自贡 2 个城市的 Z 值小于-1.65，在 10%的显著性水平下具有显著的低值集聚特征，属冷点地区。

2019 年，五大城市群中共有 8 个城市的城市韧性水平属于热点地区，呈现出明显的高值集聚特征，是城市韧性水平的高水平区域，值得其他城市学习和借鉴。其中，上海、苏州、嘉兴、深圳、惠州和东莞 6 个城市的 Z 值与之前年份一样，大于 2.58，在 1%的显著性水平下具有显著的高值集聚特征，属热点地区；广州 1 市的 Z 值大于 1.96，在 5%的显著性水平下具有显著的高值集聚特征；中山 1 市的 Z 值大于 1.65，在 10%的显著性水平下具有显著的高值集聚特征。五大城市群中仅有 3 个城市的城市韧性水平属于冷点地区，呈现出明显的低值集聚特征，即，九江、内江和自贡 3 个城市的 Z 值小于-1.65，在 10%的显著性水平下具有显著的低值集聚特征，属冷点地区。

5.4 五大城市群城市韧性的预测

5.4.1 预测模型

NAR 神经网络模型称为非线性自回归神经网络模型，自回归模型是用自身作回归变量，即利用前期若干时刻的随机变量的线性组合来描述以后某时刻随机变量的非线性回归模型。NAR 神经网络模型十分适用于解决非线性拟合难题，与此同时，NAR 神经网络模型亦被广泛应用于水文预测、生物信息预测以及生态安全预测。由上文测算的 2007～2019 年五大城市群城市韧性水平可知，其变化趋势具有明显的非线性变动趋势。因此，本章选用 NAR 神经网络模型对五大城市群各城市未来 5 年的城市韧性水平进行预测。

NAR 神经网络预测模型的数学表达式为：

$$y(t) = f(y(t-1), y(t-2), \cdots, y(t-m)) \tag{5-13}$$

式中，$y(t)$ 为第 t 年城市韧性水平的预测值，f 是任意非线性函数，t 为年份，m 为自回归阶数，$y(t-m)$ 为第 $t-m$ 年城市韧性水平的实际值。

NAR 神经网络模型的具体结构如图 5-21 所示，图 5-21 左边的 Input 为输入数据 $y(t-1), y(t-2), \cdots, y(t-m)$，本章设定自回归阶数为 3，即 t 年的城市韧性水平受到 $t-1, t-2, t-3$ 年城市韧性水平的影响，w 为连接权值，b 是阈值，右边的 Output 为输出数据 $y(t)$。

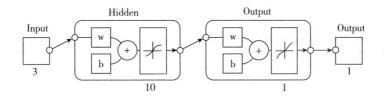

图 5-21 NAR 神经网络结构示意图

5.4.2 模型预测分析

以 2007～2019 年五大城市群 92 个城市的城市韧性综合评价值及其平均值为

基础，构建 NAR 神经网络模型对过去 2010~2019 年和未来 2020~2024 年的城市韧性水平及其平均水平进行预测，2010~2019 年预测值及检验结果详见附录表 B，2020~2024 年城市韧性水平及其平均水平的检验结果如表 5-12 所示，预测值如表 5-13 所示。

表 5-12　2010~2024 年五大城市群城市韧性水平预测模型的检验结果

城市	R2	MSE	城市	R2	MSE	城市	R2	MSE	城市	R2	MSE
北京	0.923	6.04E-05	杭州	0.902	6.15E-05	江门	0.942	4.48E-05	鹰潭	0.927	8.44E-05
天津	0.945	5.68E-05	嘉兴	0.944	3.61E-05	肇庆	0.988	4.97E-06	宜春	0.969	4.39E-05
石家庄	0.929	2.28E-06	湖州	0.966	7.72E-05	重庆	0.913	2.87E-05	上饶	0.922	9.46E-05
承德	0.947	6.46E-05	舟山	0.910	3.33E-05	成都	0.951	8.86E-05	吉安	0.964	6.16E-05
张家口	0.954	1.05E-05	金华	0.924	3.99E-05	自贡	0.972	4.18E-05	抚州	0.930	4.46E-05
秦皇岛	0.975	9.64E-05	绍兴	0.949	9.47E-05	泸州	0.923	7.76E-05	武汉	0.911	1.12E-05
唐山	0.960	6.42E-05	台州	0.950	2.19E-05	德阳	0.953	7.27E-05	黄石	0.958	7.53E-05
廊坊	0.996	3.48E-05	宁波	0.992	3E-05	绵阳	0.936	5.83E-05	宜昌	0.928	4.77E-06
保定	0.928	1.55E-05	合肥	0.980	4.65E-05	遂宁	0.911	6.77E-05	襄阳	0.931	8.23E-05
沧州	0.957	8.55E-05	芜湖	0.953	2.36E-05	内江	0.979	6.3E-05	鄂州	0.918	8.96E-05
衡水	0.941	6.92E-05	马鞍山	0.987	3.75E-05	乐山	0.960	2.34E-05	荆门	0.947	3.97E-05
邢台	0.919	8.07E-05	铜陵	0.973	8.42E-05	南充	0.959	5.01E-05	孝感	0.933	6.81E-05
邯郸	0.911	4.19E-05	安庆	0.977	1.93E-05	宜宾	0.953	5.29E-06	荆州	0.972	3.04E-06
上海	0.927	1.01E-05	滁州	0.926	5.22E-05	广安	0.974	4.73E-05	黄冈	0.918	2.07E-05
南京	0.933	3.2E-05	池州	0.942	9.19E-05	达州	0.973	9.58E-05	咸宁	0.913	6.31E-05
无锡	0.977	9.47E-05	宣城	0.983	1.42E-06	资阳	0.939	4.8E-05	长沙	0.973	5.06E-05
常州	0.955	1.56E-05	广州	0.993	6.49E-05	眉山	0.974	8.2E-05	株洲	0.962	6.48E-05
苏州	0.902	2.65E-05	深圳	0.947	1.1E-05	雅安	0.971	4.48E-05	湘潭	0.935	7.16E-05
南通	0.901	3.58E-05	珠海	0.985	5.74E-05	南昌	0.979	3.52E-06	衡阳	0.928	6.2E-05
盐城	0.902	3.9E-05	佛山	0.946	1.35E-05	景德镇	0.946	7.4E-05	岳阳	0.994	9.05E-05
扬州	0.926	1.23E-05	惠州	0.987	2.48E-05	萍乡	0.912	8.59E-05	常德	0.950	7.15E-05
镇江	0.956	7.45E-05	东莞	0.979	5.65E-05	九江	0.954	2.94E-05	益阳	0.964	1.41E-05
泰州	0.973	2.82E-05	中山	0.928	9.79E-05	新余	0.923	4.43E-05	娄底	0.923	2.15E-05

表 5-13 2020~2024 年五大城市群城市韧性水平的预测值及增幅

城市	城市韧性水平预测值					5年增幅（%）	城市	城市韧性水平预测值					5年增幅（%）
	2020年	2021年	2022年	2023年	2024年			2020年	2021年	2022年	2023年	2024年	
北京	0.628	0.657	0.684	0.712	0.739	27.76	合肥	0.236	0.248	0.260	0.272	0.285	18.72
天津	0.354	0.357	0.357	0.355	0.356	16.54	芜湖	0.178	0.184	0.191	0.198	0.206	19.74
石家庄	0.208	0.216	0.223	0.232	0.240	19.01	马鞍山	0.151	0.155	0.160	0.165	0.170	15.68
承德	0.136	0.140	0.144	0.148	0.153	13.90	铜陵	0.132	0.133	0.134	0.135	0.135	9.09
张家口	0.134	0.138	0.142	0.147	0.151	15.98	安庆	0.118	0.123	0.129	0.133	0.138	21.79
秦皇岛	0.163	0.168	0.172	0.175	0.178	18.16	滁州	0.143	0.150	0.156	0.163	0.169	17.88
唐山	0.176	0.181	0.185	0.189	0.195	13.79	池州	0.118	0.122	0.126	0.130	0.133	19.38
廊坊	0.164	0.170	0.177	0.185	0.192	18.60	宣城	0.135	0.141	0.147	0.153	0.159	25.06
保定	0.153	0.159	0.165	0.170	0.176	15.32	广州	0.480	0.501	0.521	0.541	0.566	21.43
沧州	0.152	0.158	0.163	0.170	0.176	18.87	深圳	0.645	0.673	0.698	0.721	0.748	18.11
衡水	0.134	0.139	0.144	0.149	0.154	15.15	珠海	0.274	0.284	0.295	0.304	0.313	22.63
邢台	0.140	0.145	0.150	0.156	0.162	15.94	佛山	0.266	0.279	0.290	0.301	0.313	18.35
邯郸	0.146	0.151	0.156	0.160	0.166	18.29	惠州	0.173	0.181	0.188	0.195	0.201	26.51
上海	0.596	0.617	0.641	0.664	0.688	12.82	东莞	0.316	0.325	0.332	0.337	0.352	17.49
南京	0.355	0.370	0.385	0.398	0.414	18.01	中山	0.205	0.213	0.220	0.226	0.233	22.11
无锡	0.272	0.278	0.284	0.289	0.298	14.05	江门	0.159	0.166	0.172	0.177	0.182	20.78
常州	0.226	0.232	0.238	0.245	0.251	17.49	肇庆	0.136	0.143	0.148	0.154	0.159	22.20
苏州	0.401	0.412	0.422	0.430	0.440	14.08	重庆	0.419	0.439	0.459	0.477	0.495	28.40
南通	0.227	0.235	0.243	0.250	0.256	24.61	成都	0.398	0.419	0.439	0.459	0.479	23.13
盐城	0.173	0.181	0.189	0.196	0.203	22.65	自贡	0.107	0.111	0.116	0.121	0.125	18.41
扬州	0.186	0.192	0.199	0.206	0.213	19.80	泸州	0.125	0.131	0.137	0.144	0.149	24.57
镇江	0.188	0.194	0.199	0.204	0.210	27.31	德阳	0.129	0.135	0.141	0.146	0.151	21.38
泰州	0.181	0.188	0.196	0.204	0.211	23.24	绵阳	0.144	0.151	0.157	0.162	0.168	26.03
杭州	0.379	0.397	0.415	0.431	0.450	21.94	遂宁	0.107	0.112	0.117	0.122	0.126	24.61
嘉兴	0.210	0.220	0.229	0.238	0.248	20.82	内江	0.102	0.107	0.112	0.116	0.121	18.95
湖州	0.178	0.186	0.193	0.200	0.208	20.33	乐山	0.114	0.119	0.124	0.128	0.133	22.42
舟山	0.176	0.183	0.190	0.197	0.205	22.54	南充	0.116	0.121	0.126	0.131	0.136	22.51
金华	0.206	0.216	0.226	0.236	0.245	22.92	宜宾	0.114	0.119	0.125	0.131	0.137	22.24
绍兴	0.214	0.224	0.234	0.243	0.253	24.41	广安	0.112	0.117	0.122	0.127	0.132	20.90
台州	0.187	0.196	0.205	0.213	0.222	20.99	达州	0.100	0.103	0.107	0.112	0.116	15.68
宁波	0.299	0.309	0.319	0.327	0.337	20.52	资阳	0.108	0.112	0.116	0.120	0.123	20.47

续表

城市	城市韧性水平预测值					5年增幅（%）	城市	城市韧性水平预测值					5年增幅（%）
	2020年	2021年	2022年	2023年	2024年			2020年	2021年	2022年	2023年	2024年	
眉山	0.115	0.120	0.125	0.130	0.134	24.22	襄阳	0.146	0.153	0.160	0.166	0.172	23.63
雅安	0.114	0.119	0.124	0.129	0.133	16.66	鄂州	0.113	0.118	0.122	0.127	0.131	16.88
南昌	0.223	0.233	0.242	0.251	0.259	20.13	荆门	0.126	0.132	0.138	0.143	0.149	21.89
景德镇	0.128	0.133	0.138	0.144	0.149	21.04	孝感	0.114	0.120	0.125	0.130	0.136	22.07
萍乡	0.124	0.130	0.135	0.140	0.145	23.76	荆州	0.125	0.131	0.136	0.141	0.147	19.72
九江	0.144	0.150	0.155	0.160	0.166	20.70	黄冈	0.114	0.119	0.124	0.129	0.133	25.03
新余	0.141	0.145	0.149	0.153	0.156	20.60	咸宁	0.114	0.119	0.124	0.130	0.135	20.92
鹰潭	0.119	0.124	0.129	0.134	0.139	22.83	长沙	0.281	0.293	0.305	0.317	0.331	21.65
宜春	0.131	0.138	0.144	0.150	0.156	22.78	株洲	0.155	0.162	0.169	0.176	0.183	23.21
上饶	0.126	0.131	0.137	0.142	0.147	21.30	湘潭	0.148	0.153	0.158	0.163	0.168	19.39
吉安	0.136	0.142	0.148	0.155	0.160	23.36	衡阳	0.140	0.146	0.152	0.158	0.164	23.92
抚州	0.122	0.127	0.131	0.136	0.141	20.04	岳阳	0.131	0.137	0.142	0.147	0.152	24.09
武汉	0.403	0.424	0.443	0.462	0.483	25.58	常德	0.136	0.143	0.149	0.155	0.162	22.92
黄石	0.127	0.132	0.137	0.142	0.147	16.86	益阳	0.112	0.117	0.121	0.127	0.132	24.83
宜昌	0.150	0.156	0.163	0.169	0.175	24.65	娄底	0.114	0.119	0.124	0.129	0.135	22.68

注：表中增幅是以2024年为报告期，2019年为基期计算取得的。

表5-13显示，在未来2020~2024年，五大城市群92个城市的城市韧性均呈现逐渐上升趋势，与2019年相比，2020~2024年各城市的城市韧性均呈增长趋势，整体发展形势较为乐观，重庆、北京、镇江、惠州、绵阳、武汉、宣城和黄冈5年总增幅都超过了25.00%，年均增长达到4.56%以上（采用几何平均法计算），重庆和北京的年均增长还超过5%，分别为5.13%和5.02%。但部分城市韧性水平增长较缓，铜陵、上海、唐山、承德、无锡和苏州均呈现出增长速率较慢的态势，年均增长均低于2.67%，5年总增幅都在15%以下，分别为9.09%、12.82%、13.79%、13.90%、14.05%和14.08%。5年后即2024年部分城市达到韧性水平层次的飞跃，盐城、扬州、镇江、泰州、湖州、舟山、金华、台州、芜湖、惠州和中山11个城市由低级韧性水平上升为中等韧性水平；宁波、珠海、佛山、东莞和长沙5个城市由中等韧性水平转变为高韧性水平；广州由高韧性水平转变为极高韧性水平。与此同时，江门、株洲、廊坊和唐山等城市的城市韧性

水平虽处于低韧性阶段，但接近于中等城市韧性水平；合肥和无锡虽保持在中等水平，但处于高韧性水平的边缘；武汉和重庆马上就可以突破到极高城市韧性水平。

综上所述，基于五大城市群城市韧性水平的 NAR 神经网络预测模型，预测所得的 2020~2024 年 92 个城市的城市韧性水平未来五年都有不同程度的增长，表明城市韧性的平均水平将随之稳步提升。2019 年，92 个城市的平均城市韧性水平为 0.1826，处于低韧性水平阶段，2020~2024 年的预测值分别为 0.1948、0.2017、0.2210、0.2222 和 0.2427，即预测在 2021 年时，92 个城市的平均城市韧性水平发生了质的变化，上升到中等韧性水平层级，但距离高韧性水平阶段仍有不小的差距。

以城市韧性的平均水平为代表，将训练好的 NAR 神经网络预测模型的预测值与实际值进行对照，其平均韧性水平的拟合效果如图 5-22 所示。训练所得的 NAR 神经网络预测模型拟合精度较好，实际值与预测值之间的差距较小，拟合优度 R^2 为 0.9988，均方误差 MSE 为 3.272E-06，NAR 神经网络模型的性能较优且预测精度较高。

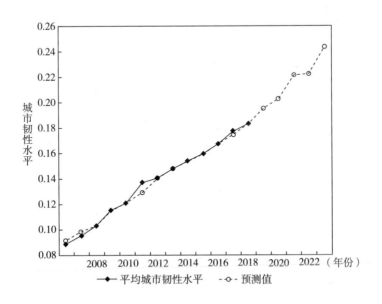

图 5-22　城市韧性平均水平预测效果图

5.5 本章小结

本章运用城市韧性评价指标得到五大城市群 92 个城市的城市韧性水平，并借此作出综合评价与分析。首先，对城市韧性系统及四个子系统进行总体评价与分析；其次，基于三维韧性模型对城市韧性广度和韧性深度进行分析；再次，运用空间自相关方法对五大城市群城市韧性水平的全局空间自相关和局部自相关性做深入的时空演变分析；最后，运用 NAR 神经网络作相应预测。得出如下结论：

第一，城市韧性水平随时间推移呈明显的上升态势，表现出珠三角>长三角>京津冀>成渝>长江中游的空间格局，且城市群的城市韧性表现出明显的结构特征。京津冀城市群是以京津作为"双核驱动"的模式，长三角城市群是"橄榄形"结构，珠三角城市群是"菱形"结构，成渝城市群是"以成都、重庆为双核+断层"的结构模式，长江中游城市群是典型的"厚底金字塔式"结构。

第二，城市韧性水平居于前 10 位的分别是深圳、上海、北京、广州、成都、重庆、苏州、武汉、杭州和南京，居于后 10 位的分别是广安、乐山、眉山、黄冈、自贡、益阳、资阳、遂宁、内江和达州。其子系统中经济韧性水平的排名与城市韧性水平最接近，其次是社会韧性水平和基础设施韧性水平。

第三，城市韧性水平的城市韧性广度与韧性深度稳步前行，两者组成的三维韧性柱体在研究期间历经"瘦弱—较弱—厚实—坚实"的韧性演变，且两者变化趋势非常相似，具有良好的互促互进效果。

第四，城市韧性水平在空间上呈现集聚特征，主要表现为低—高集聚与低—低集聚特征。"上苏嘉"与"深莞惠"具有显著的高值集聚特征，属热点地区，而九江、内江、乐山和自贡具有显著的低值集聚特征，属冷点地区，是需要努力提升韧性水平的区域。

第五，基于 NAR 神经网络预测模型对未来 5 年城市韧性的平均水平进行预测，预计城市韧性水平将从低韧性水平阶段上升到中等韧性水平阶段。

6　五大城市群城市韧性网络
关联及耦合协调分析

第 5 章对城市韧性系统及子系统韧性水平整体状况进行了介绍，分析了城市韧性广度与韧性深度、展示了城市韧性的时空演变特征，这些分析没有涉及网络关联和相互作用方面，故本章从系统的关联方面对城市韧性系统做深入的剖析，包括基于社会网络分析方法对城市韧性的网络关联特征分析，以及城市韧性系统内部子系统间的耦合协调性分析。

6.1　城市韧性网络关联分析

随着生产力的提高、全球信息技术的迅猛发展、交通工具的便捷，城市间的沟通、交流越来越多，并形成庞大的立体交叠与虚实交互的城市网络。海量的信息交流、交错相连的产业结构以及大规模的人员流动让城市间的空间流动程度达到前所未有的高度，已然形成"流空间"，使得城市网络成为区别于其他城市体系的重要特征。城市网络大大加快了各种要素的流动，成为经济、社会发展的主推力，同时也加快了各种风险的蔓延，如病毒传播、恐怖袭击等人为灾难及极端气候、地震等自然灾害，对区域城市系统可能产生由点及面的影响，甚至导致级联失效。面对各种干扰或冲击，城市如何通过自身网络结构抵御冲击、恢复网络特征和重要功能，或重新进行资源配置以拓展新的增长路径至关重要。因此，研究城市网络结构对于评价城市韧性具有重要意义，对城市网络结构韧性的测度有助于进一步增强区域城市间的交流与协作。

目前，对城市韧性网络的量化研究尚处于探索阶段，多从经济网络、交通设施、区域生态等单一角度或简单网络模型着手，针对城市网络结构韧性的评估尚未形成统一有效的方法和体系，大多从最短路径长度、网络效率等角度对网络结构韧性进行测度。因此，在"流空间"理论指导下，及前文计算的城市韧性水平上，对城市韧性的网络聚集度、网络密度和网络中心势进行了测度，以期了解和掌握区域城市韧性网络结构现状。

6.1.1　城市韧性网络测度

利用修正引力模型和社会网络方法（SNA）构建城市韧性的空间关联结构。就整体而言，通过测算网络结构参数可以直观判断网络的结构特征，同时可以解释不同城市在网络中的地位。从网络图的中心势、网络密度和聚集度三方面对比分析五大城市群的城市韧性联系网络，以期从点、线、面不同层面对其进行解释。

6.1.1.1　引力模型

借鉴邵汉华等（2018）提出的基于引力模型的社会网络方法构造城市韧性水平及子系统生态韧性、社会韧性、经济韧性和基础设施韧性关联网络，计算公式为：

$$G_{RE} = \frac{RE_i \times RE_j}{D_{ij}^2} \tag{6-1}$$

式中，RE_i，RE_j 分别为城市 i 和城市 j 的城市韧性水平，D_{ij} 为城市 i 与城市 j 的距离，本书采用最短公路交通里程距离进行测算，数据来源于百度地图导航中两城市自驾游的最短距离。

6.1.1.2　整体网络特征

度数中心度是一个较简单的指数，网络中成员的度数中心度分为绝对度数中心度和相对度数中心度。点的绝对度数中心度即为与该点直接相连的其他点的个数 M；相对度数中心度指的是点的绝对中心度与图中点的最大可能的度数之比。在一个包含 N 个成员的图中，任何一点的最大可能的度数为 $N{-}1$，即相对中心度为 $M/(N{-}1)$。

网络图的中心势主要用来衡量整个图的总体凝聚力或整合度，而不是强调点的相对重要性。中心势是指内聚性能够在多大程度上围绕某些特定点组织起来，其通过测度实际核心点的中心度和其他点的中心度差值总和，再与最大可能的差值总和相比得到。

网络聚集度表示网络中点与点之间的可达程度，反映了网络结构的稳健性和脆弱性。如果网络中任何两个成员之间存在关联连接，则该网络的稳健性较强；如果两个成员之间均通过某个成员建立连接，则该网络对中介成员的依赖性很大，此时表现出脆弱性。假设用 C 代表网络聚集度，V 是网络中不可达的成员对数目，N 是网络中成员的数量，则网络聚集度的计算公式为：

$$C = 1 - \frac{V}{N(N-1)/2} \tag{6-2}$$

网络密度是衡量网络中各城市关联关系的疏密程度的指标。网络密度越大，表明网络中城市之间的空间关联关系越紧密。假设 D_n 表示网络密度，L 表示网络中存在的实际关系数目，N 表示网络中城市数量，网络中可能存在的空间关联关系的最大值即为 $N(N-1)$，则网络密度的计算公式为：

$$D_n = \frac{L}{N(N-1)} \tag{6-3}$$

6.1.2 城市韧性网络分析

运用 Ucinet 软件对五大城市群 92 个城市的韧性网络进行测算，得到主要年份的整体网络特征如表 6-1 所示，网络关联图如图 6-1~图 6-4 所示。为更清楚表述五大城市群 92 个城市的城市韧性关联网络情况，图 6-1~图 6-4 中均取绝对中心度大于 20 的连接线。

表 6-1 五大城市群主要年份整体网络特征

整体网络特征	2007 年	2011 年	2015 年	2019 年
聚集系数	11.90%	21.66%	34.05%	48.72%
节点数量	92	92	92	92
网络密度	11.61%	21.50%	33.98%	48.69%
网络中心势	73.03	133.66	216.70	318.20
孤立节点数据	1（达州）	0	0	0

图 6-1~图 6-4 显示，从 2007 年到 2019 年城市韧性的关联度上升非常迅速，且明显地呈现出局部聚集的特征，聚集形式与现有城市群分类一致。

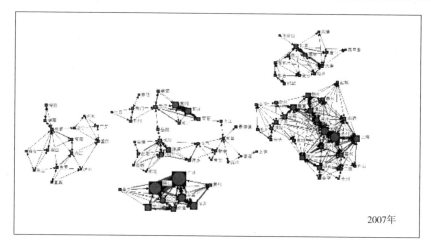

图 6-1　2007 年城市韧性网络关联图

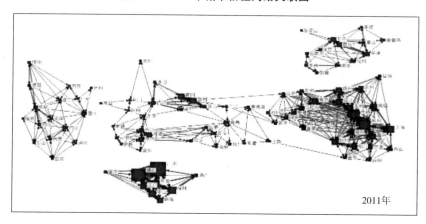

图 6-2　2011 年城市韧性网络关联图

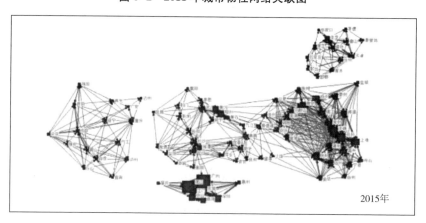

图 6-3　2015 年城市韧性网络关联图

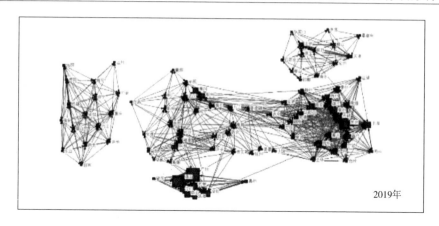

2019年

图 6-4 2019 年城市韧性网络关联图

2007 年，一方面，五大城市群是孤立发展的，城市群与群之间没有哪两个城市间的关联度大于 20，即城市韧性并没有呈现出城市群与群的关联性。另一方面，城市群内城市韧性的关联也较少，如成渝城市群的达州没有与任何城市的关联度达到 20，从而成为一个孤立点；京津冀城市群的张家口与长江中游城市群的襄阳均只与一个就近的城市有关联。

2011 年，五大城市群间的城市韧性关联有所突破，但仅是长江中游城市群与长三角城市群的城市间稍有关联。城市群内的城市都至少与两个或两个以上的城市有关联。到 2015 年时，长江中游城市群、长三角城市群间的城市关联又有加强，且珠三角城市群的城市也加入进来，2019 年时，除成渝城市群外，其他 4 个城市群都互相关联。

再看城市群内部城市韧性的关联，每一个城市都在下一主要年份有明显上升，网络密集度直线上升。

表 6-1 的值从量化角度予以证明，从网络聚集系数来看，2011 年比 2007 年的系数增长近 1 倍，2015 年比 2011 年增长了 13.61 个百分点，2019 年比 2015 年也增长了 14 个百分点多。网络密度的增长情况与聚集系数类似，而网络中心势是以平均近 70% 的速度增长的。

上述结果从侧面证实城市韧性不仅只涉及内部城市的韧性，而且还涉及空间网络上的韧性关联。这进一步表明研究城市韧性不能只局限于研究单个城市的内部韧性，还需要把城市放在其所属的城市群进行研究。

6.2 耦合协调分析

城市韧性的子系统包括生态韧性、社会韧性、经济韧性和基础设施韧性，子系统间既互相影响、相互促进又相互制约，具有典型的交互耦合关系。同样，作为体现城市韧性能力的韧性广度与韧性深度也存在耦合作用。本节首先利用耦合协调模型对各城市四个韧性子系统间以及韧性广度和韧性深度间的耦合协调情况进行分级，然后分析耦合协调度与城市韧性水平间的因果关系，再利用核密度估计分析子系统间的耦合协调度空间格局。

6.2.1 耦合协调模型

6.2.1.1 耦合指数

耦合度是一个物理学术语，表示两个或两个以上系统相互作用和互相影响的程度，其值越大表明系统间相互作用越强，城市韧性四个子系统的耦合度 C_1 计算公式如下：

$$C_1 = \left(\frac{I_{ecol} I_{soc} I_{econ} I_{infr}}{\left(\frac{(I_{ecol} + I_{soc} + I_{econ} + I_{infr})}{4} \right)^4} \right)^{\frac{1}{4}} \tag{6-4}$$

式中，I_{ecol}，I_{soc}，I_{econ}，I_{infr} 分别指城市韧性系统的四个子系统的韧性水平，即生态韧性水平、社会韧性水平、经济韧性水平和基础设施韧性水平。

城市韧性广度和韧性深度的耦合度 C_2 计算公式为：

$$C_2 = \left(\frac{RE_{size} \cdot RE_{depth}}{\left(\frac{RE_{size} + RE_{depth}}{2} \right)^2} \right)^{\frac{1}{2}} \tag{6-5}$$

式中，RE_{size}，RE_{depth} 分别表示城市韧性广度和城市韧性深度。

系统耦合度 $C \in [0, 1]$，当 $C = 0$ 时，系统耦合度最小，认为中国城市群韧性系统要素间无关联，整个系统朝无序状态发展；当 $C = 1$ 时，系统耦合度最大，认为中国城市群韧性系统要素间达到良性共振。

6.2.1.2 耦合协调指数

耦合度高低可以反映系统相互作用的强弱，但不能反映系统间的协调程度。

因此，构建四个子系统的耦合协调指数，计算公式如下：

$$T_1 = \alpha_1 I_{ecol} + \alpha_2 I_{soc} + \alpha_3 I_{econ} + \alpha_4 I_{infr} \tag{6-6}$$

$$D_1 = \sqrt{C_1 \times T_1} \tag{6-7}$$

式中，T_1 为四大子系统之间的发展度；α_1，α_2，α_3，α_4 分别表示四个子系统的权重，即子系统的相对重要性，依据前文的分析，本书认为四个子系统具有同等的重要地位，故而取 $\alpha_1 = \alpha_2 = \alpha_3 = \alpha_4 = 0.25$；$D_1$ 为四个子系统的耦合协调度。

类似地，城市韧性广度与韧性深度的耦合协调度 D_2 为：

$$T_2 = \beta_1 \times RE_{size} + \beta_2 \times RE_{depth} \tag{6-8}$$

$$D_2 = \sqrt{C_2 \times T_2}$$

同上，取 $\beta_1 = \beta_2 = 0.5$。

耦合协调值 $D \in [0, 1]$，其值越大，系统间协调程度越高。考虑耦合协调度与中国城市群韧性系统综合评价指数的特征，将城市韧性系统耦合协调类型分为五级（见表6-2）。

表6-2　中国城市群城市韧性系统耦合协调类型

耦合协调度分级	类型
$0 < D \leq 0.25$	重度失调
$0.25 < D \leq 0.35$	中度失调
$0.35 < D \leq 0.45$	基本协调
$0.45 < D \leq 0.55$	中度协调
$D > 0.55$	高度协调

6.2.2　城市韧性四子系统耦合协调度分析

6.2.2.1　四子系统耦合协调度结果

利用得出的2007~2019年五大城市群92个城市的生态韧性、社会韧性、经济韧性和基础设施韧性水平，以耦合协调模型进行计算，得出2007年、2011年、2015年和2019年92个城市的城市韧性四个子系统间的耦合协调度，如表6-3所示。

表 6-3　主要年份五大城市群城市韧性四子系统间的耦合协调度

城市	2007 年	2011 年	2015 年	2019 年	城市	2007 年	2011 年	2015 年	2019 年
北京	0.448	0.511	0.578	0.616	芜湖	0.272	0.314	0.345	0.372
天津	0.365	0.457	0.482	0.475	马鞍山	0.257	0.303	0.331	0.351
石家庄	0.293	0.334	0.373	0.403	铜陵	0.252	0.289	0.298	0.325
承德	0.236	0.280	0.292	0.320	安庆	0.232	0.260	0.298	0.317
张家口	0.247	0.282	0.301	0.317	滁州	0.224	0.277	0.313	0.358
秦皇岛	0.285	0.321	0.334	0.339	池州	0.234	0.272	0.296	0.314
唐山	0.276	0.336	0.341	0.362	宣城	0.230	0.272	0.315	0.339
廊坊	0.260	0.294	0.320	0.355	广州	0.417	0.465	0.529	0.582
保定	0.259	0.296	0.322	0.350	深圳	0.454	0.529	0.573	0.618
沧州	0.251	0.285	0.314	0.345	珠海	0.330	0.369	0.410	0.444
衡水	0.245	0.274	0.294	0.325	佛山	0.329	0.375	0.405	0.453
邢台	0.239	0.280	0.301	0.346	惠州	0.270	0.303	0.350	0.369
邯郸	0.251	0.294	0.321	0.336	东莞	0.362	0.422	0.452	0.464
上海	0.474	0.520	0.569	0.606	中山	0.297	0.342	0.366	0.386
南京	0.356	0.417	0.462	0.514	江门	0.265	0.304	0.328	0.354
无锡	0.350	0.409	0.420	0.447	肇庆	0.242	0.275	0.308	0.336
常州	0.320	0.363	0.390	0.408	重庆	0.332	0.446	0.499	0.538
苏州	0.389	0.443	0.478	0.512	成都	0.346	0.419	0.471	0.544
南通	0.301	0.362	0.397	0.408	自贡	0.222	0.247	0.278	0.303
盐城	0.256	0.306	0.344	0.376	泸州	0.221	0.252	0.290	0.323
扬州	0.280	0.326	0.356	0.381	德阳	0.220	0.259	0.284	0.323
镇江	0.281	0.330	0.367	0.363	绵阳	0.234	0.278	0.313	0.339
泰州	0.271	0.313	0.349	0.378	遂宁	0.207	0.236	0.276	0.303
杭州	0.357	0.414	0.474	0.523	内江	0.201	0.230	0.260	0.300
嘉兴	0.289	0.326	0.359	0.399	乐山	0.219	0.249	0.278	0.300
湖州	0.286	0.325	0.354	0.380	南充	0.225	0.255	0.287	0.314
舟山	0.278	0.312	0.340	0.369	宜宾	0.212	0.239	0.270	0.313
金华	0.291	0.329	0.373	0.403	广安	0.214	0.245	0.279	0.311
绍兴	0.295	0.333	0.382	0.406	达州	0.214	0.237	0.264	0.296
台州	0.275	0.323	0.358	0.394	资阳	0.202	0.247	0.270	0.298
宁波	0.347	0.401	0.436	0.465	眉山	0.205	0.245	0.315	0.309
合肥	0.301	0.344	0.388	0.432	雅安	0.213	0.236	0.269	0.305

续表

城市	2007 年	2011 年	2015 年	2019 年	城市	2007 年	2011 年	2015 年	2019 年
南昌	0.300	0.342	0.390	0.411	鄂州	0.227	0.255	0.280	0.311
景德镇	0.222	0.268	0.288	0.324	荆门	0.237	0.256	0.292	0.315
萍乡	0.227	0.260	0.288	0.312	孝感	0.229	0.248	0.286	0.313
九江	0.228	0.292	0.317	0.344	荆州	0.236	0.255	0.292	0.322
新余	0.240	0.295	0.309	0.325	黄冈	0.228	0.252	0.292	0.302
鹰潭	0.202	0.247	0.273	0.299	咸宁	0.208	0.237	0.266	0.307
宜春	0.229	0.264	0.305	0.335	长沙	0.325	0.377	0.426	0.452
上饶	0.236	0.274	0.302	0.329	株洲	0.241	0.299	0.326	0.357
吉安	0.225	0.270	0.306	0.339	湘潭	0.254	0.292	0.317	0.342
抚州	0.217	0.269	0.298	0.328	衡阳	0.227	0.278	0.316	0.336
武汉	0.363	0.430	0.494	0.539	岳阳	0.225	0.268	0.305	0.327
黄石	0.242	0.269	0.298	0.331	常德	0.227	0.267	0.299	0.337
宜昌	0.245	0.279	0.321	0.344	益阳	0.216	0.238	0.270	0.301
襄阳	0.246	0.270	0.313	0.340	娄底	0.218	0.247	0.277	0.313

表 6-3 中 92 个城市的城市韧性四子系统间的耦合协调度大部分处于 0.20～0.6，少于 0.2 的没有，而高于 0.6 的仅有 2019 年的深圳、北京和上海 3 市，广州在 2019 年达到 0.582，离 0.6 还差 0.018。横向看，绝大多数城市的耦合协调度都随时间推移而上升。

2019 年，京津冀城市群河北的城市韧性子系统间平均耦合协调度为 0.345；长三角城市群中江苏和浙江城市的平均耦合协调度分别为 0.421 和 0.417，安徽城市的平均耦合协调度为 0.351 左右；珠三角梯队明显，有 0.6 以上，也有 0.336 的；成渝城市群断层，重庆和成都超过 0.5，而其他城市多在 0.31 左右；长江中游城市群中武汉、长沙和南昌都超过 0.4，而其他城市多在 0.33 左右。为进一步分析城市群的情况，把各城市群城市的耦合协调度进行平均分析，其结果如图 6-5 所示。

城市群的城市韧性四个子系统间耦合协调度的结果显示，空间上，2007～2019 年，都是珠三角>长三角>京津冀>长江中游>成渝，且不存在交错的情况。时间趋势上，2007～2019 年，各城市群城市韧性子系统间的平均耦合协调度均呈平稳上升态势，且速率大致相等。

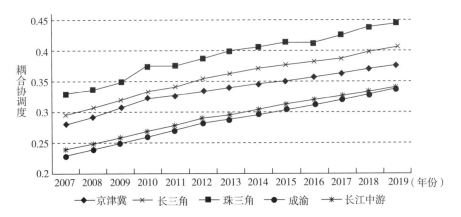

图6-5 2007～2019年五大城市群的城市韧性四子系统间耦合协调度趋势

6.2.2.2 四子系统耦合协调度分级情况

表6-3虽然给出了耦合协调度值，但不能直观地反映所在城市的耦合协调度等级，图6-6直观地呈现出各市的耦合协调度分级情况。2007～2019年，各城市的城市韧性子系统间耦合协调度取得了长足的进步，由2007年的一大片城市处于重度失调状态，到2015年一个重度失调城市都没有了。2007年，最好的等级是中度协调，且仅有上海和深圳2个城市；随后，2011年增加到上海、深圳、北京、天津、广州5个城市；2015年有9个城市处于中度协调，上海、深圳、北京3市迈入高度协调等级；2019年，部分城市又上了一个等级。

整体情况掌握后，需具体弄清92个城市的城市韧性子系统间耦合协调度分级情况，表6-4给出了2019年各层级及各城市群的具体城市名单分布情况。

从表6-4可以看出，处于第一梯队的高度协调区域有4个，分别是北京、上海、深圳和广州。处于第二梯队的中度协调区域有11个，分别是天津、杭州、南京、苏州、宁波、东莞、佛山、重庆、成都、武汉和长沙。处于第三梯队的基本协调区域有26个，其中，京津冀有3市，长三角最多，共有17市，珠三角有4市，成渝一个都没有，长江中游有2市。处于第四梯队的中度失调区域有51个，其中，京津冀有8市，长三角有4市，珠三角有1市，成渝有14市，长江中游最多，共24市。

从层级结构来看，与城市韧性水平的层级结构一样：京津冀是双核驱动模式、长三角是橄榄形结构、珠三角呈菱形层级、成渝是双核驱动+断层模式、长三角是典型的厚底金字塔结构。这从另一方面反映出城市韧性系统是一个复杂的

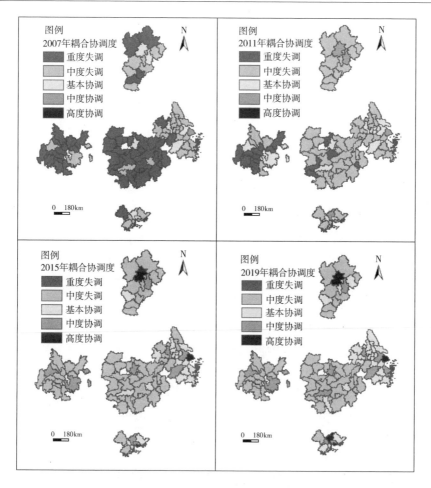

图 6-6　主要年份五大城市群 92 个城市的城市韧性四

子系统耦合协调度时空演变图

表 6-4　2019 年五大城市群城市韧性子系统间耦合协调度等级划分

分类	京津冀	长三角	珠三角	成渝	长江中游
高度协调	北京	上海	深圳、广州		
中度协调	天津	杭州、南京、苏州、宁波	东莞、佛山	重庆、成都	武汉、长沙
基本协调	石家庄、唐山、廊坊	无锡、合肥、常州、南通、绍兴、金华、嘉兴、台州、扬州、湖州、泰州、盐城、芜湖、舟山、镇江、滁州、马鞍山	珠海、中山、惠州、江门		南昌、株洲

续表

分类	京津冀	长三角	珠三角	成渝	长江中游
中度失调	保定、邢台、沧州、秦皇岛、邯郸、衡水、承德、张家口	宣城、铜陵、安庆、池州	肇庆	绵阳、泸州、德阳、南充、宜宾、广安、宜山、雅安、自贡、遂宁、内江、乐山、资阳、达州	九江、宜昌、湘潭、襄阳、常德、衡阳、吉安、宜春、黄石、上饶、抚州、岳阳、新余、景德镇、荆州、荆门、孝感、娄底、萍乡、鄂州、咸宁、黄冈、益阳、鹰潭

注：2019 年没有重度失调的城市。

巨系统，其子系统间互相影响、相互耦合、相互促进、相互约束。子系统间耦合协调发展好可以促进城市韧性发展，而城市韧性水平高又反过来带动子系统间耦合协调发展。

6.2.3 城市韧性广度与韧性深度耦合协调度分析

2007~2019 年五大城市群 92 个城市的城市韧性广度和韧性深度按耦合协调模型进行计算，得出 2007 年、2011 年、2015 年和 2019 年的结果，见附表 D1。

五大城市群 92 个城市的城市韧性广度与韧性深度耦合协调度时空演变呈现出良好的态势（见图 6-7），这与第 5 章城市韧性广度与韧性深度剪刀差分析结果一致。在 2007 年，各城市韧性广度与韧性深度的耦合协调度就只有中度协调和高度协调，2019 年，全部城市均处于高度协调等级。

这一结果表明，尽管中国城市化处于飞速发展时期，用短短几十年的时间就完成了发达国家用时 100 多年甚至更多时间的城市化历程，但是在面对城市的各种冲击与扰动下，中国城市韧性整体上是处于良性发展的，韧性广度与韧性深度相得益彰、相互促进，既有韧性广度让城市稳如泰山，也有中国智慧使城市具有旺盛的学习与创新能力，不断拓宽城市韧性深度，为城市安全保驾护航。

6.2.4 耦合协调度与城市韧性水平的关系

上述研究表明，四子系统间耦合协调度的层级结构与城市韧性水平具有一致性，那么，两者之间的关系到底如何，需要从定量的角度进行实证分析。而且城

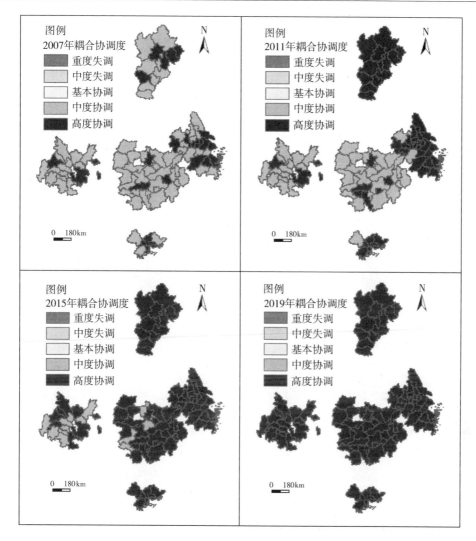

图6-7 主要年份五大城市群92个城市的城市韧性广度与韧性深度耦合协调度时空演变图

市韧性广度与韧性深度具有良好的耦合协调性,这一状况对城市韧性的促进作用有多大,也需要从定量的角度进行分析。

6.2.4.1 面板单位根检验

为消除不平稳性,分别对四子系统间耦合协调度、韧性广度与韧性深度耦合协调度、城市韧性水平取对数,对应变量名分别为LOHXT1、LOHXT2、LCSRX,面板单位根检验结果如表6-5所示。

表 6-5　LOHXT1、LOHXT2 与 LCSRX 的单位根检验结果

序列	检验方法	统计量	平稳性
LOHXT1	Levin, Lin & Chu t*	-17.7891***	平稳
	Im, Pesaran and Shin W-stat	-2.9917***	平稳
	ADF-Fisher Chi-square	258.524***	平稳
	PP-Fisher Chi-square	561.374***	平稳
LOHXT2	Levin, Lin & Chu t*	-15.9448***	平稳
	Im, Pesaran and Shin W-stat	-1.7515**	平稳
	ADF-Fisher Chi-square	222.6000**	平稳
	PP-Fisher Chi-square	475.131***	平稳
LCSRX	Levin, Lin & Chu t*	-16.5481***	平稳
	Im, Pesaran and Shin W-stat	-1.77553**	平稳
	ADF-Fisher Chi-square	229.953**	平稳
	PP-Fisher Chi-square	441.614***	平稳

注：***、**、*分别表示相应统计量在1%、5%、10%的水平下显著。下同。

　　由此可得，LOHXT1、LOHXT2、LCSRX 都是零阶单整序列，可能存在协整关系。

6.2.4.2　面板协整检验

　　对变量 LOHXT1、LOHXT2 和 LCSRX 进行面板协整检验，考察变量之间是否存在长期均衡的协整关系。分别采用 Pedroni 和 Kao 残差检验，结果如表 6-6 所示。

表 6-6　面板协整检验结果

检验方法	统计量	
Pedroni 残差协整检验	Panel v-Statistic	3.3292***
	Panel rho-Statistic	-0.5411
	Panel PP-Statistic	-8.7179***
	Panel ADF-Statistic	-2.9746***
	Group rho-Statistic	3.0435
	Group PP-Statistic	-17.1063***
	Group ADF-Statistic	-6.1442***
Kao 残差协整检验	ADF	-17.5462***

从面板协整检验结果看，除了 Panel rho-Statistic 和 Group rho-Statistic 检验结果不显著外，其他均在 1% 的显著性水平下显著，本书面板数据中 N = 92，T = 13，样本中时期较短，用 Pedroni 残差协整检验中的 Panel ADF-Statistic、Group ADF-Statistic 方法效果最好。故而综合 Pedroni 及 Kao 残差协整检验，认为变量之间存在协整关系。

6.2.4.3 格兰杰因果关系检验

对变量 LOHXT1、LOHXT2 和 LCSRX 进行格兰杰因果关系检验，结果如表 6-7 所示。

表 6-7　**LOHXT1、LOHXT2 和 LCSRX 的格兰杰因果关系检验**

原假设	F 统计量
LOHXT1 不是 LCSRX 的格兰杰原因	4.76842***
LCSRX 不是 LOHXT1 的格兰杰原因	0.79886
LOHXT2 不是 LCSRX 的格兰杰原因	4.74367***
LCSRX 不是 LOHXT2 的格兰杰原因	1.65352
LOHXT2 不是 LOHXT1 的格兰杰原因	1.12112
LOHXT1 不是 LOHXT2 的格兰杰原因	0.99034

注：考虑到系统性的影响前期效应不易显现，故选取滞后 5 期进行检验。

从格兰杰因果检验结果来看，LOHXT1 是 LCSRX 的格兰杰原因，LOHXT2 是 LCSRX 的格兰杰原因，即城市韧性四子系统以及韧性广度与韧性深度的耦合协调均是城市韧性水平发展的格兰杰原因。

6.2.4.4 VEC 模型

变量 LOHXT1、LOHXT2 和 LCSRX 是同阶单整，且具有协整关系，故采用带修正项的向量自回归 VAR（Vector Auto Regression）模型，即 VEC（Vector Error Correction）进行实证。

VAR 模型于 1980 年由克里斯托弗·西姆斯（Christopher Sims）提出，用来估计联合内生变量的动态关系，不带有任何事先约束条件。VAR 模型把系统中每一个内生变量作为系统中所有内生变量的滞后值的函数来构造模型。VEC 模型在 VAR 模型的基础上，增加一个修正项，反映短期内系统受到冲击后修正的情况，同时其脉冲响应函数可以反映系统中当某一扰动发生时，系统随后的变动在多大程度上受到该扰动的影响。

VEC 模型估计结果如下：

$$\Delta LCSRX = -0.028 \times cointEq1 - 0.392 \times \Delta LCSRX(-1) + 0.035 \times \Delta LCSRX(-2)$$
$$-0.167 \times \Delta LOHXT1(-1) + 0.352 \times \Delta LOHXT1(-2)$$
$$+1.479 \times \Delta LOHXT2(-1) - 0.079 \times \Delta LOHXT2(-2) + 0.052 + e_1$$

$$\Delta LOHXT1 = -0.051 \times cointEq1 + 0.040 \times \Delta LCSRX(-1) + 0.121 \times \Delta LCSRX(-2)$$
$$-0.117 \times \Delta LOHXT1(-1) + 0.158 \times \Delta LOHXT1(-2)$$
$$-0.090 \times \Delta LOHXT2(-1) - 0.527 \times \Delta LOHXT2(-2) + 0.024 + e_2 \qquad (6-9)$$

$$\Delta LOHXT2 = -0.005 \times cointEq1 - 0.003 \times \Delta LCSRX(-1) + 0.058 \times \Delta LCSRX(-2)$$
$$+0.013 \times \Delta LOHXT1(-1) + 0.121 \times \Delta LOHXT1(-2)$$
$$-0.099 \times \Delta LOHXT2(-1) - 0.275 \times \Delta LOHXT2(-2) + 0.013 + e_3$$

其中 cointEq1 是协整方程，为：

$$LCSRX(-1) = 1.617 \times LOHXT1(-1) - 6.202 \times LOHXT2(-1) + 0.613 + e \qquad (6-10)$$

VEC 模型的 AR 根都在单位圆内（见图6-8），表示模型是显著的。

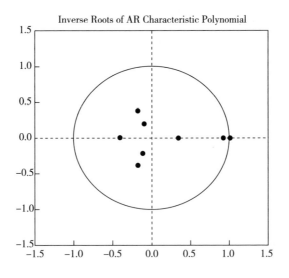

图6-8 AR 特征多项式根的倒数

变量 LOHXT1、LOHXT2 和 LCSRX 的脉冲响应如图6-9所示。图6-9的上中图表示对 LOHXT1 进行一个冲击时，LCSRX 的响应。图中显示 LOHXT1 的冲击会促进 LCSRX 增加，影响从第2期到第3期逐渐增强，3期后较稳定了，保持在 0.06 左右。这说明城市韧性四个子系统间的耦合协调度对城市韧性水平具有一定的促进作用，这与前文理论分析相符。图 6-9 的上右图表示对 LOHXT2 进行一个冲击时，LCSRX 的响应。图中显示 LOHXT2 的冲击会促进 LCSRX 增加，影响在第 2 期达到最大后开始稳定，保持在 0.003 上下。

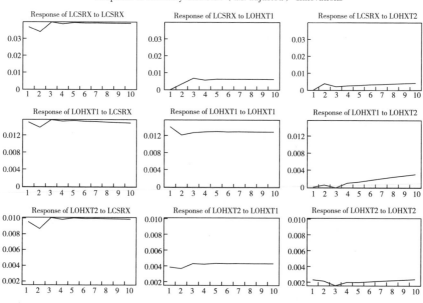

图 6-9　脉冲响应图

图 6-9 的中左图表示对 LCSRX 进行一个冲击时，LOHXT1 的响应。图中显示 LCSRX 的冲击对 LOHXT1 有较强正效应，维持在 0.015 左右。图 6-9 的中右图表示对 LOHXT2 进行一个冲击时，LOHXT1 的响应。图中前面几期 LOHXT2 的冲击几乎对 LOHXT1 不产生影响，就在 0 左右，在第 4 期后逐渐形成微弱影响，但也小于 0.004。

图 6-9 的下左图表示对 LCSRX 进行一个冲击时，LOHXT2 的响应。图中显示 LCSRX 的冲击对 LOHXT2 有促进作用，约为 0.01。图 6-9 的下中图表示对 LOHXT1 进行一个冲击时，LOHXT2 的响应。图中显示 LOHXT1 的冲击对 LO-HXT2 影响较平稳，都在 0.004 上下浮动。其中稍大点的是 LCSRX；左下图显示 LOHXT2 的情况与 LOHXT1 类似。

本书进一步对 LOHXT1、LOHXT2 和 LCSRX 进行方差分解（见表6-8）。变量 LOHXT1 的方差分解中，LCSRX 的贡献率较高，均超过 50%，而 LOHXT2 的贡献率很小，小于 1%，再次证明 LOHXT2 不是 LOHXT1 的格兰杰原因。LO-HXT2 与 LOHXT1 情况类似，也是 LCSRX 的贡献率高，达到 80% 以上，但 LO-HXT1 具有一定的贡献率，达到 14% 左右。变量 LCSRX 方差分解中，自身的影响很大，滞后一期的方差贡献率达到了 100%，致使 LOHXT1 和 LOHXT2 对 LCSRX 的方差贡献率较低，LOHXT1 在第 10 期时最大，也仅为 2.088%，LOHXT2 的贡献率都低于 1%，若摒弃 LCSRX 自身的影响，其实 LOHXT1 和 LOHXT2 的影响较大，且贡献率在逐渐增加，这表明，LOHXT1 和 LOHXT2 对 LCSRX 起到一定的促进作用。

表 6-8　LOHXT1、LOHXT2 和 LCSRX 方差分解表　　　　单位:%

LCSRX 方差分解			LOHXT1 方差分解			LOHXT2 方差分解		
期数	LOHXT1 贡献率	LOHXT2 贡献率	期数	LCSRX 贡献率	LOHXT2 贡献率	期数	LCSRX 贡献率	LOHXT1 贡献率
1	0.000	0.000	1	53.37	0.000	1	81.928	13.301
2	0.449	0.572	2	54.679	0.036	2	81.359	13.788
3	1.361	0.450	3	56.580	0.025	3	81.971	14.241
4	1.559	0.443	4	57.028	0.077	4	81.880	14.455
5	1.748	0.452	5	57.304	0.136	5	81.822	14.619
6	1.864	0.487	6	57.417	0.219	6	81.746	14.706
7	1.947	0.524	7	57.424	0.331	7	81.649	14.773
8	2.006	0.570	8	57.363	0.464	8	81.541	14.822
9	2.052	0.619	9	57.263	0.613	9	81.432	14.858
10	2.088	0.671	10	57.130	0.779	10	81.320	14.885

综合格兰杰因果检验及 VEC 模型、脉冲响应与方差分解，表明城市韧性子系统间、城市韧性广度与韧性深度间的耦合协调发展会对城市韧性水平产生深远的影响。

6.2.5　耦合协调度的分布动态及极化现象

核密度估计将研究对象的空间分布视为概率分布，以揭示目标对象的分布形态特征随时间演化的趋势。故而本书选取核密度估计对城市韧性子系统间的耦合协调度在 2007~2019 年的分布动态与极化现象进行分析。

6.2.5.1 核密度估计模型

本书核密度估计选取 Gaussian 核函数，其计算公式如下：

$$f(x_t) = \frac{1}{nh} \sum_{i=1}^{n} K\left(\frac{x_{it} - \bar{x_t}}{h}\right) \tag{6-11}$$

式中，$f(x_t)$ 是第 t 年随机变量 x 的密度函数，n 为区域数，h 为带宽，$K(\cdot)$ 为核密度函数。

6.2.5.2 耦合协调度的 Kernel 密度估计

2007~2019 年，五大城市群 92 个城市的城市韧性子系统间的耦合协调度发展演变如图 6-10 所示。各城市的空间演化趋势呈现出较高相似性，密度函数中心随时间推移持续向右移动，说明五大城市群城市韧性子系统间的耦合协调度整体呈上升趋势。同时 2011 年、2015 年与 2019 年的波峰峰值比 2007 年小，这 3 年的峰值较接近，且波峰宽度分布逐渐减小，表明五大城市群 92 个城市的城市韧性子系统间的耦合协调度水平的差距逐渐减小，这与国家区域协调发展的步调一致。2007 年、2011 年、2015 年和 2019 年各年除了主峰外，在右尾处都存在一个小的波峰，且主峰偏左及存在较长的右拖尾现象，意味着耦合协调度发展水平极化现象还是较严重，虽然区域间差距在逐渐减少，但受前期巨大差异的影响，目前城市间耦合协调发展不平稳现象还是较突出。

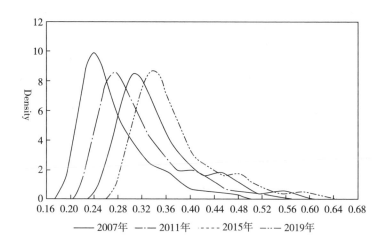

图 6-10　五大城市群 92 个城市的城市韧性子系统间耦合协调度核密度图

分别从五个城市群的核密度图来看，如图 6-11 所示，京津冀、成渝和长江中游城市群除了主峰外，还在右尾处存在多个小峰，表明这 3 个城市群内部的差异巨大，城市群内城市发展不均衡，尤其是成渝城市群表现得尤为突出，右尾的间断再次表明了其城市群内的极化现象严重。长三角城市群也呈现"一主一小"的波峰格局，但右尾明显比前 3 个城市群要短，说明虽然存在极化现象，但处于底端的城市相对少。珠三角城市群趋势走势较好，主峰稍偏左，右尾几乎不存在拖尾现象，表明随着时间的推移，城市间的耦合协调差距在逐渐缩小，2019 年在右边中间有个明显的小峰出现，说明耦合协调度在中间段的城市开始增多。

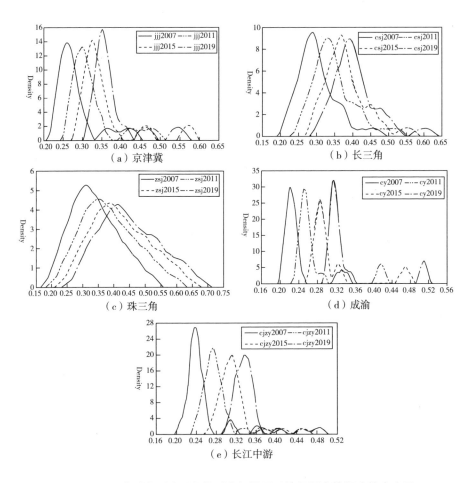

图 6-11　五大城市群主要年份城市韧性子系统间耦合协调度核密度图

6.3 本章小结

本章从系统的关联方面对城市韧性系统作进一步深入的剖析,首先从空间网络角度分析了城市韧性的网络关联情况,然后利用耦合协调模型对城市韧性四个子系统间的耦合协调度以及城市韧性广度与韧性深度的耦合协调度进行分析。具体得出如下结论:

第一,城市韧性网络关联紧密,关联形式与城市群分类一致。从 2007 年到 2019 年城市韧性的网络关联度上升非常迅速,明显呈现出局部关联的特征,且网络关联形式与现有城市群分类一致。除成渝城市群外,其他四个城市群间韧性关联非常紧密。

第二,四个子系统间的耦合协调度随时间推移不断提高,其分级模式与城市韧性水平大体一致,呈现出珠三角>长三角>京津冀>长江中游>成渝的空间格局,北上广深的耦合协调度处于领先地位,接着是重庆、天津和各省的省会城市,以及苏州、宁波、东莞和佛山,其余城市的耦合协调度处于基本协调及中度失调阶段。

第三,城市韧性广度与韧性深度耦合协调度高。城市韧性广度与韧性深度相得益彰、互相促进,既有韧性广度让城市稳如泰山,也有中国智慧使城市具有旺盛的学习与创新能力,不断拓宽城市韧性深度,为城市安全保驾护航。

第四,城市韧性子系统间耦合协调度、城市韧性广度与韧性深度的耦合协调发展会对城市韧性水平产生一定的影响,其中城市韧性子系统间耦合协调度影响更大。

第五,各市在城市韧性子系统间的耦合协调发展不均衡,各城市群间存在差距,城市群内部各城市间也存在差距,尤其是成渝城市群内重庆和成都与其他城市间发展的差异巨大,且极化现象严重。

7 五大城市群城市韧性障碍因子诊断与影响因素分析

城市韧性综合评价既在于对城市韧性水平进行评判，更在于厘清影响韧性水平的障碍因子与影响因素，以便有针对性地对城市规划和相关政策进行调整，因此需要进一步对城市韧性进行病理诊断，以及对影响因素进行分析。

7.1 城市韧性障碍因子诊断

7.1.1 障碍度模型

具体方法是引入因子贡献度 F_j（单因素对总目标的权重）、指标偏离度 I_j（单因素指标与城市韧性目标之间的差距，即单项指标因素评估值与100%之差）和障碍度（O_j，U_j）（分别表示单项指标和分类指标对城市韧性的影响程度）3个指标进行分析诊断。

具体计算公式：$F_j = R_i \cdot W_j$，$I_j = 1 - X_j$，式中 R_i 为城市韧性水平，X_j 为指标层指标的标准化值，该处标准化值采用功效标准化法而得，第 j 个指标对城市韧性的障碍度为：

$$O_j = \frac{I_j \cdot F_j}{\sum\limits_{j=1}^{45} I_j \cdot F_j} \tag{7-1}$$

在分析各单项评价因素限制程度基础上，进一步研究各控制层指标对城市韧性的障碍度，公式为：

$$U_i = \sum O_{ij} \qquad (7\text{-}2)$$

式中，O_{ij} 是各指标层指标的障碍度。

7.1.2 指标层障碍因子诊断

由于指标层指标较多，按照障碍度的大小，图 7-1 只列出障碍度排序前 7 位的因子。结果显示，排序前 7 位的障碍因子主要反映城市经济韧性、基础设施韧性和社会韧性方面。出口总额和实际利用外资额均属于经济韧性中经济多样性发展，经济密度和社会消费品零售总额反映的是经济韧性中的经济实力，专利授权数则是表明经济韧性中的成长能力；本年城市市政公用设施建设固定资产投资完成额反映基础设施韧性的基础升级方面；每百人公共图书馆藏量反映社会韧性的社会潜力方面。其中最大障碍因子是出口总额，且随着时间的推移，障碍度不断下降，由 2007 年的 12.87% 下降到 2019 年的 12.07%。本年城市市政公用设施建设固定资产投资完成额在 2007 年障碍度排在第 4 位，在 2007~2019 年先是小幅上升再慢慢回落，后又缓慢波动上升，到 2019 年已经排到第 2 位，障碍度达 9.55%。处于第 3 位的是专利授权数，其障碍度在 2007~2019 年较稳定，最高的是 2007 年的 9.45%，最低的是 2009 年的 9.01%。处于第 4 位和第 5 位的是经济密度和实际利用外资额，2007~2011 年，经济密度的障碍度稍高于实际利用外资额，之后两个因子的障碍度不相上下，都在 8.25% 左右。排在第 6 位和第 7 位的是社会消费品零售总额及每百人公共图书馆藏量，前者障碍度较平稳，2007~2019 年均在 5.8% 上下浮动，后者在 2007~2012 年缓慢下滑，从 2007 年的 5.70% 下降到 2012 年的 4.66%，2013 年后逐渐平稳，均在 5.3% 左右。

从前 7 位障碍因子来看，经济韧性是阻碍城市韧性发展的一大关键，暴露出 92 个城市的经济发展均衡程度，各城市群内部的发展不平衡现象严重，如京津冀的冀，经济发展落后于全国平均水平，成渝和长江中游城市群只有重庆和各省会城市，即成都、南昌、武汉和长沙经济发展强，且各城市群经济断层现象严重。经济作为城市韧性的基石，区域发展的不平衡严重制约着城市的韧性，因此应着力解决以提升城市韧性，并借着国家"十四五"规划和 2035 年远景目标中提出"更加积极有为促进共同富裕"的东风，缩小经济发展差距，提升城市韧性。

进一步对 2007~2019 年各城市群的城市韧性进行障碍度分析，五大城市群排名前 7 位的障碍度因子基本相同，只是因子障碍度位序稍有差别，出口总额都是排在第 1 位，专利授权数、经济密度、本年城市市政公用设施建设固定资产投

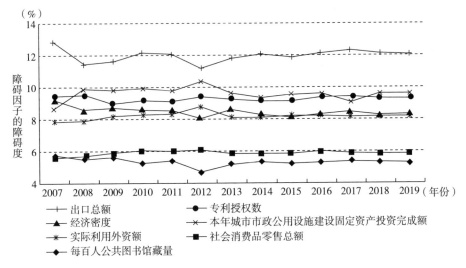

图 7-1　2007~2019 年城市韧性前 7 位障碍因子障碍度趋势

资完成额和实际利用外资额排在第 2~5 位，社会消费品零售总额和每百人公共图书馆藏量排在第 6~7 位。

7.1.3　子系统障碍因子诊断

按式（7-2）计算四个子系统 2007~2019 年的障碍度，如表 7-1 所示。

表 7-1　城市韧性四个子系统的障碍度　　　　　　　　单位：%

年份	生态韧性障碍度	社会韧性障碍度	经济韧性障碍度	基础设施韧性障碍度
2007	1.12	27.75	52.57	18.56
2008	1.19	28.16	51.20	19.45
2009	0.99	28.85	50.87	19.29
2010	0.83	27.85	51.88	19.43
2011	0.84	28.01	51.69	19.46
2012	0.87	27.50	51.60	20.04
2013	0.81	28.61	51.47	19.10
2014	0.97	28.47	51.71	18.85
2015	0.87	28.44	51.49	19.20
2016	0.73	27.78	52.01	19.48
2017	0.81	28.38	52.11	18.69
2018	0.93	28.04	51.75	19.28
2019	0.90	28.12	51.76	19.22

表 7-1 显示各韧性子系统的障碍度趋势都较平稳，障碍度上升和下降的幅度都不多，趋势较平缓。2007 年和 2019 年，生态韧性和经济韧性的障碍度有所下降，分别下降了 0.22 个百分点和 0.81 个百分点；社会韧性和基础设施韧性障碍度有所上涨，分别上升了 0.37 个百分点和 0.66 个百分点，如图 7-2 所示。生态韧性障碍度和经济韧性障碍度的下降与国家大力提倡生态建设、降低碳排放以及高质量发展的方针政策一致。而社会韧性障碍度和基础设施韧性障碍度上升的主要原因在于城市人口聚集速度太快，社会相关的教育、医疗及基础设施存在一定的滞后性。

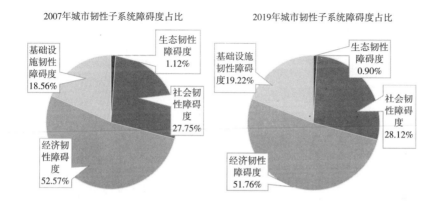

图 7-2　2007 年和 2019 年城市韧性各子系统障碍度占比

7.1.3.1　生态韧性子系统的障碍因子分析

生态韧性子系统分为生态压力、生态状态和生态响应三方面，其障碍度占比如图 7-3（a）所示。其中前两者表征生态韧性子系统的稳定能力，即韧性广度，其障碍度占比 78.28%，第三者表征生态韧性子系统的适应能力，即韧性深度，其障碍度占比 21.72%。

生态压力的障碍度占比为 12.78%，其指标层的指标障碍度均不高，都小于 0.1%，其中障碍度最高的是城市近源地震等效等级指标，其障碍度为 0.095%。

生态状态是生态韧性的最大障碍，其障碍度占比高达 65.50%，其中最大的障碍因子是人均公园绿地面积，障碍度为 0.37%，其次是 PM2.5 平均浓度，障碍度为 0.14%，建成区绿化覆盖率排名第三，障碍度为 0.08%。

生态响应的障碍度占比为 21.72%，其中障碍度最高的是一般工业固体废物综合利用率指标，其障碍度为 0.13%，其他 2 个指标障碍度均不高，都小于 0.1%。

7.1.3.2　社会韧性子系统的障碍因子分析

社会韧性子系统分为社会状态、社会保障和社会潜力三方面，其障碍度占比如图7-3（b）所示。其中前两者表征社会韧性子系统的稳定能力，即韧性广度，其障碍度占比44.76%，第三者表征社会韧性子系统的适应能力，即韧性深度，其障碍度占比55.24%。

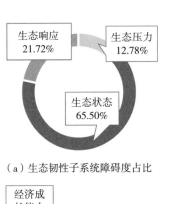

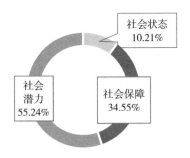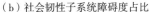

（a）生态韧性子系统障碍度占比　　　　　（b）社会韧性子系统障碍度占比

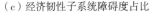

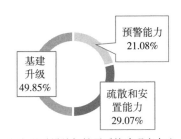

（c）经济韧性子系统障碍度占比　　　（d）基础设施韧性子系统障碍度占比

图7-3　城市韧性各子系统的障碍因子障碍度占比

社会状态的障碍度占比为10.21%，其中障碍度最高的是人口密度指标，障碍度为2.15%，在整个指标层排名第15。另外两个指标，城镇化率和城市居民家庭恩格尔系数的障碍度均不高，分别为0.53%和0.21%。

社会保障是社会韧性的第二大障碍，其障碍度占比达34.55%，其中障碍度排名前3的分别是公共管理和社会组织从业人员数、社会保险覆盖率及每千人拥有的医师数指标，其障碍度分别为3.23%、1.71%、1.62%。接着是人均粮食产量和每千人拥有医疗机构床位数指标，障碍度分别为1.26%、1.12%。社会保障支出占财政支出比重与医疗卫生支出占财政支出比重的障碍度较低，分别为0.44%、0.33%。

社会潜力是社会韧性的最大障碍，其障碍度占比为55.24%，其指标的障碍度均较高，都超过了1%，按障碍度大小排名分别是每百人公共图书馆藏量、每万人在校大学生数、人均一般公共预算收入、人均储蓄余额和城镇居民人均可支配收入指标，其障碍度分别为5.31%、3.33%、3.23%、2.20%和1.48%。

7.1.3.3 经济韧性子系统的障碍因子分析

经济韧性子系统分为经济实力、经济多样性和成长能力三方面，其障碍度占比如图7-3（c）所示。其中前两者表征经济韧性子系统的稳定能力，即韧性广度，其障碍度占比79.73%，第三者表征经济韧性子系统的适应能力，即韧性深度，其障碍度占比20.27%。

经济实力是经济韧性的第二大障碍，其障碍度占比达39.02%，其指标层的指标障碍度均较高，其中障碍度最高的是经济密度指标，障碍度为8.46%，在整个指标层排名第4位。另外3个指标，社会消费品零售总额、固定资产投资总额和人均GDP指标的障碍度均较高，分别为5.87%、3.90%和1.94%，在整个指标层排名分别为第6位、第9位、第16位。

经济多样性是经济韧性的最大障碍，其障碍度占比达40.71%，障碍因子出口总额和实际利用外资障碍度都非常高，分别为11.98%和8.19%，在整个指标层分别排名第1位和第5位。第三产业占GDP比重是经济多样性的第3障碍因子，障碍度为0.88%。

经济成长能力的障碍度占比为20.27%，其中障碍度最高的是专利授权数，其障碍度为9.27%，在整个指标层排名第3。剩下指标障碍度均小于1%。

7.1.3.4 基础设施韧性子系统的障碍因子分析

基础设施韧性子系统分为预警能力、疏散和安置能力、基建升级三方面，其障碍度占比如图7-3（d）所示。其中前两者表征基础设施韧性子系统的稳定能力，即韧性广度，其障碍度占比50.15%，第三者表征基础设施韧性子系统的适应能力，即韧性深度，其障碍度占比49.85%。

预警能力是基础设施韧性的第三大障碍，其障碍度占比21.08%，其中障碍度最高的是年末移动电话用户数，障碍度为4.02%，在整个指标层排名第8位。另外2个指标障碍度均很低，均小于0.02%。

疏散和安置能力是基础设施韧性的第二大障碍，其障碍度占比29.07%，其中障碍度最高的是每万人拥有公共汽车数，障碍度为3.04%，在整个指标层排名第13位。建成区供水管道密度的障碍度为1.09%，其余指标的障碍度较低，都小于1%。

基建升级是基础设施韧性的最大障碍，其障碍度占比49.85%，其中本年城市市政公用设施建设固定资产投资完成额的障碍度为 9.59%，在整个指标层排名第 2 位。

把上述各韧性子系统的韧性广度与韧性深度障碍度综合起来，则城市韧性系统的韧性广度和韧性深度的障碍度占比分别为 63.23% 和 36.77%。

依照上述对指标层、领域层和准则层的障碍度分析，总结城市韧性主要的障碍因子及各自障碍度如图 7-4 所示。

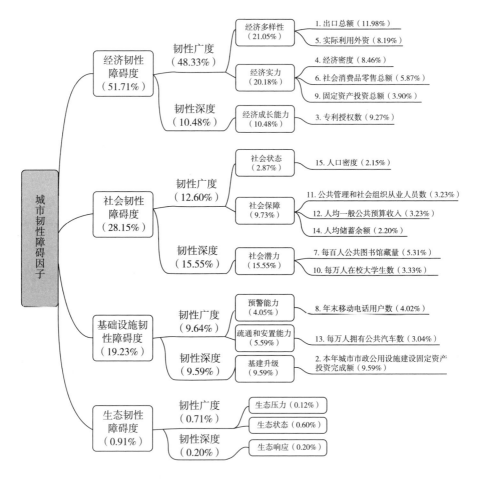

图 7-4 城市韧性主要障碍因子及障碍度

图 7-4 中准则层和领域层均按障碍度大小从上往下排，括号内为障碍度。由于领域层排序后，指标层障碍因子不好按序排，故在指标前注明其在 45 个指标中的排序。如 "1. 出口总额（11.98%）" 表示出口总额的障碍度为 11.98%，

在整个障碍因子中排名第 1。由于指标众多，障碍因子分析主要是找到排名靠前的因子，故而列出的障碍因子仅为障碍度排名前 15 位的指标。

7.2 城市韧性影响因素分析

7.2.1 影响因素选取

通过分析相关性，再结合前述研究选取影响因素。

对城市韧性综合评价指标数据进行 Pearson 相关分析。Pearson 相关系数 ρ 主要衡量两组变量间线性关系的强弱，在 -1.0 到 1.0 之间取值，当 ρ 值接近 0 时两组变量间无相关关系，当 ρ 值接近 1 或者 -1 时两组变量具有强相关性。

$$\rho = \frac{N\sum x_i y_i - \sum x_i \sum y_i}{\sqrt{N\sum x_i^2 - (\sum x_i)^2}\sqrt{N\sum y_i^2 - (\sum y_i)^2}} \quad (i=1,\ 2,\ \cdots,\ n) \quad (7-3)$$

与城市韧性相关性排名前 5 位的指标如表 7-2 所示。

表 7-2　指标相关性结果

指标	相关系数
社会消费品零售总额	0.925
年末移动电话用户数	0.918
专利授权数	0.901
人均一般公共预算收入	0.895
实际利用外资	0.850

综合相关系数及障碍度因子的分析，基于变量选取的可操作性、科学性及导向性原则，从开放性、消费、通信、创新及财政五个方面在评价体系外甄选出与城市韧性高度相关的影响因素，即对外依存度（以出口总额占 GDP 比重表征）、城镇人均消费支出、国际互联网用户数、科学技术支出占财政支出比重和财政支出占 GDP 比重等，这些影响因素分别表征经济外向性、经济活力、城市集聚能力、技术创新和财政支持等。第 6 章分析表明，城市韧性子系统间的耦合协调度、城市韧性广度与韧性深度间的耦合协调度对城市韧性水平具有一定的影响，城市韧性方差分解结果显示城市韧性子系统间的耦合协调度对城市韧性水平影响

更大，故在影响因素中再加入城市韧性子系统间的耦合协调度。第 5 章分析表明，城市韧性具有较强的空间相关性，故选用空间计量模型进行实证分析。

7.2.2 空间计量模型

空间杜宾模型（Spatial Durbin Model，SDM）把因变量和自变量的空间滞后因素对因变量的影响都考虑进去，并兼顾空间滞后模型（Spatial Lag Model，SLM）和空间误差模型（Spatial Error Model，SEM）两者。参考 Lesage 和 Pace（2010）提出的空间面板杜宾模型：

$$Y_{nt} = \lambda W_n Y_{nt} + X_{nt}\beta + W_n X_{nt}\theta + c_n + \alpha_t \iota_n + U_{nt} \tag{7-4}$$

式中，$n = 1, 2, \cdots, N$；$t = 1, 2, \cdots, T$；$Y_{nt} = (y_{1t}, y_{2t}, \cdots, y_{nt})'$ 和 $U_{nt} = (u_{1t}, u_{2t}, \cdots, u_{nt})'$ 是 $n \times 1$ 列向量，Y_{nt} 为因变量，指截面地区 n 在时间 t 上的城市韧性水平；U_{nt} 是独立同分布的误差项，服从 $(0, \sigma^2)$ 的正态分布；W_n 为 $N \times N$ 的非负空间权重矩阵，表示邻域之间的空间联系；$W_n Y_{nt}$ 表示相邻区域上因变量的交互效应；λ 是内生交互效应的响应参数；X_{nt} 为自变量的 $1 \times K$ 维向量，本书中包括如下关键变量：对外依存度（dwyc）、城镇人均消费支出（rjxf）、国际互联网用户数（hlwyh）、科学技术支出占财政支出比重（kjzbcz）、财政支出占GDP 比重（czzczb）、子系统间耦合协调度（OHXT1）6 个细化指标；β 是未知参数的 $k \times 1$ 向量；θ 为自变量滞后变量的空间影响系数；c_n 和 α_t 分别为地区效应和时间效应；ι_n 为指标都是 1 的 $n \times 1$ 维向量。

其中空间权重矩阵考虑地理邻接和经济相似性两个方面：

（1）地理邻接权重矩阵（W_{ij}^R）。若两个地区 i 和 j 拥有共同的地理边界，视为相邻，赋权为 1，即 $W_{ij}^R = 1$；若不相邻，赋权为 0，即 $W_{ij}^R = 0$。地理上浙江省的舟山市与其他市没有共同边界，本书在地理邻接权重矩阵中设定舟山与宁波相邻。

（2）经济权重矩阵（W_{ij}^E）。即两个地区经济发展水平差距越小，赋权越大；否则，赋权越小。借鉴相关研究（林光平和尤志和，2006），采用两个城市经济发展水平差距的倒数作为空间权重矩阵，定义为：$W_{ij}^E = \dfrac{1}{|\bar{Y}_i - \bar{Y}_j|}$，$i \neq j$；当 $i = j$ 时，$W_{ij}^E = 0$。其中 Y_i、Y_j 分别为地区 i 和 j 在研究时段人均 GDP（以 2007 年为基期平减）的均值。

7.2.3 实证结果与分析

空间模型分三步得出实证结果：

第一步,由 LM 检验是否具有地区和时间效应:发现两种权重矩阵下各模型的 LM 检验对应概率 p 值均为 0.000,即各模型均采用空间和时间双效应模型。

第二步,由 Hausman 统计量判断选择固定效应还是随机效应模型:若 Hausman 统计量对应的概率 p 值小于显著性水平时,拒绝模型为随机效应的原假设,从而采用固定效应模型,反之,则采用随机效应模型。本书中 Hausman 统计量对应的概率 p 值为 0.000,即采用固定效应模型。

第三步,空间模型的估计与检验:采用极大似然法对空间杜宾模型进行估计,由 Wald 统计量检验模型是否可以简化为空间滞后模型 SLM 或者空间误差模型 SEM,若 Wald spatial lag 统计量对应 p 值小于显著性水平时不能简化为 SLM;若 Wald spatial error 统计量对应 p 值小于显著性水平时不能简化为 SEM;若两者对应的 p 值均小于显著性水平时,选择空间杜宾 SDM 模型;若两者对应的 p 值均大于显著性水平时,采用稳健 Robust-LM 检验判断是用 SLM 还是 SEM 模型。本书中 Wald spatial lag 和 Wald spatial error 统计量对应的概率 p 值均为 0.000,即选择空间杜宾模型。

根据上述三个步骤,求出城市韧性水平影响因素的空间效应估计结果,如表 7-3 所示。

表 7-3 空间杜宾模型估计的空间效应结果

变量	地理邻接权重矩阵			经济权重矩阵		
	直接效应	间接效应	总效应	直接效应	间接效应	总效应
dwyc	-0.0415***	-0.0654***	-0.1069***	-0.0454***	-0.0865***	-0.1319***
rjxf	0.0305***	-0.0091***	0.0215***	0.0187***	0.0405***	0.0593***
hlwyh	-0.0001	0.0002	0.0001	-0.0001	-0.0021**	-0.0022**
kjzbcz	-0.0001	-0.0008	-0.001	-0.0007**	0.001	0.0003
czzczb	0	0.0006**	0.0006**	0.0004	0.0004	0.0008*
*OHXT*1	1.3279***	-0.0885	1.2412***	1.2508***	-0.1728**	1.0779***
rho	0.0918***			0.1442***		
R²	0.9872			0.9873		
Sigma^2	0.0001***			0.0001***		
Hausman	FE			FE		
模型	时空双固定			时空双固定		

注: ***、**、* 分别对应显著性水平为 1%、5%、10% 的显著性。

估计结果显示：

第一，经济外向性对城市韧性本地效应为负，同时对经济相近城市间的经济活力产生虹吸效应，在地理邻接权重和经济权重下，直接效应、间接效应和总效应均为负。提高对外依存度能增加产业价值链，但更易受外界潜在风险的影响，当外界扰动加大，如国外出现类似金融危机等时，城市经济也会受到相应牵连，对城市韧性造成冲击。加大对外开放力度使得地理邻近城市间外贸水平差异增大，对周边或经济相近城市的虹吸效应大进而降低了城市韧性。

第二，城镇人均消费支出对城市韧性仅在邻接权重下间接效应为负，其他均为正。城镇人均消费支出增加可以提升市场活力，促进产品和服务的供给，从而创造更多的就业机会，进而提高居民可支配收入，是国内、国际"双循环"良性发展的关键一环，这不仅会提升本地城市的社会和经济韧性，还能促进经济相近城市的韧性发展。

第三，城市集聚能力中国际互联网用户数在经济权重下对城市韧性的间接效应和总效应为负，本地效应不显著，对经济相近城市的韧性有一定的抑制作用。国际互联网用户数在某些方面反映出人口聚集情况，中国的通信基建较成熟，城市通信设施都能满足用户对国际互联网的需求，那么国际互联网用户数的差异主要来自于城市常住人口，且人口多可以带来市场的潜力提升，有益于本地资源要素集聚提升韧性，同时辐射至周边城市，但这会使城市环境容量"透支"，韧性城市的虹吸效应使人口向发达城市迁移，削弱周边劳动力要素，故在地理权重矩阵下，本地效应和间接效应均不显著。

第四，技术创新在经济权重下对城市韧性的本地效应为负，其他效应不显著。创新能促进产业结构优化从而增强经济活力提升韧性，技术的发展不可避免会产生新的生态问题，致使其对城市韧性的本地效应反为负。同时，一般本市对技术的重视会加大对人才和创新企业的关注，从而吸引邻市人才和企业过来，但科学技术的研发会被其他城市效仿，综合起来技术创新对城市韧性的效应反而不显著。

第五，扩大财政支出在经济权重下对城市韧性本地效应为正，但溢出效应不显著，总体对城市韧性起促进作用。财政支出过多，易造成财政赤字，政府为缩减财政赤字对住宅、商业用地采取招、拍、挂措施，为获得非税收入而造成建设用地扩张，带来的生态失衡产生外部性无益于城市韧性。但财政支出增加易与相邻地区的联系加强，从而产生正的溢出效应。

第六，提升耦合协调度对城市韧性本地效应为正，对邻近城市溢出效应不显著，但对相邻区域的间接效应为负。耦合协调度是城市生态、社会、经济和基础设施子系统和谐发展的体现，耦合协调度的提高表明子系统间是良性发展，朝着互促共进的方向迈进，故而对自身城市韧性水平具有促进作用，但具有良好耦合协调度的城市吸引力强，会对经济相近城市产生虹吸，这种虹吸不仅体现在人才的吸收上，还体现在资源的集聚上，故对经济相近城市溢出效应为负。

7.3　本章小结

本章首先对城市韧性的障碍因子进行分析，其次对其影响因素进行分析。

通过障碍度模型，得出城市韧性准则层、领域层和指标层各指标的障碍度。对城市韧性水平障碍度最高的 6 个指标分别为：出口总额、本年城市市政公用设施建设固定资产投资完成额、专利授权数、经济密度、实际利用外资和社会消费品零售总额。

以障碍因子为依据，结合相关性分析，选取对外依存度、城镇人均消费支出、国际互联网用户数、科技支出占财政支出比重、财政支出占 GDP 比重和城市韧性子系统间的耦合协调度作为影响因素，构建空间杜宾模型进行实证分析，发现城镇人均消费支出、财政支出占 GDP 比重和城市韧性子系统间的耦合协调度对城市韧性水平具有本地促进作用，国际互联网用户数对本地效应不显著，其他变量本地效应均为负；由于虹吸效应的存在，使得对外依存度、城镇人均消费支出、科技支出占财政支出比重和耦合协调度对邻近或经济相近城市的城市韧性水平均具有一定程度负向的溢出效应。

8 结论与政策建议

8.1 主要研究结论

现代城市面临的不确定性风险越来越多，风险种类越来越复杂，传统的城市风险管理理念已无法满足需求，需要转变风险管理理念，进行城市韧性治理。在此背景下，本书首先对城市韧性内涵进行了新的界定；其次构建城市韧性综合评价指标体系；再次以中国京津冀、长三角、珠三角、成渝和长江中游五大城市群的 92 个城市为研究对象，测度它们在 2007~2019 年的城市韧性及其子系统的韧性水平，并从多角度多层次对城市韧性水平进行综合评价与分析；最后对城市韧性进行障碍度诊断与影响因素分析。本书的主要结论如下：

第一，城市韧性正好契合当下城市风险管理需求，需要从普遍韧性角度及系统论理论出发对其内涵进行再界定。城市韧性本身是一个中立词，它只是在现阶段刚好契合城市风险管理的需求，不应被神化或妖化。城市韧性涉及面广泛，应区分普遍韧性与特定韧性，使得各自含义清晰。特定韧性是针对某一特定风险，如面临洪水时城市所具备的韧性，它更多地涉及工程韧性标准及应急措施方面。普遍韧性是针对城市系统，从可持续角度出发，包括范式研究城市系统、城市子系统以及与外部联系的韧性方面。城市韧性系统由城市巨系统衍生而来，其子系统的构成应遵循城市系统构成的普识及体现韧性特征，认为其由社会韧性、经济韧性、生态韧性和基础设施韧性四个子系统构成。由此，从普遍韧性角度和系统论理论出发对城市韧性进行再界定。城市韧性应从开放系统的角度出发，在遭受各种冲击或扰动时，城市子系统间能具有良好的耦合协调性，以及城市所处的网络系统可以进行充分的协同合作来缓冲或恢复至城市的稳定状态，并能通过不断地吸取教训与学习成长，更好地适应各种干扰，进而拓宽城市的稳定能力。

第二，城市韧性综合评价指标体系没有统一的标准，需要从相关理论基础出发进行系统分析后，构建具有科学性、系统性、关键性和可操作性的评价指标体系。本书遵从城市韧性内涵及应具备的核心能力，把生态韧性、社会韧性、经济韧性和基础设施韧性子系统作为准则层，并对每个子系统从城市稳定能力和适应能力进行评判，进而选取领域层的评价指标体系。从实证分析反馈的信息来看，构建的指标评价体系具有良好的效果。

第三，在对中国五大城市群 92 个城市的城市韧性水平进行整体评价与分析后，得到如下结论：①五大城市群的城市韧性层级结构明显，城市韧性发展不均衡。五大城市群随着时间呈明显的上升态势，表现出珠三角>长三角>京津冀>成渝>长江中游的空间格局，且城市群的城市韧性具有明显的结构特征。京津冀城市群是以京津作为"双核驱动"的模式，长三角城市群是"橄榄形"结构，珠三角城市群是"菱形"结构，成渝城市群是"以成都、重庆为双核+断层"的结构模式，长江中游城市群是典型的"厚底金字塔式"结构。②城市韧性水平的实证结果与理论、现实相符。经济作为城市发展的重要基础，是城市韧性最有力的保障。它为城市基础设施提供资本，为城市生命线提供关键设施，为城市教育和文化提供资金支撑，极大地促进了城市韧性水平。实证结果与理论相符，也符合现实情况，城市韧性水平居于前 10 位的分别是深圳、上海、北京、广州、成都、重庆、苏州、武汉、杭州和南京，这些城市也是经济发展的强市，均属"万亿俱乐部"成员。城市韧性水平居于后 10 位的分别是广安、乐山、眉山、黄冈、自贡、益阳、资阳、遂宁、内江和达州，这些城市经济发展较落后，没有资金的支持，基础设施的提升、城市教育和文化发展缓慢，使得城市韧性水平较弱。③城市稳定能力与适应能力相辅相成。本书从侧面反映构建的三维韧性模型具有一定可行性。城市韧性水平的城市韧性广度与韧性深度稳步前行，两者组成的三维韧性柱体在研究期间历经"瘦弱—较弱—厚实—坚实"的韧性演变，且两者变化趋势非常相似，具有良好的互促共进效果。④城市韧性水平在空间上呈现集聚特征，主要表现为低—高集聚与低—低集聚。"上苏嘉"与"深莞惠"具有显著的高值集聚特征，属热点地区，而九江、内江、乐山和自贡具有显著的低值集聚特征，属冷点地区，是需要努力提升韧性水平的区域。⑤城市韧性水平将从低韧性水平上升到中等韧性水平阶段。从量化的角度对城市韧性进行预测，发现其韧性水平在未来 5 年将上一个台阶，由原来的低韧性等级提升到中等韧性等级。这与中国社会、经济与生态的良好发展态势相吻合。

第四，通过从系统内外的关联方面对城市韧性系统作进一步深入剖析，得到如下结论：①城市韧性网络关联紧密，关联形式与城市群分类一致。2007 年到 2019 年城市韧性的网络关联度上升非常迅速，呈现明显的局部关联特征，且网络关联形式与现有城市群分类一致。除成渝城市群外，其他四个城市群间韧性关联非常紧密。②四个子系统间的耦合协调度随时间推移不断提高，其分级模式与城市韧性水平大体一致，呈现出珠三角＞长三角＞京津冀＞长江中游＞成渝的空间格局，北上广深的耦合协调度处于领先地位，接着是重庆、天津和各省的省会城市，以及苏州、宁波、东莞和佛山，其余城市的耦合协调度处于基本协调及中度失调阶段。③城市韧性广度与韧性深度耦合协调度高。城市韧性广度与韧性深度相得益彰、互相促进，既有韧性广度让城市稳如泰山，也有中国智慧使城市具有旺盛的学习与创新能力，不断拓宽城市韧性深度，为城市安全保驾护航。④城市韧性子系统间耦合协调发展、城市韧性广度与韧性深度的耦合协调发展会对城市韧性水平产生一定的影响，其中城市韧性子系统间耦合协调度影响更大。⑤五大城市群 92 个城市在城市韧性子系统间的耦合协调发展上不均衡，各城市群间存在差距，城市群内部各城市间也存在差距，尤其是成渝城市群内重庆和成都与其他城市间发展的差异巨大，极化现象严重。

第五，利用障碍度模型对城市韧性进行诊断和采用空间计量对影响因素进行分析，得出如下结论：①城市韧性发展的主要障碍因子分别为城市出口总额、本年城市市政公用设施建设固定资产投资完成额、专利授权数、经济密度、实际利用外资和社会消费品零售总额。②城市韧性水平的主要影响因素有对外依存度、城镇人均消费支出、国际互联网用户数、科技支出占财政支出比重、财政支出占 GDP 比重和城市韧性子系统间的耦合协调度。其中城镇人均消费支出、财政支出占 GDP 比重和城市韧性子系统间的耦合协调度对城市韧性水平具有本地促进作用，国际互联网用户数对本地效应不显著，其他变量本地效应均为负；由于虹吸效应的存在，使得对外依存度、城镇人均消费支出、科技支出占财政支出比重和耦合协调度对邻近或经济相近城市的城市韧性水平均具有一定程度负向的溢出效应。

8.2　政策建议

针对上述结论，提出相应政策建议，基本思路是通过高层规划及顶层设计，减小城市韧性水平发展的不均衡；加强城市的学习与创新能力，提升城市韧性深度，促进城市韧性广度，创建坚实的城市韧性柱体，为城市安全保驾护航；学习"上苏嘉"和"深莞惠"似的高值聚集形式，以"都市韧性圈"带动区域城市韧性的发展；加强与其他城市的关联，共创良好的协同发展氛围，不仅可提升社会经济的发展，还可在灾害发生时，极大地提高两地联手抗灾抗疫的摩擦时间，挽救更多的生命财产，为城市的快速恢复注入强心剂；提升子系统间耦合协调度，促进城市韧性良性发展。

8.2.1　加强顶层设计，减小城市韧性水平发展的不均衡

（1）通过国家顶层设计，统筹五大城市群城市韧性的发展战略，促进城市群的均衡发展。五大城市群分布地理位置不同，面对的自然灾害也不一样，但有些主要灾害是一致的，如京津冀属于旱灾多发区，京津冀和成渝城市群都属于地震灾害频发区，长三角、长江中游城市群和珠三角都属于易发洪涝灾区，珠三角和长三角还要面对温室效应的海平面上升。针对这一情况，在国家韧性发展战略上要进行空间布局，如京津冀和成渝城市群灾备资源应偏向防震方面，对两区域制定建筑和基础设施、生命线设施的防震安全标准；对珠三角和长三角的灾备资源偏向海洋管理等；洪涝频发的长江中游城市群与长三角城市群同属长江流域，应对这两个城市群进行联防联控。国家在自然灾害的灾备资源上做到有的放矢，可尽量减少城市群因自然灾害冲击而引起的城市韧性水平不均衡现象。类似地，面对突发公共卫生事件等传染病冲击时，国家也需要进行快速布局，从水、陆、空进行病毒的阻截。同样，针对社会韧性、经济韧性等"软韧性"上的普遍问题，国家也应从顶层设计出发，统筹五大城市群韧性发展战略，不让一个城市群掉队，在实现"共同富裕"的道路上一并实现"共同韧性"的终极目标。

（2）通过对城市群进行顶层设计，统筹城市群内城市韧性的发展战略，促进城市的均衡发展。

第一，京津冀城市群。京津冀城市群的城市韧性是以京津为"双核"的驱

动模式，区域整体的韧性水平较低，不同城市间差异显著，这就需要积极推动协同韧性发展战略。

生态韧性方面：京津冀区域内雾霾和水资源污染等问题严重，需要深入开展污染防控攻坚战，完善京、津、冀三地的应急联防联控机制。唐山、邯郸和北京作为地震等级很高的城市，在防震防灾方面尤其要得到重视。

社会韧性方面：在城市规划建设中，京、津、冀"三地"应合成一体，建立多网络、多结构、多层次且有效率的应急管理预警机制，形成统一指挥、专常兼备、反应灵敏、上下联动的应急管理体制，建成统一领导、权责一致、权威高效的应急能力体系，有效、合理整合三地的城市公共空间和社区的各种资源。而在医疗卫生服务体系中，平时多沟通，设计连接机制，同时在线上线下加强"三地"交流，形成联合培训制度，互相选派优秀人才，合理配置医疗资源。

经济韧性方面：加强城市群内的合作交流，把北京、天津部分资源移向河北，加强北京、天津和河北三地人员、资本和技术等生产要素的快速流动，使得资源配置更合理，市场化程度更高，不断发挥经济效应，同时通过有效的地域合作来增强三地的区域经济抗压能力以及抗风险能力。

基础设施韧性方面：完善"三地"交通空间布局，促进城市各要素的交流和沟通。完善的交通设施是防灾减灾的物质基础，要推进通信基础设施的合理布局和"三地"同步建设，有效整合各类通信资源，实现信号网络稳定、安全和区域全覆盖。

第二，长三角城市群。长三角城市群是两头小、中间大的"橄榄形"结构，上海、江苏和浙江的城市韧性水平高，但安徽城市韧性水平普遍较低，需要借鉴"先富帮后富"的思路，让安徽努力融入长三角城市群，在上海、江苏和浙江帮扶下，实现"共同韧性"终极目标。

生态韧性方面：长三角城市群内江海交汇，水网纵横，是洪涝灾害的重点区域，应全面统筹协调推进长江、淮河、太湖流域以及东南诸河的综合治理，利用先进的 GIS 技术把"江、河、湖、河"作为一个体系，形成互联互通、联防联控、共建共管、协作协同的良好机制，系统解决水灾害、水资源、水生态和水环境问题。同时还要加强水资源集约安全利用，推进科学配水、合理用水、优水优用、分质供水，完善重点区域及跨区域水资源配置格局。着力构建共保联动的水生态环境保护与修复体系，开展河湖水域等水空间划定，推进重点水域陆域污染协同治理，加强太湖流域水环境综合治理。

社会经济韧性方面：着力提升经济实力，改善区域非均衡空间格局。要以长三角城市群内整体经济水平的均衡发展为目标，着力保证上海、苏州、杭州等城市经济实力稳步增长，同时也要不断加强对安徽各欠发达城市的帮助与扶持，形成帮结队。各地区要发挥自己的地域优势，注意调整产业结构，以经济的发展带动城市经济发展水平，提升城市防灾救灾系统作用，持续提升灾后修复能力。坚持质量导向，提升区域经济发展质量。

第三，珠三角城市群。珠三角城市群城市韧性呈菱形层级架构，深圳和肇庆城市韧性水平差异非常大，也需要进行顶层设计，统筹韧性战略。

生态韧性方面：积极建立多主体参与的生态保护制度，形成多层次保护的机制，提升粤港澳大湾区的生态环境共同治理能力。加强海洋岸线资源、海洋生物多样性、海漂垃圾等的共同治理。提升生态系统的稳定性，全面促进生态韧性协同发展。

利用珠三角良好的通信设施基础，构建城市综合信息与调度平台及多平台协作的城市建设综合数据库，实现多系统、多部门现状和规划信息的同步交互，并进行实时更新对比，快速高效地保障城市安全，发挥出 1+1>2 的效果，使得社会、经济与基础设施韧性协调发展，共同促进城市韧性发展。

同时，加强基础设施建设，畅通对外联系通道，为粤港澳大湾区经济社会发展提供有力支撑，进而有效地促进经济发展，极大提高城市的经济韧性。

第四，成渝城市群。成渝城市群作为"双核+断层"的城市韧性层级结构，减少城市群内的城市韧性差异已到刻不容缓的地步。经济是城市韧性的基石，经济发展的不平衡严重制约着城市的韧性发展。成渝城市群的韧性极化现象严重，应大力发展经济，并借着国家"十四五"规划和 2035 年远景目标中提出"更加积极有为促进共同富裕"的东风，缩小城市群内经济发展差距，提升城市韧性。

抢抓东部沿海产业转移的机遇。目前经济全球化和区域经济一体化深入发展，国际产业分工不断深化，东部产业正在向中西部转移。所以，成渝城市群要抓住这个机遇，率先实现产业崛起，由成都和重庆带动其他城市的进一步发展。

成渝城市群即将建设成为全国重要的现代化产业基地，主要发展装备制造业、新能源汽车、电子信息产业，大数据产业，高新技术产业，新材料、新医药、新媒体产业。因此，要做好产业定位，在城市群内进行良好空间布局，借机带动其他城市的发展，缩小区域发展差距。

第五，长江中游城市群。长江中游城市群城市韧性呈现"厚底金字塔"层次结构，需要塔顶的省会城市带动其他城市发展，缩小城市间的韧性差异。

生态韧性方面：长江中游城市群是洪涝重灾区，这就需要鄂湘赣三省联同治理，统筹防洪防涝机制，进行河道疏理。长江中游对长江下游的生态起着关键作用，需加强生态修复，完善生态补偿机制。土地的合理开发也是非常重要的。因此，有必要合理调控土地开发强度，让土地开发和生态承载力形成良好的互动协调关系。

社会韧性方面：相较于其他四大城市群，长江中游城市群要更分散一些，虽然"武汉、长沙、南昌"作为核心发展城市，分别带动自省的发展，但这三市的分量还不够，凝聚力稍差，因此，鄂湘赣更要加强城市间的流动与沟通。与此同时，在老龄化严重背景下，完善居民养老、医疗、失业等社会保障体系很有必要，还要定期在社区内组织风险教育与宣传活动。

经济韧性方面：要积极融入长江经济带、"一带一路"等国家战略，加强与其他城市群如长三角、成渝城市群的区域合作，增强各城市的经济外向性，加快城市群开放发展。另外，有必要按照城市群"两横三纵"的发展轴线，逐步有序地形成大中小城市层次分工格局，以期尽快建设现代产业链和价值链。

基础设施韧性方面：需重点关注交通、水利信息等基础设施建设。交通设施方面，在城市内部的交通上，主要以公共交通的大力发展来引导城市交通发展（TOD），如大力建设城市轻轨和 BRT 系统，使城区内外能进行有机的连接，增强城区的交通功能和便捷性；在城市间的联系上，可以在水运方面对长江中游航道改造升级实现内河水运直接连通江海的便利。信息基础设施方面，不要只看到城镇地区，也要完善农村地区，建立层次分明的分类分级监测预警体系。同时，应急方面的基础设施建设也不能忽视，在前期规划中，应在国土空间规划中预留相应用地，以便在风险来临时，有着良好的应对措施，提高城市的韧性广度。

8.2.2　加强城市的学习与创新能力，提升城市韧性深度

加强城市的学习与创新能力，提升城市韧性深度，促进城市韧性广度，创建坚实的城市韧性柱体，为城市安全保驾护航。

生态韧性方面，要积极提升生态响应水平，各城市争取城市生活污水处理率、城市生活垃圾无害化处理率达到100%，对一般工业固定废物综合利用率达到90%以上，从而有效减少环境污染，提高生态环境。

社会韧性方面，社会潜力的核心在于提升教育和文化方面。"十年树木，百

年树人"，城市只有做好了人的培育，才能具有更大的韧性，才能得以可持续发展。教育经费的投入是重中之重，不仅是保证教育持续不断发展的前提，也是实现教育公平的资金保障。增加教育投入，有了资金保证，才能提高办学条件，完善教学设备，增加教学的人力资本，为保证教育的良好发展提供物质保证。此外，在加大对教育投入的基础上还要不断完善城市群与城市内部教育资源配置的公正与公平性，统筹整个城市群内教育资金以及各城市教育资金的投入，让教育资金真正使用到真正需要的地方，尤其要加强欠发达地区的教育投入，增强各学校间师资力量的流动，不让好的教育资源仅由少数人享用。文化是推动韧性发展的重要支点，更是灾前防范的智慧结晶、灾中应变的智力支持、灾后恢复的凝聚力与向心力的源泉。因此，要大力开展各项文化事业活动。加快提高公共文化服务水平，以文化软实力的大幅提升推进社会韧性建设；加快发展文化产业，以文化竞争力的大幅提升推进社会韧性发展。

经济韧性方面，经济成长力的核心是经济创新。各城市要鼓励、支持城市开展不同形式的技术创新，建设城市重大创新平台，提升城市的自主创新能力。同时，要大力倡导建立产业和科技对接体系，实现城市经济结构转型升级和经济发展提质增效，促进经济韧性适应能力提升。

基础设施韧性方面，要促进基建升级，大力加强"新基建"建设，即大力发展信息基础设施、融合基础设施和创新基础设施三方面。创新基础设施可以促进现有基础设施韧性上一个新的台阶。在城市进行新基建过程中，需要制定政策，加强规划与引导，避免恶性竞争与资源浪费，同时要兼顾市场机制调节作用，增强市场活力，促进产业链和价值链壮大。

8.2.3 以"都市韧性圈"带动区域城市韧性发展

学习"上苏嘉"和"深莞惠"似的高值聚集形式，以"都市韧性圈"带动区域城市韧性的发展。以都市韧性圈的团体式进行城市结构规划，保障都市韧性圈空间的安全和有序发展，确保基础设施合理布局。都市韧性圈规划布局有利于城市有机增长，避免无序蔓延所带来的城市病；有利于城市公共服务设施和基础设施的合理配置；有利于市民日常生活；有利于保持城市原有的自然山水景观环境和生态环境；有利于城市基础设施合理利用和自身安全，减少对市民生活和城区环境的负面影响；有利于城市安全防灾设施的合理布局和市民就近避难便捷程度，从而整体提高城市的韧性水平。

8.2.4 加强与其他城市的关联，共创良好的韧性协同发展氛围

加强与其他城市的关联，共创良好的韧性协同发展氛围，不仅可提升社会经济的发展，还可在灾害发生时，极大地提高两地联手抗灾抗疫的摩擦时间，挽救更多的生命财产，为城市的快速恢复注入强心剂。"一方有难，八方支援"是中华民族的传统美德，这一特质的优势在 COVID-19 暴发后体现得淋漓尽致，为中国战胜 COVID-19 立下汗马功劳，这充分说明，在受到特大灾害时，城市间的帮扶显得尤为重要。

在城市群内，一是通过建立城市群应急联动中心和整合城市群应急联动组织体系，构建城市群应急联动组织架构；建立城市群应急信息联动机制和城市群应急物资共享机制，制定城市群应急救援互助流程等健全城市群应急联动运行机制；建立城市群应急联动激励机制；建立城市群应急联动约束机制；完善城市群应急联动法律法规；通过构建治理网络权力分配机制、多主体间的信任机制等整合城市群应急联动治理网络。二是强化群内基础设施互联互通，推进城市群际现代化交通网络建设。现代城市群建设离不开先进基础设施和现代化的交通网络，应遵循市场化原则，加强城市群先进基础设施建设，促进群内城市基础设施的互联互通，推进城市群际的现代交通网络建设。应加强主要城市和重点城镇基础设施的互联互通，在城市群发展的总体规划下，重点推进国家高速公路建设，同时强化单个城市绕城公路的建设和农村公路网络建设，逐步改造城市群间的干线公路，形成以高速公路为骨架、国省干线公路为基础的外通内畅、快速高效的公路交通运输网络。

此外，得益于交通与通信技术的飞速发展，城市间的联系也可以扩大到城市群外，城市与城市间可以建立灾害大数据库、生态资源大数据库等，对城市风险管理进行互通，全力提升城市韧性水平。

8.2.5 提升子系统间耦合协调度，促进城市韧性良性发展

提升子系统间耦合协调度，促进城市韧性良性发展，即保证生态韧性、社会韧性、经济韧性与基础设施韧性间的全面发展，使得子系统间良性互动，形成互促共进的协调发展局面，而不应为了追求某一特定韧性而忽视其他，造成资源的浪费。把城市作为一个系统，进行整个城市的空间韧性布局，使资源得到合理配置。

重视城市系统各部门的协同管理，加强经济、社会、生态、基础设施等系统的交叉配合，通过资源高效整合以实现效率最优。同时，建立集灾害、预防、监测、判断、修复、重建于一体的城市体系，明确部门分工，分化职责，建立高效的沟通渠道，提升城市韧性水平。

8.3　研究展望

本书后续有待于完善和研究的发展方向：第一，城市韧性理论还有待更有针对性和深入地研究。第二，三维韧性模型中需要更明晰地划分韧性广度与韧性深度指标，以更精准地掌握城市韧性的发展状况。第三，城市韧性指标还有进一步丰富的空间，如文化和制度方面对城市韧性有重要影响，但这两个方面的指标不太好量化，后续研究期望能有所突破；还有新基建的建设对城市韧性也有重要影响，目前受限于部分城市数据的可得性（基本只有中心城市才有），只好用其他指标代替，随着时间推移和技术进步，后续研究中有了可得的数据，可直接用相关指标来进行研究。第四，城市韧性影响因素是多方面的，随着风险的变化其影响的侧重点会随之变化，即影响因素的研究要与时俱进。

参考文献

［1］张明斗，冯晓青．韧性城市：城市可持续发展的新模式［J］．郑州大学学报（哲学社会科学版），2018，51（2）：59-63．

［2］方创琳，宋吉涛，蔺雪芹．中国城市群可持续发展理论与实践［M］．北京：科学出版社，2010．

［3］方创琳．中国城市群研究取得的重要进展与未来发展方向［J］．地理学报，2014，69（8）：1130-1144．

［4］蔡建明，郭华，汪德根．国外弹性城市研究述评［J］．地理科学进展，2012，31（10）：1245-1255．

［5］Cutter S L，Barnes L，Berry M，et al. A place-based model for understanding community resilience to natural disasters［J］. Global Environmental Change，2008，18（4）：598-606．

［6］Council N R. Developing a framework for measuring community resilience：Summary of a workshop［M］. Washington，DC：The National Academies Press，2015．

［7］李彤玥．韧性城市研究新进展［J］．国际城市规划，2017，32（5）：15-25．

［8］郑艳．推动城市适应规划，构建韧性城市——发达国家的案例与启示［J］．世界环境，2013（6）：50-53．

［9］邵亦文，徐江．城市韧性：基于国际文献综述的概念解析［J］．国际城市规划，2015，30（2）：48-54．

［10］李连刚，张平宇，谭俊涛，等．韧性概念演变与区域经济韧性研究进展［J］．人文地理，2019，34（2）：1-7．

［11］Gunderson L H. Ecological resilience—in theory and application［J］. Annual Review of Ecology and Systematics, 2000, 31 (1): 425-439.

[12] Eraydin A. Attributes and characteristics of regional resilience: Defining and measuring the resilience of turkish regions [J]. Regional Studies, 2016, 50 (4): 600-614.

[13] Holling C S. Resilience and stability of ecological systems [J]. Annual Review of Ecology & Systematics, 1973, 4 (1): 1-23.

[14] Nelson D R, Adger W N, Brown K. Adaptation to environmental change: Contributions of a resilience framework [J]. Annual Review of Environment and Resources, 2007, 32 (1): 395-419.

[15] Martin R. Regional economic resilience, hysteresis and recessionary shocks [J]. Journal of Economic Geography, 2012, 12 (1): 1-32.

[16] Holling C S, Gunderson L H. Resilience and adaptive cycles [M]. In: Panarchy: Understanding Transformations in Human and Natural Systems, 2002: 25-62.

[17] Folke C. Resilience: The emergence of a perspective for social-ecological systems analyses [J]. Global Environmental Change, 2006, 16 (3): 253-267.

[18] Walker B, Gunderson L, Kinzig A, et al. A Handful of heuristics and some propositions for understanding resilience in social-ecological systems [J]. Ecology and Society, 2006, 11 (1): 13.

[19] Alliance R. Assessing resilience in social-ecological systems: A workbook for scientists [R]. Wolfville: Resilience Alliance, 2007.

[20] Pendall R, Foster K A, Cowell M. Resilience and regions: building understanding of the metaphor [J]. Cambridge Journal of Regions, Economy and Society, 2010, 3 (1): 71-84.

[21] Hudson R. Resilience regions in an uncertain world: Wishful thinking or a practical reality? [J]. Cambridge Journal of Regions Economy and Society, 2009 (3): 11-25.

[22] UN - Habitat. An urbanizing world: Global report on human settlements [M]. Oxford, UK: Oxford University Press, 1996.

[23] Godschalk D R. Urban hazard mitigation: Creating resilient cities [J]. Natural Hazards Review, 2003, 4 (3): 136-143.

［24］Alberti M，Marzluff J M，Shulenberger E，et al. Integrating humans into e-cology：Opportunities and challenges for studying urban ecosystems ［J］. BioScience，2003，53（12）：1169-1179.

［25］Resilience，Alliance. Urban resilence research prospectus：A resilience al-liance initiative for transitioning urban systems towards sustaiable futures ［Z］. Austral-ia/USA/Sweden：CSIRO/Arizona State University/Stockholm University，2007.

［26］Hill E W，Wial H，Wolman H. Exploring regional economic resilience ［R］. Institute of Urban and Regional Development（IURD），University of California，Berkeley，CA，2008.

［27］Brown A，Dayal A，Rumbaitis Del Rio C. From practice to theory：Emer-ging lessons from Asia for building urban climate change resilience ［J］. Environment and Urbanization，2012，24（2）：531-556.

［28］Jha A K，Miner T W，Stanton-Geddes Z. Building urban resilience：Prin-ciples，tools，and practice ［M］. Herndon：The World Bank，2013.

［29］Meerow S，Newell J P，Stults M. Defining urban resilience：A review ［J］. Landscape and Urban Planning，2016（147）：38-49.

［30］Rockefeller Foundation. City Resilience Index ［EB/OL］.［2020-06-13］. http：//www. cityresilienceindex. com/.

［31］Foster K A. A case study approachto understanding regional resilience ［R］. Institute of Urban and Regional Development，University of California，Berke-ley，2007.

［32］Wilbanks T J. Enhancing the resilience of communities to natural and other hazards：What we know and what we can do ［J］. Natural Hazards Observer，2008，32（5）：10-11.

［33］Dabson B，Heflin C M，Miller K K. Regional resilience research and policy brief ［Z］. Missouri：RUPRI Rural Futures Lab. Harry S School of Public Af-fairs. University of Missouri，2012.

［34］钟琪，戚巍. 基于态势管理的区域弹性评估模型 ［J］. 经济管理，2010，32（8）：32-37.

［35］方创琳，王岩. 中国城市脆弱性的综合测度与空间分异特征 ［J］. 地理学报，2015，70（2）：234-247.

［36］ Bruneau M, Filiatrault A, Lee G, et al. White paper on the SDR grand challenges for disaster reduction ［R］. Technical rep., Multidisciplinary Center for Earthquake Engineering Research, Univ. at Buffalo, The State Univ. of New York, 2007.

［37］ Shaw K, Maythorne L. Managing for local resilience: Towards a strategic approach ［J］. Public Policy and Administration, 2013, 28 (1): 43-65.

［38］ Iordan M, Chilian M, Grigorescu A. Regional resilience in Romanin-between realism and aspirations ［J］. Procedia Economics and Finance, 2015 (22): 627-635.

［39］ Wardekker A, Wilk B, Brown V, et al. A diagnostic tool for supporting policymaking on urban resilience ［J］. Cities, 2020 (101): 102691.

［40］ Vogel C, Moser S C, Kasperson R E, et al. Linking vulnerability, adaptation, and resilience science to practice: Pathways, players, and partnerships ［J］. Global Environmental Change, 2007, 17 (3): 349-364.

［41］ Eakin H C, Wehbe M B. Linking local vulnerability to system sustainability in a resilience framework: Two cases from Latin America ［J］. Climatic Change, 2009, 93 (3): 355-377.

［42］ Cutter S L, Barnes L, Berry M, et al. Community and regional resilience: Perspectives from hazards, disasters, and emergency management ［J］. Geography, 2008, 1 (7): 2301-2306.

［43］ 张岩, 戚巍, 魏玖长, 等. 经济发展方式转变与区域弹性构建——基于 DEA 理论的评估方法研究 ［J］. 中国科技论坛, 2012 (1): 81-88.

［44］ 刘江艳, 曾忠平. 弹性城市评价指标体系构建及其实证研究 ［J］. 电子政务, 2014 (3): 82-88.

［45］ Rockefeller Foundation. City resilience framework ［EB/OL］. ［2020-08-05］. Https: //www. rockefeller foundation. org/app/uploads/City-Resilience-Framework1. pdf. 2014.

［46］ Foster K A. Resilience capacity index ［EB/OL］. ［2020-08-09］. http: /brr. berkeley. edu/rci.

［47］ Sharifi A, Yamagata Y. Major principles and criteria for development of an urban resilience assessment index, 2014 ［C］ //2014 International Conference and Utility Exhibition on Green Energy for Sustainable Development（ICUE），Asian Institute of Technology. IEEE，2014.

［48］孙阳，张落成，姚士谋. 基于社会生态系统视角的长三角地级城市韧性度评价［J］. 中国人口·资源与环境，2017，27（8）：151-158.

［49］张鹏，于伟，张延伟. 山东省城市韧性的时空分异及其影响因素［J］. 城市问题，2018（9）：27-34.

［50］李博，张帅，王艺. 辽宁省城市弹性及其空间分异测度［J］. 城市问题，2018（8）：40-47.

［51］白立敏，修春亮，冯兴华，等. 中国城市韧性综合评估及其时空分异特征［J］. 世界地理研究，2019，28（6）：77-87.

［52］USIOTWSP. How resilient is your coastal community？A guide for evaluating coastal community resilience to tsunamis and other hazards［EB/OL］. https：//coast. noaa. gov/regions/pacific/resources/resilience/coastal_ community_ resilience_ guide. pdf，2007.

［53］World Bank. Climate resilient cities：A primer on reducing vulnerabilities to disasters［EB/OL］. http：//siteresources. worldbank. org/TNTEAPREGTOPURB-DEV/Resour-ces/Primer_ e_ book. pdf，2009.

［54］Suijan A，Sharma A，Shaw R. Understanding urban resilience［A］. Shaw R，Sharma A. Climate and Disaster Resilience in Cites（Community，Environment and Disaster Risk Management，Volume 6）［M］. Braford：Emerald Group Publishing Limited，2011：17-45.

［55］Tokai A，Nakazawa K，Nakakubo T，Yamaguchi H. Resilience assessment based on risk concept［EB/OL］. http：/www. iges. or. jp/isap/2014/PDF/pl2/05_ tokai. pdf，2014.

［56］UNISDR. Living with risk：A global review of disaster reduction initiatives［EB/OL］. http：//www. unisdr. org/files/657_ lwrl. pdf，2004.

［57］曾冰. 区域经济韧性内涵辨析与指标体系构建［J］. 区域金融研究，2020（7）：74-78.

［58］修春亮，魏冶，王绮. 基于"规模—密度—形态"的大连市城市韧性评估［J］. 地理学报，2018，73（12）：2315-2328.

［59］王文瑞，郭子萍，万炜，等. 兰州市城市韧性时空特征研究——基于

规模—密度—形态分析框架［J］．兰州大学学报（自然科学版），2021，57（1）：39-46.

［60］陈静生，蔡运龙，王学军．人类—环境系统及其可持续性［M］．北京：商务印书馆，2001：22-25.

［61］Liu J G，Dietz T，Carpenter S R，et al. Coupled human and natural systems［J］．Ambio，2007，36（8）：639-649.

［62］Sherbinin A D，Vanwey L，Mcsweeney K，et al. Rural household demographics，livelihoods and the environment［J］．Global Environmental Change，2008，18（1）：38-53.

［63］Dietz T. Drivers of Human Stress on the environment in the twenty-first century［J］．Annual Review of Environment & Resources，2017，42（1）：189-213.

［64］Hummel D，Adamo S，Sherbinin A D，et al. Inter-and transdisciplinary approaches to population-environment research for sustainability aims：A review and appraisal［J］．Population & Environment，2013，34（4）：481-509.

［65］Ostrom E. A general framework for analyzing sustainability of social-ecological systems［J］．Science，2009，325（5939）：419-422.

［66］Gunderson L H. Panarchy：Understanding transformations in human and natural systems［M］．Washington：Island Press，2001.

［67］Dietz T，Ostrom E，Stern P C. The struggle to govern the commons［J］．Science，2003，302（5652）：1907-1912.

［68］Liu J. Integration across a metacoupled world［J］．Ecology and Society，2017，22（4）：29-47.

［69］蒋天颖，华明浩，许强，等．区域创新与城市化耦合发展机制及其空间分异——以浙江省为例［J］．经济地理，2014，34（6）：25-32.

［70］方创琳，周成虎，顾朝林，等．特大城市群地区城镇化与生态环境交互耦合效应解析的理论框架及技术路径［J］．地理学报，2016，71（4）：531-550.

［71］王成，唐宁．重庆市乡村三生空间功能耦合协调的时空特征与格局演化［J］．地理研究，2018，37（6）：1100-1114.

［72］丛晓男．耦合度模型的形式、性质及在地理学中的若干误用［J］．经济地理，2019，39（4）：18-25.

［73］黄金川，方创琳．城市化与生态环境交互耦合机制与规律性分析［J］．地理研究，2003，22（2）：211-220.

［74］刘耀彬，李仁东，宋学锋．中国城市化与生态环境耦合度分析［J］．自然资源学报，2005（1）：105-112.

［75］王伟，孙雷．区域创新系统与产业转型耦合协调度分析——以铜陵市为例［J］．地理科学，2016，36（2）：204-212.

［76］姜磊，柏玲，吴玉鸣．中国省域经济、资源与环境协调分析——兼论三系统耦合公式及其扩展形式［J］．自然资源学报，2017，32（5）：788-799.

［77］李刚，徐波．中国城市韧性水平的测度及提升路径［J］．山东科技大学学报（社会科学版），2018，20（2）：83-89.

［78］王秀明，张勇，奚蓉，等．广东省城镇化与生态环境耦合协调的空间特征及影响因素研究［J］．中国环境管理，2019，11（3）：100-106.

［79］任祁荣，于恩逸．甘肃省生态环境与社会经济系统协调发展的耦合分析［J］．生态学报，2021，41（8）：2944-2953.

［80］张惠．城市社区灾害弹性及其影响因素研究［D］．华中科技大学，2016.

［81］张婷婷．江苏省城市经济韧性的时空演变特征研究［J］．无锡商业职业技术学院学报，2018，18（3）：1-8.

［82］朱金鹤，孙红雪．中国三大城市群城市韧性时空演进与影响因素研究［J］．软科学，2020，34（2）：72-79.

［83］Davoudi S，Brooks E，Mehmood A. Evolutionary resilience and strategies for climate adaptation［J］. Planning，Practice & Research，2013，28（3）：307-322.

［84］Tyler S，Moench M. A framework for urban climate resilience［J］. Climate and Development，2012，4（4）.

［85］Boyd E，Nykvist B，Borgstrom S，et al. Anticipatory governance for social-ecological resilience［J］. Ambio，2015，44（1）：S149-S161.

［86］Wardekker J A，De Jong A，Knoop J M，et al. Operationalising a resilience approach to adapting an urban delta to uncertain climate changes［J］. Technological Forecasting & Social Change，2010，77（6）.

［87］Wardekker J A. Resilience principles as a tool for exploring options for urban resilience［J］. Solutions（Burlington, Vt.）, 2018, 9（1）.

［88］Moench M, Khan F, MacClune K, et al. Transforming vulnerability: Shelter, adaptation, and climate thresholds［J］. Climate and Development, 2017, 9（1）.

［89］Sharifi A, Yamagata Y. A conceptual framework for assessment of urban energy resilience［J］. Energy Procedia, 2015（75）: 2904-2909.

［90］De Bruijn K M, van der Most H, Cumiskey L, et al. Methods and tools supporting urban resilience planning: Experiences from cork, ireland［J］. Journal of Geoscience and Environment Protection, 2018, 6（4）.

［91］Heeks R, Ospina A V. Conceptualising the link between information systems and resilience: A developing country field study［J］. Information Systems Journal（Oxford, England）, 2019, 29（1）: 70-96.

［92］陈湘生, 崔宏志, 苏栋, 等. 建设超大韧性城市（群）之思考［J］. 劳动保护, 2020（3）: 24-27.

［93］许学强, 周一星, 宁越敏. 城市地理学［M］. 北京: 高等教育出版社, 1997.

［94］谢文惠, 邓卫. 城市经济学［M］. 北京: 清华大学出版社, 1996.

［95］仇保兴. 基于复杂适应理论的韧性城市设计原则［J］. 现代城市, 2018, 13（3）: 1-6.

［96］［美］刘易斯·芒福德（Mumford Lewis）. 城市发展史: 起源、演变和前景［M］. 宋俊岭, 倪文彦译. 北京: 中国建筑工业出版社, 2005.

［97］史培军. 灾害科学和灾害理论［M］. 北京: 中国社会出版社, 2010.

［98］高恩新. 防御性、脆弱性与韧性: 城市安全管理的三重变奏［J］. 中国行政管理, 2016（11）: 105-110.

［99］郑东君, 周兰兰. 黑坊制解体与北宋东京城市防御体系探析［J］. 新建筑, 2011（3）: 114-117.

［100］O'Keefe P, Westgate K, Wisner B. Taking the naturalness out of natural disasters［J］. Nature, 1976, 260（5552）: 566-567.

［101］IPCC. Climate Change Impacts: Adaptation and Vulnerability［R］. Geneva: The Working Group Ⅱ Contribution to the IPCC. Fourth Assessment Report, 2007.

［102］Belliveau S, Smit B, Bradshaw B. Multiple exposures and dynamic vulnerability: Evidence from the grape industry in the Okanagan Valley, Canada ［J］. Global Environmental Change, 2006, 16（4）: 364-378.

［103］Ahern J. From fail-safe to safe-to-fail: Sustainability and resilience in the new urban world ［J］. Landscape and Urban Planning, 2011, 100（4）: 341-343.

［104］Manyena S B. The concept of resilience revisited ［J］. Disasters, 2006, 30（4）: 434-450.

［105］Turner B N, Kasperson R E, Matson P A, et al. A framework for vulnerability analysis in sustainability science ［J］. Proc Natl Acad Sci U S A, 2003, 100 （14）: 8074-8079.

［106］Cutter S L, Barnes L, Berry M, et al. A place-based model for understanding community resilience to natural disasters ［J］. Global Environmental Change, 2008, 18（4）: 598-606.

［107］Flynn S E. America the resilient: Defying terrorism and mitigating natural disasters ［Z］. Council on Foreign Relations, 2008: 2-8+87.

［108］National Infrastructure Advisory Council. A framework for establishing critical infrastructure resilience goals: Final report and recommendations from the Council ［R］. 2010.

［109］National Infrastructure Advisory Council（US）. Critical infrastructure resilience: Final report and recommendations ［M］. National Infrastructure Advisory Council, 2009.

［110］Issue Papers-Habitat Ⅲ ［EB/OL］. ［2021-07-28］. https: //habitat3. org/documents-and-archive/preparatory-documents/issue-papers/.

［111］范维澄. 安全韧性城市发展趋势 ［J］. 劳动保护, 2020（3）: 20-23.

［112］Leichenko R. Climate change and urban resilience ［J］. Current Opinion in Environmental, 2011, 3（3）: 164-168.

［113］Brown K, Westaway E. Agency, capacity, and resilience to environmental change: Lessons from human development, well-being, and disasters ［J］. Social Science Electronic Publishing, 2011, 36（1）: 321-342.

［114］Scheffer M, Carpenter S, Foley J A, et al. Catastrophic shifts in ecosystems［J］. Nature, 2001, 413 (6856)：591-596.

［115］ Pizzo B. Problematizing resilience：Implications for planning theory and practice［J］. Cities, 2015 (43)：133-140.

［116］ Friends A, Raport D. Towards a comprehensive framework for environment statistics：Stress - response approach ［J］. Statistics Canada, Ottawa, Canada, 1979：428-429.

［117］陈丹羽. 基于压力—状态—响应模型的城市韧性评估［D］. 华中科技大学, 2019.

［118］ United Nations Commission On Sustainable Development. Report of the Commission on Sustainable Development acting as the preparatory committee for the World Summit on Sustainable Development ［R］. 2001.

［119］张明斗, 冯晓青. 中国城市韧性度综合评价［J］. 城市问题, 2018 (10)：27-36.

［120］陈惟刚, 刘金香. 长江三角洲城市群城市韧性时空演变［J］. 价值工程, 2020, 39 (12)：81-83.

［121］ Lee, Houng I, Syed, et al. Rethinking monetary and financial policies in China ［R］. Staff Papers, 2014.

［122］黄弘, 李瑞奇, 于富才, 等. 安全韧性城市构建的若干问题探讨［J］. 武汉理工大学学报（信息与管理工程版), 2020, 42 (2)：93-97.

［123］ Jerome Z, Bendimerad F. Urban resilience master planning：A guidebook for practitioners and policymakers ［M］. Earthquakes and Megacities Initiative, Inc. , 2015.

［124］ World Bank. World development report 2014：Risk and opportunity-managing risk for development ［R］. The World Bank, 2013.

［125］ Cutter S L, Ash K D, Emrich C T. Urban-rural differences in disaster resilience ［J］. Annals of the American Association of Geographers, 2016, 106 (6) .

［126］郭祖源. 城市韧性综合评估及优化策略研究 ［D］. 华中科技大学, 2018.

［127］彭琳, 杨应迪, 张珂, 等. 中小城市灾害韧性评价体系研究［J］. 安徽理工大学学报（自然科学版), 2019, 39 (6)：77-82.

［128］陈韶清, 夏安桃. 长江中游城市群城市韧性与规模关系的时空分析

［J］．湖南师范大学自然科学学报，2020，43（3）：10-17.

［129］Zhang Z，Lu W X，Zhao Y，et al. Development tendency analysis and e-valuation of the water ecological carrying capacity in the Siping area of Jilin Province in China based on system dynamics and analytic hierarchy process［J］．Ecological modelling，2014（275）：9-21.

［130］Forrester J W. Information Sources for modeling the national economy［J］．Journal of the American Statistical Association，1980，75（371）：555-566.

［131］Matinzadeh M M，Abedi Koupai J，Sadeghi-Lari A，et al. Development of an innovative integrated model for the simulation of nitrogen dynamics in farmlands with drainage systems using the system dynamics approach［J］．Ecological Modelling，2017（347）：11-28.

［132］Ahmad S，Mat Tahar R，Muhammad-Sukki F，et al. Application of system dynamics approach in electricity sector modelling：A review［J］．Renewable & Sustainable Energy Reviews，2016（56）：29-37.

［133］Babader A，Ren J，Jones K O，et al. A system dynamics approach for enhancing social behaviours regarding the reuse of packaging［J］．Expert Systems with Applications，2016（46）：417-425.

［134］Genge B，Kiss I，Haller P. A system dynamics approach for assessing the impact of cyber attacks on critical infrastructures［J］．International Journal of Critical Infrastructure Protection，2015（10）：3-17.

［135］王其藩．系统动力学理论与方法的新进展［J］．系统工程理论方法应用，1995（2）：6-12.

［136］宋世涛，魏一鸣，范英．中国可持续发展问题的系统动力学研究进展［J］．中国人口·资源与环境，2004（2）：43-49.

［137］王其藩，李旭．从系统动力学观点看社会经济系统的政策作用机制与优化［J］．科技导报，2004（5）：34-36.

［138］孙斌，严波，尚雅楠．基于系统动力学的包头市智慧城市评价体系研究［J］．城市发展研究，2016，23（8）：6-11.

［139］窦睿音，张生玲，刘学敏．基于系统动力学的资源型城市转型模式实证研究——以鄂尔多斯为例［J］．干旱区资源与环境，2019，33（8）：18-25.

［140］杨秀平，贾云婷，翁钢民，等．城市旅游环境系统韧性的系统动力学

研究——以兰州市为例［J］. 旅游科学，2020，34（2）：23-40.

［141］徐伟，王静爱，史培军，等. 中国城市地震灾害危险度评价［J］. 自然灾害学报，2004（1）：9-15.

［142］Tian H，Liu Y，Li Y，et al. An investigation of transmission control measures during the first 50 days of the COVID-19 epidemic in China［J］. Science，2020，368（6491）：638-642.

［143］Brooks S K，Webster R K，Smith L E，et al. The psychological impact of quarantine and how to reduce it：Rapid review of the evidence［J］. Lancet，2020，395（10227）：912-920.

［144］付凌晖. 我国产业结构高级化与经济增长关系的实证研究［J］. 统计研究，2010，27（8）：79-81.

［145］王富喜，毛爱华，李赫龙，等. 基于熵值法的山东省城镇化质量测度及空间差异分析［J］. 地理科学，2013，33（11）：1323-1329.

［146］裴玮. 基于熵值法的城市高质量发展综合评价［J］. 统计与决策，2020，36（16）：119-122.

［147］Lee J，Wong D. Statistical analysis with rewiew GIS［M］. New York：John Wiley & Sons，Inc.，2001.

［148］Liao K. A Theory on urban resilience to floods—A basis for alternative planning practices［J］. Ecology and Society，2012，17（4）：48.

［149］Bozza A，Asprone D，Fabbrocino F. Urban resilience：A civil engineering perspective［J］. Sustainability（Basel，Switzerland），2017，9（1）：103.

［150］Rees W E. Ecological footprints and appropriated carrying capacity：What urban economics leaves out［J］. Environment and Urbanization，1992，4（2）：121-130.

［151］方恺. 生态足迹深度和广度：构建三维模型的新指标［J］. 生态学报，2013，33（1）：267-274.

［152］Wackernagel M. Ecological footprint and appropriated carrying capacity：A tool for planning toward sustainability［D］. University of British Columbia，1994.

［153］Li G J，Wang Q，Gu X W，et al. Application of the componential method for ecological footprint calculation of a Chinese university campus［J］. Ecological Indicators，2008，8（1）：75-78.

［154］Collins A，Jones C，Munday M. Assessing the environmental impacts of mega sporting events：Two options？ ［J］. Tourism Management，2009，30（6）：828-837.

［155］Niccolucci V，Bastianoni S，Tiezzi E B P，et al. How deep is the footprint? A 3D representation ［J］. Ecological Modelling，2009，220（20）：2819-2823.

［156］Niccolucci V，Galli A，Reed A，et al. Towards a 3D national ecological footprint geography ［J］. Ecological Modelling，2011，222（16）：2939-2944.

［157］靳相木，柳乾坤. 自然资源核算的生态足迹模型演进及其评论 ［J］. 自然资源学报，2017，32（1）：163-176.

［158］Camagni R，Diappi L，Stabilini S. City networks：An analysis of the Lombardy region in terms of communication flows ［M］. Moving Frontiers：Economic Restructuring，Regional Development and Emerging Networks. Avebury，Aldershot，1994.

［159］张松林，张昆. 全局空间自相关 Moran 指数和 G 系数对比研究 ［J］. 中山大学学报（自然科学版），2007（4）：93-97.

［160］Castells M. The informational city：Information technology，economic restructuring and the urban-regional progress ［M］. Oxford，USA：Blackwell，1989.

［161］邵汉华，周磊，刘耀彬. 中国创新发展的空间关联网络结构及驱动因素 ［J］. 科学学研究，2018，36（11）：2055-2069.

［162］黄金川，方创琳. 城市化与生态环境交互耦合机制与规律性分析 ［J］. 地理研究，2003（2）：211-220.

［163］魏石梅，潘竟虎. 中国地级及以上城市网络结构韧性测度研究 ［J］. 地理学报，2021（6）.

［164］魏治，修春亮，孙平军. 21 世纪以来中国城镇化动力机制分析 ［J］. 地理研究，2013，32（9）：1679-1687.

［165］林樱子. 城市网络结构韧性评估及其优化策略研究 ［D］. 华中科技大学，2017.

［166］彭翀，林樱子，顾朝林. 长江中游城市网络结构韧性评估及其优化策略 ［J］. 地理研究，2018，37（6）：1193-1207.

［167］彭翀，陈思宇，王宝强. 中断模拟下城市群网络结构韧性研究——以长江中游城市群客运网络为例 ［J］. 经济地理，2019，39（8）：68-76.

［168］王俊松，颜燕，胡曙虹．中国城市技术创新能力的空间特征及影响因素——基于空间面板数据模型的研究［J］．地理科学，2017，37（1）：11-18.

［169］王世平，赵春燕．城市韧性与城市出口——基于中国地级市面板数据的实证分析［J］．山西财经大学学报，2016，38（6）：1-14.

［170］李博，张帅．沿海城市弹性演变趋势与影响因素分析——以大连市为例［J］．辽宁师范大学学报（自然科学版），2017，40（2）：268-275.

［171］白晶．京津冀区域人力资本对经济增长的影响［J］．合作经济与科技，2019（4）：4-6.

［172］Lesage J，Pace R K. Statistics：A series of textbooks and monographs［M］. Boca Raton：CRC Press，2010.

［173］林光平，龙志和，吴梅．中国地区经济 σ-收敛的空间计量实证分析［J］．数量经济技术经济研究，2006（4）：14-21.

附　录

表 A1　对数产业结构高级化（LCYGJH）与对数 GDP（LGDP）单位根检验结果

序列	检验方法	统计量	P 值	平稳性
LCYGJH	Levin, Lin & Chu t*	1. 76528	0. 9612	非平稳
	Im, Pesaran and Shin W-sta	7. 61592	1	非平稳
LGDP	Levin, Lin & Chu t*	−5. 12443	0. 0000	平稳
	Breitung t-stat	4. 85361	1	非平稳
	Im, Pesaran and Shin W-sta	6. 85485	1	非平稳
	ADF-Fisher Chi-square	66. 4666	1	非平稳
	PP-Fisher Chi-square	162. 161	0. 8753	非平稳
D（LCYGJH）	Levin, Lin & Chu t*	−4. 50432	0. 0000	平稳
	Im, Pesaran and Shin W-sta	−3. 11573	0. 0009	平稳
D（LGDP）	Levin, Lin & Chu t*	−16. 8497	0. 0000	平稳
	Im, Pesaran and Shin W-sta	−3. 73213	0. 0001	平稳

　　注：表中 LGDP 应用 LLC 检验时，是平稳序列，但由于其他检验都显示是非平稳的，综合起来认为 LGDP 是非平稳序列。

表 A2　LCYGJH 与 LGDP 协整方程的残差检验结果

序列	检验方法	统计量	P 值	平稳性
残差	Levin, Lin & Chu t*	−5. 10705	0. 0000	平稳
	Im, Pesaran and Shin W-sta	−3. 64697	0. 0001	平稳
	ADF-Fisher Chi-square	283. 735	0. 0000	平稳
	PP-Fisher Chi-square	460. 100	0. 0000	平稳

　　注：协整方程为 LCYGJH=2.734 − 0.032×LGDP+［AR（1）=0.985］。

表 B1 五大城市群平均城市韧性水平

年份	城市群	生态韧性水平	社会韧性水平	经济韧性水平	基础设施韧性水平	城市韧性水平
2007	京津冀	0.0150	0.0562	0.0312	0.0178	0.1201
2008	京津冀	0.0149	0.0547	0.0299	0.0171	0.1166
2009	京津冀	0.0155	0.0546	0.0313	0.0166	0.1180
2010	京津冀	0.0151	0.0575	0.0331	0.0165	0.1222
2011	京津冀	0.0130	0.0347	0.0139	0.0122	0.0738
2012	京津冀	0.0134	0.0402	0.0155	0.0139	0.0830
2013	京津冀	0.0137	0.0371	0.0146	0.0120	0.0774
2014	京津冀	0.0139	0.0390	0.0150	0.0135	0.0814
2015	京津冀	0.0139	0.0543	0.0370	0.0239	0.1291
2016	京津冀	0.0143	0.0526	0.0337	0.0183	0.1189
2017	京津冀	0.0144	0.0480	0.0246	0.0166	0.1037
2018	京津冀	0.0143	0.0473	0.0249	0.0167	0.1032
2019	京津冀	0.0145	0.0494	0.0329	0.0178	0.1146
2007	长三角	0.0144	0.0436	0.0319	0.0193	0.1092
2008	长三角	0.0145	0.0428	0.0297	0.0169	0.1038
2009	长三角	0.0143	0.0428	0.0270	0.0153	0.0994
2010	长三角	0.0144	0.0426	0.0261	0.0172	0.1003
2011	长三角	0.0144	0.0432	0.0199	0.0151	0.0925
2012	长三角	0.0142	0.0400	0.0181	0.0147	0.0870
2013	长三角	0.0139	0.0424	0.0199	0.0162	0.0924
2014	长三角	0.0136	0.0426	0.0213	0.0175	0.0950
2015	长三角	0.0137	0.0405	0.0180	0.0137	0.0858
2016	长三角	0.0140	0.0463	0.0279	0.0183	0.1065
2017	长三角	0.0144	0.0499	0.0358	0.0215	0.1216
2018	长三角	0.0144	0.0533	0.0406	0.0243	0.1325
2019	长三角	0.0143	0.0525	0.0434	0.0239	0.1342
2007	珠三角	0.0152	0.0809	0.0885	0.0408	0.2255
2008	珠三角	0.0152	0.0675	0.0682	0.0300	0.1809
2009	珠三角	0.0150	0.0572	0.0409	0.0206	0.1337
2010	珠三角	0.0149	0.0485	0.0373	0.0199	0.1206
2011	珠三角	0.0153	0.0551	0.0565	0.0206	0.1473

年份	城市群	生态韧性水平	社会韧性水平	经济韧性水平	基础设施韧性水平	城市韧性水平
2012	珠三角	0.0152	0.0597	0.0410	0.0210	0.1368
2013	珠三角	0.0153	0.0496	0.0263	0.0163	0.1075
2014	珠三角	0.0155	0.0482	0.0212	0.0147	0.0996
2015	珠三角	0.0143	0.0532	0.0334	0.0265	0.1274
2016	珠三角	0.0147	0.0480	0.0346	0.0222	0.1194
2017	珠三角	0.0144	0.0528	0.0319	0.0203	0.1194
2018	珠三角	0.0142	0.0448	0.0200	0.0135	0.0925
2019	珠三角	0.0148	0.0496	0.0264	0.0181	0.1089
2007	成渝	0.0149	0.0487	0.0219	0.0146	0.1001
2008	成渝	0.0152	0.0640	0.0510	0.0284	0.1586
2009	成渝	0.0152	0.0754	0.0795	0.0383	0.2084
2010	成渝	0.0151	0.0656	0.0589	0.0275	0.1672
2011	成渝	0.0151	0.0574	0.0359	0.0190	0.1274
2012	成渝	0.0154	0.0532	0.0437	0.0186	0.1309
2013	成渝	0.0153	0.0585	0.0467	0.0208	0.1413
2014	成渝	0.0155	0.0579	0.0361	0.0194	0.1289
2015	成渝	0.0151	0.0521	0.0272	0.0156	0.1100
2016	成渝	0.0152	0.0537	0.0273	0.0191	0.1153
2017	成渝	0.0150	0.0538	0.0318	0.0224	0.1230
2018	成渝	0.0149	0.0589	0.0416	0.0267	0.1420
2019	成渝	0.0147	0.0558	0.0319	0.0188	0.1212
2007	长江中游	0.0158	0.0630	0.0436	0.0253	0.1477
2008	长江中游	0.0156	0.0622	0.0421	0.0248	0.1447
2009	长江中游	0.0156	0.0609	0.0399	0.0231	0.1395
2010	长江中游	0.0156	0.0702	0.0553	0.0288	0.1698
2011	长江中游	0.0157	0.0743	0.0660	0.0291	0.1852
2012	长江中游	0.0157	0.0778	0.0733	0.0310	0.1979
2013	长江中游	0.0159	0.0792	0.0781	0.0319	0.2052
2014	长江中游	0.0159	0.0711	0.0652	0.0248	0.1770
2015	长江中游	0.0161	0.0701	0.0541	0.0220	0.1622
2016	长江中游	0.0160	0.0675	0.0510	0.0207	0.1552

年份	城市群	生态韧性水平	社会韧性水平	经济韧性水平	基础设施韧性水平	城市韧性水平
2017	长江中游	0.0160	0.0670	0.0490	0.0200	0.1521
2018	长江中游	0.0160	0.0639	0.0421	0.0199	0.1420
2019	长江中游	0.0158	0.0619	0.0405	0.0220	0.1401

表 B2　五大城市群 92 个城市的城市韧性综合评价值

城市	2007 年	2011 年	2015 年	2019 年	城市	2007 年	2011 年	2015 年	2019 年
北京	0.264	0.361	0.487	0.579	湖州	0.086	0.113	0.141	0.173
天津	0.162	0.275	0.335	0.306	舟山	0.085	0.109	0.137	0.167
石家庄	0.107	0.134	0.166	0.202	金华	0.089	0.118	0.160	0.199
承德	0.079	0.099	0.110	0.134	绍兴	0.093	0.125	0.172	0.203
张家口	0.074	0.095	0.110	0.130	台州	0.079	0.111	0.143	0.183
秦皇岛	0.097	0.120	0.146	0.151	宁波	0.135	0.195	0.242	0.279
唐山	0.093	0.135	0.145	0.171	合肥	0.102	0.136	0.181	0.240
廊坊	0.081	0.106	0.130	0.162	芜湖	0.088	0.111	0.142	0.172
保定	0.084	0.104	0.125	0.153	马鞍山	0.078	0.104	0.127	0.147
沧州	0.075	0.099	0.122	0.148	铜陵	0.079	0.104	0.098	0.124
衡水	0.076	0.092	0.107	0.134	安庆	0.057	0.073	0.098	0.113
邢台	0.070	0.092	0.110	0.140	滁州	0.059	0.085	0.109	0.143
邯郸	0.074	0.098	0.120	0.140	池州	0.059	0.081	0.100	0.112
上海	0.305	0.400	0.493	0.610	宣城	0.058	0.079	0.107	0.127
南京	0.152	0.214	0.273	0.351	广州	0.215	0.283	0.376	0.466
无锡	0.135	0.200	0.222	0.261	深圳	0.281	0.404	0.501	0.633
常州	0.111	0.151	0.183	0.214	珠海	0.134	0.179	0.226	0.256
苏州	0.190	0.286	0.324	0.385	佛山	0.122	0.167	0.204	0.265
南通	0.097	0.149	0.185	0.206	惠州	0.077	0.102	0.139	0.159
盐城	0.070	0.103	0.137	0.166	东莞	0.161	0.221	0.269	0.299
扬州	0.085	0.119	0.148	0.178	中山	0.100	0.137	0.165	0.191
镇江	0.087	0.123	0.158	0.165	江门	0.074	0.104	0.126	0.150
泰州	0.078	0.109	0.141	0.171	肇庆	0.065	0.082	0.109	0.130
杭州	0.153	0.217	0.298	0.369	重庆	0.123	0.238	0.320	0.386
嘉兴	0.090	0.124	0.161	0.205	成都	0.132	0.209	0.275	0.389

城市	2007 年	2011 年	2015 年	2019 年	城市	2007 年	2011 年	2015 年	2019 年
自贡	0.055	0.070	0.087	0.106	上饶	0.058	0.079	0.100	0.121
泸州	0.053	0.072	0.095	0.120	吉安	0.057	0.080	0.105	0.130
德阳	0.056	0.080	0.096	0.124	抚州	0.054	0.079	0.096	0.117
绵阳	0.061	0.089	0.113	0.133	武汉	0.154	0.223	0.306	0.384
遂宁	0.047	0.064	0.084	0.101	黄石	0.065	0.081	0.102	0.126
内江	0.045	0.063	0.077	0.101	宜昌	0.067	0.088	0.122	0.140
乐山	0.055	0.073	0.091	0.108	襄阳	0.068	0.084	0.118	0.139
南充	0.055	0.072	0.093	0.111	鄂州	0.056	0.072	0.091	0.112
宜宾	0.051	0.065	0.086	0.112	荆门	0.066	0.077	0.102	0.122
广安	0.050	0.068	0.088	0.109	孝感	0.056	0.066	0.091	0.111
达州	0.053	0.065	0.081	0.100	荆州	0.065	0.075	0.102	0.123
资阳	0.046	0.071	0.085	0.102	黄冈	0.056	0.069	0.096	0.107
眉山	0.047	0.068	0.111	0.108	咸宁	0.051	0.068	0.089	0.111
雅安	0.058	0.072	0.090	0.114	长沙	0.125	0.171	0.225	0.272
南昌	0.114	0.140	0.183	0.215	株洲	0.069	0.098	0.120	0.148
景德镇	0.062	0.082	0.100	0.123	湘潭	0.077	0.101	0.120	0.140
萍乡	0.058	0.077	0.098	0.117	衡阳	0.058	0.086	0.111	0.132
九江	0.058	0.091	0.111	0.138	岳阳	0.059	0.081	0.107	0.122
新余	0.066	0.100	0.117	0.129	常德	0.060	0.081	0.103	0.132
鹰潭	0.051	0.073	0.094	0.113	益阳	0.053	0.067	0.087	0.106
宜春	0.059	0.078	0.103	0.127	娄底	0.053	0.068	0.085	0.110
					平均	0.089	0.122	0.154	0.185

表 B3 五大城市群 92 个城市的城市生态韧性水平

城市	2007 年	2011 年	2015 年	2019 年	城市	2007 年	2011 年	2015 年	2019 年
北京	0.011	0.012	0.013	0.014	唐山	0.009	0.011	0.011	0.012
天津	0.012	0.012	0.013	0.014	廊坊	0.013	0.013	0.013	0.014
石家庄	0.012	0.013	0.014	0.014	保定	0.011	0.013	0.013	0.013
承德	0.017	0.018	0.018	0.017	沧州	0.010	0.011	0.012	0.014
张家口	0.011	0.013	0.015	0.014	衡水	0.013	0.014	0.015	0.016
秦皇岛	0.015	0.018	0.018	0.017	邢台	0.011	0.013	0.013	0.018

续表

城市	2007 年	2011 年	2015 年	2019 年	城市	2007 年	2011 年	2015 年	2019 年
邯郸	0.010	0.012	0.012	0.012	东莞	0.013	0.016	0.018	0.018
上海	0.013	0.014	0.014	0.015	中山	0.014	0.017	0.018	0.018
南京	0.013	0.014	0.015	0.016	江门	0.016	0.017	0.019	0.021
无锡	0.015	0.016	0.016	0.017	肇庆	0.016	0.017	0.018	0.019
常州	0.013	0.013	0.014	0.014	重庆	0.013	0.017	0.018	0.018
苏州	0.015	0.015	0.016	0.016	成都	0.016	0.017	0.018	0.019
南通	0.013	0.014	0.015	0.017	自贡	0.011	0.012	0.014	0.016
盐城	0.014	0.014	0.015	0.016	泸州	0.014	0.016	0.017	0.018
扬州	0.014	0.014	0.015	0.015	德阳	0.014	0.016	0.017	0.017
镇江	0.013	0.014	0.015	0.015	绵阳	0.014	0.015	0.016	0.017
泰州	0.014	0.014	0.015	0.017	遂宁	0.015	0.015	0.017	0.019
杭州	0.013	0.014	0.015	0.015	内江	0.011	0.014	0.016	0.019
嘉兴	0.014	0.016	0.016	0.017	乐山	0.012	0.012	0.014	0.016
湖州	0.015	0.017	0.017	0.018	南充	0.015	0.016	0.018	0.018
舟山	0.017	0.017	0.017	0.018	宜宾	0.012	0.014	0.014	0.016
金华	0.016	0.016	0.017	0.017	广安	0.017	0.018	0.020	0.020
绍兴	0.016	0.016	0.016	0.017	达州	0.015	0.017	0.018	0.017
台州	0.013	0.016	0.017	0.017	资阳	0.015	0.016	0.018	0.020
宁波	0.015	0.015	0.016	0.017	眉山	0.014	0.016	0.017	0.019
合肥	0.013	0.014	0.014	0.015	雅安	0.013	0.014	0.016	0.018
芜湖	0.014	0.015	0.016	0.016	南昌	0.016	0.017	0.018	0.018
马鞍山	0.015	0.016	0.016	0.017	景德镇	0.016	0.019	0.019	0.020
铜陵	0.014	0.015	0.017	0.018	萍乡	0.016	0.018	0.018	0.020
安庆	0.014	0.014	0.017	0.018	九江	0.014	0.017	0.017	0.016
滁州	0.012	0.015	0.016	0.018	新余	0.015	0.019	0.020	0.020
池州	0.015	0.016	0.017	0.018	鹰潭	0.016	0.018	0.019	0.019
宣城	0.014	0.015	0.017	0.017	宜春	0.017	0.018	0.019	0.019
广州	0.014	0.015	0.017	0.018	上饶	0.017	0.017	0.017	0.018
深圳	0.017	0.017	0.018	0.017	吉安	0.014	0.019	0.020	0.020
珠海	0.014	0.015	0.018	0.018	抚州	0.014	0.019	0.019	0.020
佛山	0.012	0.014	0.015	0.016	武汉	0.014	0.015	0.017	0.017
惠州	0.014	0.016	0.018	0.018	黄石	0.015	0.016	0.017	0.019

续表

城市	2007 年	2011 年	2015 年	2019 年	城市	2007 年	2011 年	2015 年	2019 年
宜昌	0.016	0.016	0.017	0.017	长沙	0.015	0.016	0.017	0.017
襄阳	0.016	0.016	0.018	0.017	株洲	0.015	0.017	0.018	0.019
鄂州	0.013	0.015	0.016	0.017	湘潭	0.015	0.016	0.017	0.018
荆门	0.017	0.016	0.017	0.017	衡阳	0.014	0.016	0.017	0.018
孝感	0.015	0.016	0.016	0.017	岳阳	0.016	0.016	0.017	0.017
荆州	0.013	0.014	0.015	0.017	常德	0.014	0.015	0.017	0.017
黄冈	0.014	0.015	0.016	0.015	益阳	0.013	0.014	0.015	0.016
咸宁	0.015	0.016	0.016	0.018	娄底	0.014	0.016	0.017	0.017
					平均	0.013	0.015	0.016	0.016

表 B4　五大城市群 92 个城市的城市社会韧性水平

城市	2007 年	2011 年	2015 年	2019 年	城市	2007 年	2011 年	2015 年	2019 年
北京	0.096	0.120	0.145	0.175	盐城	0.030	0.044	0.061	0.071
天津	0.061	0.073	0.087	0.098	扬州	0.037	0.050	0.064	0.078
石家庄	0.060	0.068	0.076	0.093	镇江	0.039	0.052	0.068	0.079
承德	0.048	0.057	0.063	0.080	泰州	0.032	0.046	0.061	0.077
张家口	0.041	0.051	0.059	0.074	杭州	0.068	0.088	0.112	0.133
秦皇岛	0.052	0.063	0.087	0.088	嘉兴	0.034	0.051	0.068	0.087
唐山	0.050	0.063	0.071	0.087	湖州	0.033	0.046	0.060	0.079
廊坊	0.044	0.058	0.071	0.085	舟山	0.039	0.050	0.069	0.086
保定	0.049	0.054	0.064	0.078	金华	0.034	0.047	0.060	0.080
沧州	0.041	0.053	0.064	0.076	绍兴	0.036	0.049	0.067	0.088
衡水	0.044	0.052	0.060	0.075	台州	0.027	0.039	0.054	0.075
邢台	0.039	0.048	0.059	0.070	宁波	0.046	0.065	0.079	0.096
邯郸	0.039	0.047	0.057	0.070	合肥	0.047	0.059	0.075	0.091
上海	0.085	0.100	0.126	0.149	芜湖	0.047	0.052	0.067	0.080
南京	0.073	0.089	0.108	0.129	马鞍山	0.040	0.051	0.061	0.069
无锡	0.043	0.059	0.076	0.097	铜陵	0.045	0.059	0.044	0.063
常州	0.040	0.053	0.070	0.086	安庆	0.023	0.031	0.044	0.051
苏州	0.046	0.061	0.086	0.113	滁州	0.031	0.040	0.051	0.064
南通	0.034	0.047	0.065	0.082	池州	0.024	0.037	0.049	0.055

续表

城市	2007 年	2011 年	2015 年	2019 年	城市	2007 年	2011 年	2015 年	2019 年
宣城	0.025	0.033	0.045	0.056	景德镇	0.032	0.041	0.052	0.062
广州	0.092	0.119	0.145	0.151	萍乡	0.026	0.037	0.049	0.058
深圳	0.103	0.140	0.160	0.183	九江	0.027	0.038	0.047	0.059
珠海	0.070	0.099	0.123	0.124	新余	0.033	0.050	0.063	0.069
佛山	0.044	0.058	0.072	0.097	鹰潭	0.026	0.037	0.050	0.060
惠州	0.029	0.040	0.055	0.066	宜春	0.027	0.036	0.047	0.057
东莞	0.068	0.088	0.106	0.112	上饶	0.021	0.031	0.042	0.050
中山	0.044	0.060	0.073	0.085	吉安	0.026	0.036	0.048	0.059
江门	0.029	0.047	0.058	0.071	抚州	0.025	0.034	0.042	0.050
肇庆	0.028	0.035	0.053	0.061	武汉	0.068	0.082	0.100	0.116
重庆	0.046	0.061	0.080	0.094	黄石	0.030	0.039	0.050	0.061
成都	0.052	0.072	0.091	0.109	宜昌	0.031	0.042	0.061	0.067
自贡	0.025	0.036	0.042	0.052	襄阳	0.033	0.043	0.061	0.066
泸州	0.023	0.035	0.046	0.059	鄂州	0.025	0.034	0.046	0.054
德阳	0.028	0.042	0.050	0.066	荆门	0.033	0.040	0.054	0.066
绵阳	0.029	0.045	0.056	0.065	孝感	0.022	0.028	0.042	0.051
遂宁	0.019	0.031	0.040	0.047	荆州	0.034	0.038	0.054	0.062
内江	0.021	0.033	0.038	0.048	黄冈	0.024	0.031	0.045	0.051
乐山	0.027	0.039	0.048	0.057	咸宁	0.024	0.035	0.049	0.056
南充	0.023	0.033	0.045	0.053	长沙	0.063	0.078	0.096	0.111
宜宾	0.025	0.032	0.044	0.053	株洲	0.036	0.045	0.057	0.069
广安	0.019	0.032	0.041	0.051	湘潭	0.041	0.054	0.064	0.071
达州	0.025	0.032	0.038	0.047	衡阳	0.028	0.041	0.051	0.060
资阳	0.019	0.036	0.044	0.051	岳阳	0.028	0.040	0.052	0.054
眉山	0.020	0.033	0.041	0.051	常德	0.030	0.039	0.050	0.062
雅安	0.032	0.043	0.052	0.064	益阳	0.025	0.035	0.045	0.053
南昌	0.066	0.072	0.089	0.102	娄底	0.024	0.032	0.039	0.050
					平均	0.039	0.051	0.065	0.077

表 B5 五大城市群 92 个城市的城市经济韧性水平

城市	2007 年	2011 年	2015 年	2019 年	城市	2007 年	2011 年	2015 年	2019 年
北京	0.0929	0.1381	0.2112	0.2604	芜湖	0.0146	0.0252	0.0422	0.0555
天津	0.0611	0.1232	0.1774	0.1397	马鞍山	0.0135	0.0196	0.0316	0.0431
石家庄	0.0190	0.0307	0.0479	0.0621	铜陵	0.0118	0.0182	0.0236	0.0282
承德	0.0093	0.0139	0.0195	0.0243	安庆	0.0118	0.0157	0.0237	0.0298
张家口	0.0117	0.0164	0.0223	0.0292	滁州	0.0086	0.0136	0.0226	0.0367
秦皇岛	0.0158	0.0205	0.0269	0.0318	池州	0.0101	0.0143	0.0192	0.0232
唐山	0.0176	0.0301	0.0413	0.0510	宣城	0.0106	0.0177	0.0241	0.0309
廊坊	0.0120	0.0202	0.0315	0.0450	广州	0.0664	0.1019	0.1490	0.2043
保定	0.0123	0.0201	0.0298	0.0398	深圳	0.1288	0.1978	0.2621	0.3591
沧州	0.0128	0.0190	0.0295	0.0392	珠海	0.0316	0.0442	0.0631	0.0804
衡水	0.0089	0.0128	0.0201	0.0286	佛山	0.0432	0.0651	0.0860	0.1129
邢台	0.0087	0.0155	0.0232	0.0322	惠州	0.0213	0.0328	0.0479	0.0538
邯郸	0.0123	0.0199	0.0293	0.0378	东莞	0.0571	0.0825	0.1135	0.1391
上海	0.1436	0.2163	0.2619	0.3580	中山	0.0294	0.0446	0.0574	0.0695
南京	0.0416	0.0707	0.0980	0.1372	江门	0.0185	0.0268	0.0360	0.0447
无锡	0.0482	0.0867	0.0983	0.1144	肇庆	0.0143	0.0190	0.0254	0.0351
常州	0.0301	0.0530	0.0677	0.0847	重庆	0.0317	0.0913	0.1450	0.1760
苏州	0.0990	0.1731	0.1787	0.2068	成都	0.0320	0.0785	0.1114	0.1644
南通	0.0306	0.0566	0.0700	0.0793	自贡	0.0079	0.0105	0.0165	0.0234
盐城	0.0143	0.0271	0.0385	0.0521	泸州	0.0080	0.0118	0.0187	0.0263
扬州	0.0183	0.0345	0.0454	0.0597	德阳	0.0067	0.0116	0.0187	0.0252
镇江	0.0203	0.0355	0.0490	0.0508	绵阳	0.0090	0.0146	0.0212	0.0301
泰州	0.0165	0.0302	0.0433	0.0549	遂宁	0.0059	0.0094	0.0154	0.0211
杭州	0.0477	0.0822	0.1215	0.1445	内江	0.0070	0.0081	0.0139	0.0219
嘉兴	0.0281	0.0420	0.0608	0.0802	乐山	0.0063	0.0107	0.0167	0.0226
湖州	0.0181	0.0287	0.0417	0.0534	南充	0.0087	0.0124	0.0173	0.0245
舟山	0.0179	0.0268	0.0338	0.0423	宜宾	0.0076	0.0114	0.0190	0.0257
金华	0.0231	0.0346	0.0583	0.0764	广安	0.0088	0.0117	0.0179	0.0259
绍兴	0.0267	0.0416	0.0638	0.0716	达州	0.0064	0.0101	0.0194	0.0243
台州	0.0227	0.0336	0.0487	0.0643	资阳	0.0053	0.0087	0.0140	0.0200
宁波	0.0507	0.0827	0.1100	0.1238	眉山	0.0059	0.0093	0.0152	0.0255
合肥	0.0222	0.0400	0.0615	0.0976	雅安	0.0071	0.0090	0.0138	0.0198

城市	2007 年	2011 年	2015 年	2019 年	城市	2007 年	2011 年	2015 年	2019 年
南昌	0.0188	0.0307	0.0487	0.0701	鄂州	0.0085	0.0126	0.0191	0.0289
景德镇	0.0097	0.0133	0.0193	0.0273	荆门	0.0078	0.0111	0.0189	0.0272
萍乡	0.0083	0.0133	0.0230	0.0297	孝感	0.0099	0.0130	0.0209	0.0291
九江	0.0108	0.0183	0.0312	0.0434	荆州	0.0089	0.0116	0.0199	0.0296
新余	0.0094	0.0185	0.0237	0.0280	黄冈	0.0093	0.0134	0.0226	0.0285
鹰潭	0.0069	0.0119	0.0188	0.0267	咸宁	0.0076	0.0115	0.0174	0.0252
宜春	0.0081	0.0135	0.0237	0.0350	长沙	0.0275	0.0512	0.0760	0.1095
上饶	0.0120	0.0170	0.0267	0.0366	株洲	0.0106	0.0200	0.0273	0.0398
吉安	0.0100	0.0146	0.0254	0.0345	湘潭	0.0104	0.0161	0.0251	0.0352
抚州	0.0083	0.0130	0.0206	0.0303	衡阳	0.0092	0.0148	0.0261	0.0395
武汉	0.0366	0.0633	0.1037	0.1531	岳阳	0.0085	0.0139	0.0241	0.0352
黄石	0.0118	0.0150	0.0213	0.0300	常德	0.0085	0.0142	0.0241	0.0353
宜昌	0.0109	0.0168	0.0287	0.0384	益阳	0.0104	0.0117	0.0188	0.0243
襄阳	0.0107	0.0158	0.0276	0.0415	娄底	0.0088	0.0110	0.0172	0.0277
					平均	0.022	0.035	0.050	0.065

表 B6 五大城市群 92 个城市的城市基础设施韧性水平

城市	2007 年	2011 年	2015 年	2019 年	城市	2007 年	2011 年	2015 年	2019 年
北京	0.063	0.091	0.118	0.129	上海	0.063	0.070	0.091	0.088
天津	0.029	0.067	0.058	0.054	南京	0.025	0.041	0.052	0.069
石家庄	0.016	0.022	0.028	0.033	无锡	0.029	0.038	0.031	0.033
承德	0.005	0.010	0.009	0.013	常州	0.028	0.032	0.032	0.029
张家口	0.010	0.014	0.014	0.013	苏州	0.029	0.036	0.043	0.049
秦皇岛	0.013	0.019	0.015	0.014	南通	0.019	0.032	0.035	0.027
唐山	0.016	0.032	0.021	0.022	盐城	0.012	0.019	0.022	0.027
廊坊	0.012	0.015	0.015	0.018	扬州	0.015	0.021	0.024	0.024
保定	0.012	0.017	0.019	0.022	镇江	0.015	0.022	0.026	0.020
沧州	0.012	0.015	0.016	0.019	泰州	0.015	0.018	0.021	0.022
衡水	0.010	0.014	0.012	0.014	杭州	0.025	0.032	0.050	0.077
邢台	0.011	0.016	0.015	0.020	嘉兴	0.014	0.015	0.017	0.021
邯郸	0.014	0.019	0.021	0.021	湖州	0.019	0.022	0.022	0.022

城市	2007年	2011年	2015年	2019年	城市	2007年	2011年	2015年	2019年
舟山	0.012	0.015	0.018	0.020	广安	0.007	0.008	0.011	0.015
金华	0.017	0.021	0.025	0.027	达州	0.008	0.008	0.008	0.013
绍兴	0.015	0.018	0.025	0.027	资阳	0.008	0.012	0.011	0.013
台州	0.016	0.022	0.024	0.027	眉山	0.008	0.012	0.039	0.014
宁波	0.023	0.032	0.037	0.042	雅安	0.006	0.007	0.010	0.014
合肥	0.019	0.023	0.030	0.037	南昌	0.014	0.022	0.029	0.027
芜湖	0.012	0.019	0.018	0.020	景德镇	0.005	0.011	0.011	0.015
马鞍山	0.009	0.018	0.018	0.018	萍乡	0.009	0.010	0.010	0.011
铜陵	0.008	0.011	0.014	0.015	九江	0.008	0.019	0.017	0.021
安庆	0.009	0.012	0.014	0.015	新余	0.010	0.014	0.012	0.013
滁州	0.008	0.016	0.019	0.025	鹰潭	0.004	0.007	0.007	0.009
池州	0.009	0.013	0.014	0.016	宜春	0.009	0.011	0.015	0.018
宣城	0.008	0.013	0.021	0.023	上饶	0.010	0.015	0.015	0.018
广州	0.042	0.047	0.066	0.093	吉安	0.007	0.012	0.014	0.019
深圳	0.032	0.050	0.060	0.074	抚州	0.007	0.013	0.016	0.019
珠海	0.018	0.020	0.023	0.033	武汉	0.037	0.063	0.087	0.099
佛山	0.023	0.030	0.030	0.039	黄石	0.009	0.012	0.014	0.018
惠州	0.012	0.013	0.019	0.021	宜昌	0.010	0.014	0.016	0.019
东莞	0.023	0.035	0.032	0.030	襄阳	0.010	0.011	0.013	0.016
中山	0.013	0.016	0.017	0.018	鄂州	0.011	0.012	0.012	0.014
江门	0.012	0.015	0.014	0.016	荆门	0.010	0.011	0.013	0.014
肇庆	0.008	0.012	0.015	0.017	孝感	0.010	0.010	0.014	0.016
重庆	0.033	0.070	0.079	0.099	荆州	0.010	0.012	0.014	0.016
成都	0.033	0.043	0.056	0.099	黄冈	0.010	0.012	0.014	0.014
自贡	0.012	0.012	0.015	0.016	咸宁	0.006	0.007	0.008	0.013
泸州	0.010	0.011	0.015	0.018	长沙	0.020	0.027	0.038	0.035
德阳	0.009	0.011	0.011	0.018	株洲	0.008	0.018	0.019	0.022
绵阳	0.010	0.015	0.021	0.023	湘潭	0.011	0.016	0.016	0.018
遂宁	0.008	0.009	0.014	0.016	衡阳	0.008	0.016	0.020	0.016
内江	0.007	0.009	0.010	0.014	岳阳	0.007	0.013	0.015	0.017
乐山	0.010	0.013	0.014	0.014	常德	0.009	0.013	0.014	0.019
南充	0.009	0.012	0.014	0.017	益阳	0.006	0.008	0.009	0.015
宜宾	0.008	0.009	0.011	0.018	娄底	0.007	0.011	0.013	0.016
					平均	0.015	0.021	0.024	0.028

表 C1　主要年份五大城市群城市的韧性广度与韧性深度

城市	2007 年		2011 年		2015 年		2019 年	
	韧性广度	韧性深度	韧性广度	韧性深度	韧性广度	韧性深度	韧性广度	韧性深度
北京	0.163	1.622	0.215	1.678	0.286	1.702	0.323	1.794
天津	0.115	1.414	0.177	1.558	0.222	1.511	0.184	1.659
石家庄	0.080	1.339	0.098	1.376	0.117	1.413	0.135	1.494
承德	0.064	1.232	0.077	1.286	0.085	1.302	0.098	1.367
张家口	0.058	1.269	0.072	1.315	0.080	1.374	0.092	1.424
秦皇岛	0.072	1.332	0.086	1.393	0.093	1.569	0.097	1.554
唐山	0.073	1.266	0.097	1.392	0.109	1.328	0.124	1.386
廊坊	0.061	1.326	0.075	1.411	0.085	1.520	0.105	1.545
保定	0.069	1.213	0.083	1.252	0.096	1.300	0.111	1.381
沧州	0.062	1.203	0.080	1.236	0.094	1.296	0.108	1.371
衡水	0.064	1.188	0.074	1.246	0.083	1.292	0.099	1.354
邢台	0.058	1.207	0.073	1.268	0.085	1.299	0.104	1.340
邯郸	0.060	1.234	0.077	1.274	0.093	1.289	0.107	1.309
上海	0.206	1.480	0.279	1.433	0.335	1.473	0.425	1.435
南京	0.088	1.730	0.121	1.773	0.150	1.818	0.189	1.860
无锡	0.099	1.361	0.130	1.532	0.150	1.481	0.170	1.538
常州	0.077	1.436	0.104	1.461	0.119	1.540	0.133	1.603
苏州	0.150	1.266	0.198	1.444	0.220	1.477	0.249	1.549
南通	0.073	1.326	0.092	1.623	0.116	1.591	0.139	1.475
盐城	0.056	1.253	0.080	1.294	0.098	1.397	0.115	1.441
扬州	0.062	1.363	0.085	1.409	0.097	1.520	0.117	1.519
镇江	0.060	1.445	0.079	1.568	0.094	1.677	0.099	1.665
泰州	0.060	1.302	0.079	1.372	0.096	1.462	0.117	1.469
杭州	0.101	1.513	0.136	1.595	0.181	1.645	0.202	1.823
嘉兴	0.066	1.367	0.084	1.478	0.104	1.556	0.128	1.610
湖州	0.063	1.365	0.078	1.452	0.094	1.512	0.111	1.559
舟山	0.058	1.468	0.071	1.538	0.084	1.623	0.100	1.667
金华	0.064	1.396	0.081	1.455	0.110	1.447	0.128	1.560
绍兴	0.069	1.358	0.088	1.416	0.107	1.604	0.121	1.675
台州	0.058	1.358	0.080	1.394	0.096	1.493	0.115	1.598

续表

城市	2007 年		2011 年		2015 年		2019 年	
	韧性广度	韧性深度	韧性广度	韧性深度	韧性广度	韧性深度	韧性广度	韧性深度
宁波	0.097	1.393	0.123	1.582	0.153	1.584	0.171	1.638
合肥	0.060	1.703	0.085	1.605	0.109	1.654	0.149	1.604
芜湖	0.055	1.591	0.066	1.685	0.086	1.648	0.104	1.654
马鞍山	0.053	1.462	0.071	1.469	0.081	1.562	0.097	1.521
铜陵	0.054	1.471	0.067	1.554	0.065	1.514	0.078	1.599
安庆	0.044	1.308	0.053	1.376	0.067	1.471	0.076	1.480
滁州	0.048	1.225	0.063	1.360	0.080	1.363	0.102	1.404
池州	0.045	1.297	0.055	1.486	0.066	1.518	0.075	1.494
宣城	0.046	1.258	0.055	1.433	0.075	1.427	0.088	1.435
广州	0.137	1.565	0.186	1.519	0.241	1.562	0.260	1.794
深圳	0.203	1.381	0.275	1.470	0.331	1.512	0.390	1.625
珠海	0.083	1.616	0.099	1.810	0.123	1.840	0.148	1.725
佛山	0.089	1.373	0.119	1.396	0.144	1.414	0.163	1.627
惠州	0.062	1.246	0.076	1.342	0.098	1.423	0.106	1.501
东莞	0.106	1.530	0.143	1.539	0.179	1.508	0.192	1.562
中山	0.070	1.437	0.092	1.498	0.104	1.593	0.115	1.662
江门	0.056	1.337	0.077	1.358	0.089	1.408	0.098	1.534
肇庆	0.050	1.284	0.058	1.412	0.078	1.404	0.089	1.472
重庆	0.087	1.416	0.155	1.534	0.219	1.459	0.267	1.445
成都	0.085	1.563	0.142	1.467	0.175	1.573	0.239	1.628
自贡	0.043	1.264	0.053	1.324	0.060	1.454	0.074	1.428
泸州	0.042	1.272	0.052	1.394	0.064	1.474	0.081	1.484
德阳	0.045	1.246	0.060	1.320	0.068	1.412	0.085	1.461
绵阳	0.047	1.288	0.065	1.363	0.077	1.465	0.090	1.477
遂宁	0.038	1.236	0.050	1.278	0.063	1.337	0.073	1.384
内江	0.037	1.243	0.049	1.274	0.055	1.402	0.070	1.442
乐山	0.044	1.248	0.055	1.321	0.065	1.410	0.076	1.434
南充	0.042	1.317	0.053	1.349	0.066	1.395	0.079	1.413
宜宾	0.040	1.265	0.047	1.377	0.060	1.417	0.076	1.473
广安	0.039	1.299	0.050	1.358	0.062	1.417	0.075	1.454
达州	0.045	1.190	0.051	1.270	0.059	1.381	0.071	1.420

城市	2007 年		2011 年		2015 年		2019 年	
	韧性广度	韧性深度	韧性广度	韧性深度	韧性广度	韧性深度	韧性广度	韧性深度
资阳	0.038	1.224	0.055	1.287	0.066	1.294	0.074	1.380
眉山	0.039	1.199	0.053	1.279	0.087	1.281	0.075	1.447
雅安	0.041	1.393	0.049	1.466	0.057	1.570	0.074	1.545
南昌	0.066	1.717	0.081	1.719	0.104	1.769	0.128	1.683
景德镇	0.042	1.465	0.057	1.454	0.066	1.517	0.075	1.630
萍乡	0.045	1.283	0.056	1.357	0.066	1.489	0.076	1.542
九江	0.042	1.400	0.060	1.502	0.074	1.493	0.089	1.541
新余	0.051	1.297	0.067	1.491	0.075	1.554	0.083	1.551
鹰潭	0.039	1.302	0.053	1.379	0.063	1.485	0.075	1.514
宜春	0.047	1.249	0.057	1.351	0.072	1.445	0.089	1.429
上饶	0.044	1.315	0.059	1.325	0.073	1.371	0.086	1.404
吉安	0.044	1.302	0.060	1.330	0.073	1.433	0.090	1.447
抚州	0.042	1.284	0.055	1.420	0.065	1.483	0.077	1.518
武汉	0.093	1.650	0.121	1.839	0.167	1.832	0.213	1.808
黄石	0.049	1.320	0.059	1.367	0.070	1.440	0.086	1.456
宜昌	0.052	1.292	0.066	1.320	0.086	1.419	0.097	1.451
襄阳	0.056	1.223	0.065	1.289	0.089	1.322	0.102	1.361
鄂州	0.043	1.306	0.054	1.349	0.064	1.420	0.076	1.485
荆门	0.054	1.210	0.061	1.258	0.078	1.301	0.092	1.328
孝感	0.043	1.279	0.051	1.313	0.067	1.351	0.081	1.364
荆州	0.050	1.291	0.057	1.311	0.077	1.312	0.091	1.352
黄冈	0.045	1.251	0.051	1.343	0.070	1.363	0.076	1.401
咸宁	0.038	1.338	0.049	1.377	0.064	1.402	0.080	1.393
长沙	0.074	1.691	0.102	1.685	0.139	1.623	0.176	1.541
株洲	0.053	1.312	0.066	1.485	0.081	1.491	0.098	1.519
湘潭	0.053	1.443	0.064	1.578	0.078	1.537	0.095	1.482
衡阳	0.048	1.215	0.063	1.370	0.078	1.423	0.098	1.354
岳阳	0.047	1.253	0.064	1.278	0.081	1.321	0.095	1.284
常德	0.049	1.222	0.062	1.298	0.080	1.284	0.100	1.314
益阳	0.041	1.276	0.051	1.305	0.066	1.325	0.078	1.354
娄底	0.042	1.269	0.051	1.316	0.062	1.364	0.079	1.393

表 D1　主要年份五大城市群城市的韧性广度与韧性深度耦合协调度

城市	2007 年	2011 年	2015 年	2019 年	城市	2007 年	2011 年	2015 年	2019 年
北京	0.717	0.775	0.836	0.872	芜湖	0.544	0.577	0.614	0.644
天津	0.635	0.724	0.761	0.744	马鞍山	0.528	0.568	0.596	0.619
石家庄	0.572	0.606	0.638	0.670	铜陵	0.531	0.568	0.560	0.594
承德	0.530	0.561	0.576	0.605	安庆	0.489	0.520	0.560	0.580
张家口	0.521	0.555	0.576	0.601	滁州	0.493	0.540	0.574	0.615
秦皇岛	0.557	0.589	0.618	0.623	池州	0.493	0.534	0.562	0.578
唐山	0.552	0.607	0.617	0.643	宣城	0.490	0.530	0.571	0.597
廊坊	0.533	0.570	0.600	0.634	广州	0.681	0.730	0.783	0.826
保定	0.539	0.568	0.594	0.625	深圳	0.728	0.797	0.841	0.892
沧州	0.524	0.561	0.591	0.620	珠海	0.605	0.650	0.690	0.711
衡水	0.525	0.551	0.572	0.605	佛山	0.591	0.639	0.672	0.717
邢台	0.514	0.551	0.576	0.612	惠州	0.527	0.566	0.611	0.631
邯郸	0.522	0.560	0.589	0.612	东莞	0.634	0.685	0.720	0.740
上海	0.743	0.795	0.838	0.884	中山	0.563	0.609	0.637	0.661
南京	0.625	0.680	0.723	0.770	江门	0.522	0.568	0.595	0.623
无锡	0.606	0.668	0.686	0.715	肇庆	0.504	0.535	0.574	0.601
常州	0.577	0.624	0.654	0.680	重庆	0.592	0.699	0.752	0.788
苏州	0.660	0.731	0.755	0.788	成都	0.603	0.676	0.724	0.790
南通	0.558	0.622	0.656	0.673	自贡	0.484	0.515	0.542	0.570
盐城	0.515	0.567	0.608	0.638	泸州	0.481	0.518	0.555	0.588
扬州	0.539	0.587	0.620	0.649	德阳	0.487	0.531	0.556	0.594
镇江	0.543	0.592	0.631	0.637	绵阳	0.497	0.546	0.580	0.604
泰州	0.528	0.574	0.613	0.643	遂宁	0.465	0.502	0.539	0.564
杭州	0.626	0.682	0.739	0.779	内江	0.462	0.501	0.527	0.564
嘉兴	0.548	0.593	0.633	0.673	乐山	0.485	0.520	0.549	0.574
湖州	0.541	0.580	0.613	0.645	南充	0.484	0.517	0.552	0.577
舟山	0.541	0.575	0.608	0.639	宜宾	0.475	0.505	0.541	0.578
金华	0.547	0.586	0.632	0.668	广安	0.473	0.511	0.545	0.575
绍兴	0.552	0.595	0.644	0.671	达州	0.480	0.506	0.534	0.563
台州	0.530	0.577	0.615	0.654	资阳	0.464	0.517	0.541	0.566
宁波	0.606	0.664	0.701	0.727	眉山	0.466	0.510	0.577	0.573
合肥	0.565	0.607	0.652	0.700	雅安	0.490	0.519	0.548	0.582

城市	2007 年	2011 年	2015 年	2019 年	城市	2007 年	2011 年	2015 年	2019 年
南昌	0.580	0.611	0.654	0.681	鄂州	0.487	0.518	0.549	0.579
景德镇	0.499	0.536	0.562	0.592	荆门	0.506	0.526	0.565	0.591
萍乡	0.490	0.526	0.560	0.585	孝感	0.486	0.508	0.549	0.577
九江	0.491	0.549	0.577	0.609	荆州	0.505	0.523	0.565	0.592
新余	0.507	0.562	0.585	0.600	黄冈	0.486	0.513	0.556	0.571
鹰潭	0.476	0.520	0.554	0.580	咸宁	0.475	0.510	0.546	0.578
宜春	0.493	0.528	0.567	0.597	长沙	0.594	0.643	0.689	0.722
上饶	0.491	0.530	0.562	0.590	株洲	0.513	0.560	0.589	0.620
吉安	0.488	0.533	0.569	0.600	湘潭	0.527	0.564	0.589	0.612
抚州	0.481	0.529	0.557	0.585	衡阳	0.491	0.541	0.578	0.603
武汉	0.627	0.687	0.744	0.787	岳阳	0.492	0.534	0.572	0.591
黄石	0.505	0.534	0.564	0.596	常德	0.494	0.533	0.566	0.603
宜昌	0.509	0.544	0.591	0.612	益阳	0.479	0.509	0.543	0.570
襄阳	0.511	0.539	0.586	0.611	娄底	0.480	0.510	0.540	0.576